教育部高校示范马克思主义学院和优秀教学科研团队建设项目(17JDSZK017)成果

中国特色社会主义理论与实践研究

主　编　唐　莉

副主编　茆诗珍　王能能

合肥工業大學出版社

编写说明

“中国特色社会主义理论与实践研究”作为硕士研究生的公共必修课，开设于2010年。该课程旨在对硕士研究生进行系统的中国特色社会主义理论教育，在引导学生树立中国特色社会主义的理想信念，用中国梦凝聚大学生为实现中华民族的伟大复兴而奋斗的过程中，具有重要的不可替代的作用。

教材建设对于提高课程教学质量具有关键作用。教育部马克思主义理论研究和建设工程十分重视和关注研究生思想政治理论课的教学大纲和配套教材建设。2012年,《中国特色社会主义理论与实践研究教学大纲》(以下简称《教学大纲》)正式颁布，并分别于2013年、2015年、2018年进行了三次修订。

本教材主要根据教育部颁发的该课程2018年版《教学大纲》进行编写，重在充分体现党的十九大及十九届二中全会、三中全会、四中全会的精神，重点体现习近平新时代中国特色社会主义思想的形成、主要内容、核心要义、内在结构、历史地位等。本教材的框架总体上与2018年版《教学大纲》基本一致，并根据十九届四中全会通过的《中共中央关于坚持和完善中国特色社会主义制度　推进国家治理体系和治理能力现代化若干重大问题的决定》的新精神、新要求，对《教学大纲》的少部分内容进行了更新。同时，在中国特色社会主义政治建设、经济建设、文化建设、社会建设、生态文明建设等五章内容中，增加了理论渊源的思想史梳理，以及中国共产党对中国特色社会主义道路的具体探索，以彰显中国特色社会主义形成与发展的理论逻辑、历史逻辑和实践逻辑。

本书在结构上分为导论加正文八章，一共九章内容。

导论部分重点阐释中国特色社会主义的开创与发展，从整体上阐释习近平新时代中国特色社会主义思想的创立、丰富内涵和历史地位。

第一章重点阐释中国的国情、中国特色社会主义进入新时代的重要意义和时代内涵、社会主要矛盾的转化是新时代的重要实践依据等，分析了新时代的国情是“变”与“不变”的统一。

第二章至第六章分别从政治、经济、文化、社会、生态文明建设等方面，重点阐释了中国特色社会主义“五位一体”的总布局。

第七章重点阐释新时代的外交战略，即坚持和平发展和构建人类命运共同体。

第八章重点阐释坚持党对一切工作的领导与全面从严治党，以及新时代中国共产党的历史使命，新时代的战略步骤及安排。

本教材的教学目标：以落实立德树人根本任务为宗旨，引导大学生提升“四个正确认识”，即“正确认识世界和中国发展大势、正确认识中国特色和国际的比较、正确认识时代责任和历史使命、正确认识远大抱负和脚踏实地”，以帮助大学生树立正确的世界观、人生观、价值观，为实现中华民族的伟大复兴，培养和塑造时代新人。

本教材的编写得到了教育部高校示范马克思主义学院和优秀教学科研团队建设项目“思想政治理论课教学体系创新引导大学生提升四个‘正确认识’研究”（编号：17JDSZK017）、合肥工业大学“研究生精品教材《中国特色社会主义理论与实践研究》建设项目”（2017 年）的共同资助。第一章、第二章是教育部全国高校优秀中青年思想政治理论课教师择优资助计划项目“党的十九大精神融入‘中特’课的模式构建研究——基于探究性教学视角”（编号：18JDSZK125）的阶段性成果。

合肥工业大学马克思主义学院研究生教研部的全体老师参加了该书的撰稿工作。教材各章内容的撰写分工如下：

导论、第四章、第八章：唐莉、张吉炎、邓锐；

第一章、第二章：王能能；

第三章：李才华；

第五章：茆诗珍；

第六章：曹钰；

第七章：李勇。

唐莉负责全书的提纲确定及统稿与定稿工作。

合肥工业大学出版社对本教材的编写做了大量细致的文字加工和编辑工作，本书在编写过程中借鉴和吸收了国内相关的研究成果，在此一并致谢。由于编者水平有限，书中难免有疏漏及不当、不妥之处，衷心希望广大使用者批评指正，以便进一步修订和完善。

《中国特色社会主义理论与实践研究》编者

2020 年 4 月

目 录

导 论

【教学目标】

通过本章的学习，理解中国特色社会主义是改革开放以来党的理论和实践的主题；把握习近平新时代中国特色社会主义思想的主要内容和历史地位；掌握学习本课程的重要意义和方法。

【重难点】

重点：把握习近平新时代中国特色社会主义思想的主要内容和历史地位。

难点：理解中国特色社会主义是改革开放以来党的理论和实践的主题。

第一节 中国特色社会主义的开创和发展

习近平总书记指出："中国特色社会主义不是从天上掉下来的，是党和人民历尽千辛万苦、付出巨大代价取得的根本成就。"[①] 中国特色社会主义是科学社会主义理论逻辑和中国社会发展历史逻辑的辩证统一，是根植于中国大地、反映中国人民意愿、适应中国和时代发展进步要求的科学社会主义，具有深厚的历史渊源和广泛的现实基础。中国特色社会主义，既坚持了科学社会主义基本原则，又根据时代条件赋予其鲜明的中国特色，以全新的视野深化了对共产党执政规律、社会主义建设规律、人类社会发展规律的认识。

一、中国特色社会主义是历史的选择、人民的选择、时代的选择

中国特色社会主义植根于中国大地，反映中国人民的意愿，是党和人民历尽千辛万苦取得的宝贵成果。

中国特色社会主义是在中国共产党领导人民进行伟大社会革命 90 多年的实践中得来的。中国共产党一经成立，就把实现共产主义作为党的最高理想

① 《习近平谈治国理政》第二卷，北京：外文出版社，2017 年，第 36 页。

和最终目标，义无反顾肩负起实现中华民族伟大复兴的历史使命，进行了艰苦卓绝的伟大社会革命，谱写了气壮山河的壮丽史诗。我们党团结带领人民找到了一条以农村包围城市、武装夺取政权的正确革命道路，进行了28年浴血奋战，完成了新民主主义革命，建立了中华人民共和国，实现了中国从几千年封建专制政治向人民民主专政的伟大飞跃。新中国成立以后，我们党团结带领人民完成社会主义革命，确立社会主义基本制度，推进社会主义建设，完成了中华民族有史以来最为广泛而深刻的社会变革，实现了中华民族由近代不断衰落到根本扭转命运、持续走向繁荣富强的伟大飞跃。

新中国成立后，以毛泽东同志为主要代表的中国共产党人，带领全党和全国各族人民，在迅速医治战争创伤、恢复国民经济的基础上，创造性地进行社会主义改造，建立起社会主义基本制度。如何在中国建设社会主义，没有现成的模式可循，我们党为此进行了艰辛探索。在学习借鉴苏联社会主义建设经验的过程中，我们党很快就察觉到苏联模式的局限，提出要以苏为鉴，独立探索适合中国国情的社会主义建设道路。1957年以后，由于党在指导思想上出现了“左”的错误，社会主义建设的很多正确思想没有得到坚持和贯彻落实，甚至发生了“文化大革命”这一全局性、长时间的严重错误。尽管探索的道路艰难坎坷，但我们党取得的积极成果是极其宝贵的，为在新的历史时期开创中国特色社会主义提供了宝贵经验、理论准备、物质基础。

党的十一届三中全会以后，我们党团结带领人民进行改革开放新的伟大革命，在社会主义道路、理论、制度、文化上进行了一系列革命性变革，破除了阻碍国家和民族发展的一切思想和体制障碍，开辟了中国特色社会主义道路，开启了中国特色社会主义新时代，党的面貌、国家的面貌、人民的面貌、军队的面貌、中华民族的面貌发生了前所未有的变化，迎来了中华民族从站起来、富起来到强起来的伟大飞跃。新时代坚持和发展中国特色社会主义，必须始终保持革命精神、革命斗志，把我们党领导人民进行了90多年的伟大社会革命继续推进下去，努力使中国特色社会主义展现更加强大、更有说服力的真理力量。

中国特色社会主义是在近代以来中华民族由衰到盛170多年的历史奋斗中得来的。1840年鸦片战争之后，中国遭受帝国主义列强的野蛮侵略，加上封建专制制度的腐朽统治，战乱频发，民生凋敝，中华民族陷入内忧外患的灾难深渊，中国人民处于水深火热的悲惨境地。中华民族从未屈服，无数仁人志士前仆后继，探求救国救民的道路，进行可歌可泣的抗争。孙中山提出“三民主义”，领导辛亥革命取得成功，结束了统治中国几千年的君主专制制度。由于历史进程和社会条件的制约，辛亥革命没有改变旧中国半殖民地半封建的社会性质，没有改变中国人民的悲惨命运，没有完成实现民族独立、人民解放的历史任务。十月革命一声炮响，给中国送来了马克思列宁主义。中国先进分子从马克思列宁主义的科学真理中看到了解决中国问题的出路。中国共产党成立以来，为了实现为人民谋幸福、为民族谋复兴的初心和使命，团结带领人民历经千难万险，付出巨大牺牲，赢得了新民主主义革命的胜利，开展了社会主义革命和社会主义建设，进行了改革开放新的革命和社会主义现代化建设，找到、坚持并拓展了中国特色社会主义道路。在中国特色社会主义的艰辛探索中，党领导人民攻克了一个又一个看似不可攻克的难关，创造了一个又一个彪炳史册的人间奇迹，迎来了中华民族伟大复兴的光明前景。

中国特色社会主义是在对中华文明5000多年的传承发展中得来的。中华优秀传统文化是中华民族的“根”和“魂”，是中华民族的突出优势，也是中国特色社会主义的文化之根、文明之源。5000多年连绵不断、博大精深的中华文化，包含着中华民族最根本的精神基因，是中华民族生生不息、发展壮大的丰厚滋养。中华传统思想文化中的优秀成分，对中华文明形成并延续发展几千年而从未中断，对形成和维护中国团结统一的政治局面，对形成和丰富中华民族精神，对激励中华儿女维护民族独立、反抗外来侵略，对推动中国社会发展进步、促进中国社会利益和社会关系平衡，都发挥了十分重要的作用。同时，中华优秀传统文化的丰富哲学思想、人文精神、传统美德等，是解决当代人类面临的共同难题的重要思想源泉，为全球治理和治国理政提供了有益启发。优秀传统文化是一个国家、一个民族传承和发展的根本，必须对其进行创造性转化和创新性发展，使之成为新时代坚持和发展中国特色社会主义的宝贵资源。

中国特色社会主义是在改革开放40年的伟大实践中开创出来的，贯穿于改革开放的全部理论与实践之中。党的十一届三中全会以后，以邓小平同志为主要代表的中国共产党人，重新确立了解放思想、实事求是的思想路线，彻底否定了“以阶级斗争为纲”的错误理论和实践，以巨大的政治勇气和理论勇气进行改革开放，成功开创了中国特色社会主义。党的十三届四中全会以后，以江泽民同志为主要代表的中国共产党人，在苏联解体、苏共垮台、东欧剧变、世界社会主义遭受严重曲折的严峻考验面前捍卫了中国特色社会主义，确立了社会主义市场经济体制的改革目标和基本框架，推进党的建设新的伟大工程，成功地把中国特色社会主义推向21世纪。党的十六大以后，以胡锦涛同志为主要代表的中国共产党人，坚持走科学发展道路，开始形成建设中国特色社会主义的总体布局，着力推进党的执政能力建设和先进性建设，成功地在新的历史起点上坚持和发展了中国特色社会主义。党的十八大以来，以习近平同志为核心的党中央不忘初心、牢记使命、接续奋斗，统筹推进“五位一体”总体布局，协调推进“四个全面”战略布局，坚定不移贯彻新发展理念，推动党和国家事业发生历史性变革，中国特色社会主义进入新时代，科学社会主义在21世纪的中国焕发出强大生机活力，在世界上高高举起了中国特色社会主义伟大旗帜，续写了坚持和发展中国特色社会主义的崭新篇章。

二、中国特色社会主义是改革开放以来党的理论与实践的主题

中国特色社会主义是改革开放以来党的全部理论和实践的鲜明主题。改革开放以来，中国共产党历次党代会都是紧紧围绕着“中国特色社会主义”这一主题展开和不断深化的。十一届三中全会以后，中国共产党先后召开了8次党的全国代表大会。从党的十二大提出“有中国特色的社会主义”开始，围绕“中国特色社会主义”这个主题，党不断总结概括进行理论升华，引领中国社会发生了深层次的、根本性的历史性变革。

1982年9月，党的十二大在北京召开。邓小平同志在开幕词中明确指出：“把马克思主义的普遍真理同我国的具体实际结合起来，走自己的道路，建设有中国特色的社会主义，这就是我们总结长期历史经验得出的基本结论。”①这是我们党首次提出“有中国特色的社会主义”的概念。十二大以后，伴随着我国改革开放和社会主义现代化建设实践的全面展开和深入发展，在实践中形成了一系列新的方针、政策。邓小平同志反复强调：“我们搞的现代化，是中国式的现代化。我们建设的社会主义，是有中国特色的社会主义。”②

1987年10月，党的十三大在北京召开，大会继续沿用“有中国特色的社会主义”这一概念，工作报告题为《沿着有中国特色的社会主义道路前进》。在十三大报告中出现了“有中国特色的社会主义的实践”“有中国特色的社会主义的基本路线”等概念，使“有中国特色的社会主义”的内涵进一步充实。同时，大会报告中还明确概括和阐发了“一个中心、两个基本点”的基本路线，第一次对中国特色社会主义理论的主要内容做了系统概括，初步回答了我国社会主义建设的阶段、任务、动力、条件、布局和国际环境等基本问题。

1992年10月，党的十四大在北京召开。江泽民同志在大会上做了题为《加快改革开放和现代化建设步伐，夺取有中国特色社会主义事业的更大胜

① 《邓小平文选》第3卷，北京：人民出版社，1993年，第3页。

② 《邓小平文选》第3卷，北京：人民出版社，1993年，第29页。

利》的报告。大会报告从社会主义的发展道路、发展阶段、根本任务、发展动力等9个方面，系统概括了中国特色社会主义理论的主要内容，对邓小平建设有中国特色社会主义的理论做了新的概括，阐释了这一理论的历史地位和指导意义，确立了其在全党的指导地位，并把这一理论写进党章。

1997年9月，党的十五大在北京召开。江泽民同志做了题为《高举邓小平理论伟大旗帜，把建设有中国特色社会主义事业全面推向二十一世纪》的报告。大会将邓小平提出的“建设有中国特色社会主义理论”称为“邓小平理论”，并将其确立为党的指导思想。大会明确要求，全党要毫不动摇地坚持党在社会主义初级阶段的基本路线，把以经济建设为中心同坚持四项基本原则、坚持改革开放这两个基本点统一于建设有中国特色社会主义的伟大实践。

2002年11月，党的十六大在北京召开。江泽民同志做题为《全面建设小康社会，开创中国特色社会主义事业新局面》的报告。大会正式将“有中国特色社会主义”改为“中国特色社会主义”。十六大报告科学总结了改革开放以来特别是十三届四中全会以来党带领人民建设中国特色社会主义的基本经验，对建设中国特色社会主义经济、政治、文化和党的建设等各项工作做出全面部署。

2007年10月，党的十七大在北京召开。胡锦涛同志做题为《高举中国特色社会主义伟大旗帜，为夺取全面建设小康社会新胜利而奋斗》的报告。十七大报告提出了“中国特色社会主义理论体系”这一科学概念。同时，报告还指出，“解放思想是发展中国特色社会主义的一大法宝，改革开放是发展中国特色社会主义的强大动力，科学发展、社会和谐是发展中国特色社会主义的基本要求”①。十七大将经济、政治、文化、社会建设“四位一体”作为中国特色社会主义事业总体布局写入党章，并对推进改革开放和社会主义现代化建设、实现全面建设小康社会宏伟目标做出全面部署。

2012年11月，党的十八大在北京召开。胡锦涛同志做题为《坚定不移沿着中国特色社会主义道路前进，为全面建成小康社会而奋斗》的报告。十八大报告对中国特色社会主义道路、中国特色社会主义理论体系、中国特色社会主义制度的内涵做了深刻阐述。十八大描绘了全面建成小康社会、加快推进社会主义现代化的宏伟蓝图，对社会主义经济建设、政治建设、文化建设、社会建设、生态文明建设做出全面部署，使中国特色社会主义事业总体布局由“四位一体”发展为“五位一体”。

2017年10月，党的十九大在北京召开。习近平同志做题为《决胜全面建

① 《胡锦涛文选》第二卷，北京：人民出版社，2016年，第612页。

成小康社会，夺取新时代中国特色社会主义伟大胜利》的报告。十九大报告指出，“中国特色社会主义最本质的特征是中国共产党领导，中国特色社会主义制度的最大优势是中国共产党领导，党是最高政治领导力量”①。报告深刻阐述了在新的历史条件下坚持和发展中国特色社会主义的一系列重大理论和实践问题，拓展和深化了对中国特色社会主义的认识，为实现“两个一百年”奋斗目标、实现中华民族伟大复兴的中国梦提供了理论指导和实践指南。

围绕“中国特色社会主义”这一主题，中国共产党一直在推进理论创新，不断进行实践探索，开启和深化了社会主义现代化的实践，开启和深化了社会主义市场经济的实践，在经济、政治、文化、社会、生态等各领域，逐渐形成了中国模式和中国经验，中国特色社会主义道路越走越宽，中国特色社会主义理论体系更加丰富，中国特色社会主义制度彰显出独特的优越性，中国特色社会主义文化繁荣发展。中国特色社会主义成为凝聚全党全国人民，引领中国走向繁荣富强的伟大旗帜。

三、中国特色社会主义是道路、理论、制度、文化的辩证统一

习近平总书记指出，“中国特色社会主义是党和人民90多年奋斗、创造、积累的根本成就”②。改革开放以来，我们取得一切成绩和进步的根本原因，归结起来就是：开辟了中国特色社会主义道路，形成了中国特色社会主义理论体系，确立了中国特色社会主义制度，发展了中国特色社会主义文化。中国特色社会主义道路是实现途径，中国特色社会主义理论体系是行动指南，中国特色社会主义制度是根本保障，中国特色社会主义文化是精神力量，四者统一于中国特色社会主义伟大实践。这是中国特色社会主义最鲜明的特色，必须坚定道路自信、理论自信、制度自信、文化自信。

中国特色社会主义道路是实现社会主义现代化、创造人民美好生活的必由之路，是实现中华民族伟大复兴的必由之路。这一道路，既坚持以经济建设为中心，又全面推进经济、政治、文化、社会、生态文明建设以及其他各方面建设；既坚持四项基本原则，又坚持改革开放；既不断解放和发展社会生产力，又逐步实现全体人民共同富裕、促进人的全面发展。当代中国的历史性变革和历史性成就，都无可争辩地证明，中国特色社会主义这条道路走得通、走得对、走得好。习近平总书记指出，“当代中国的伟大社会变革，不

---

① 习近平：《决胜全面建成小康社会 夺取新时代中国特色社会主义伟大胜利——在中国共产党第十九次全国代表大会上的报告》，北京：人民出版社，2017年，第20页。

② 《习近平谈治国理政》，北京：外文出版社，2014年，第6页。

是简单延续我国历史文化的母版，不是简单套用马克思主义经典作家设想的模板，不是其他国家社会主义实践的再版，也不是国外现代化发展的翻版”[①]。历史和现实都充分证明，无论是封闭僵化的老路，还是改旗易帜的邪路，都是绝路、死路。只有走中国特色社会主义道路才能发展中国、稳定中国。中国特色社会主义道路是一条既符合中国国情，又适合时代发展要求并取得巨大成功的唯一正确道路。只有这条道路而没有别的道路，能够引领中国进步、增进人民福祉、实现民族复兴。

中国特色社会主义理论体系是党在改革开放历史新时期的理论创新成果，是指导党和人民实现中华民族伟大复兴的正确理论，是立足时代前沿、与时俱进的科学理论。这一理论体系，写出了科学社会主义的新版本，凝结了几代中国共产党人团结带领人民不懈探索实践的智慧和心血，是改革开放以来我们党推进马克思主义中国化所取得的理论创新成果，是党最可宝贵的政治和精神财富，是全国各族人民团结奋斗的共同思想基础。这一理论体系，扎根于改革开放和社会主义现代化建设的伟大实践之中，符合全体中国人民根本利益，顺应当今世界和当代中国发展潮流，具有鲜明的科学性和真理性。这一理论体系，包括邓小平理论、“三个代表”重要思想、科学发展观、习近平新时代中国特色社会主义思想。这一理论体系，紧密结合我国改革发展实际，紧密结合新的时代条件，既生动而具体地坚持了马克思列宁主义、毛泽东思想，又生动而具体地发展了马克思列宁主义、毛泽东思想，赋予马克思主义新的鲜活力量，展现了科学社会主义的生命力。习近平总书记强调，“马克思列宁主义、毛泽东思想一定不能丢，丢了就丧失根本”[②]。习近平新时代中国特色社会主义思想是马克思主义中国化最新成果，是中国特色社会主义理论体系重要组成部分。在当代中国，坚持习近平新时代中国特色社会主义思想，就是真正坚持中国特色社会主义理论体系，就是真正坚持马克思主义。

中国特色社会主义制度是当代中国发展进步的根本制度保障，是具有鲜明中国特色、明显制度优势、强大自我完善能力的先进制度。这一制度体现在经济、政治、文化、社会、生态文明各个方面。这一制度，坚持把根本政治制度、基本制度、重要制度有机结合起来，坚持把国家层面民主制度同基层民主制度有机结合起来，坚持把党的领导、人民当家作主、依法治国有机结合起来，既坚持了社会主义的根本性质，又借鉴了古今中外制度建设的有益成果，符合我国国情，集中体现了中国特色社会主义的特点和优势。同时

① 《习近平谈治国理政》第二卷，北京：外文出版社，2017 年，第 344 页。
② 《习近平谈治国理政》，北京：外文出版社，2014 年，第 9 页。

应当看到，中国特色社会主义制度是特色鲜明、富有效率的，但还不是尽善尽美、成熟定型的。中国特色社会主义事业不断发展，中国特色社会主义制度也需要不断完善。要坚持以实践基础上的理论创新推动制度创新，坚持和完善现有制度，从实际出发，及时制定一些新的制度，构建系统完备、科学规范、运行有效的制度体系，使各方面制度更加成熟、更加定型，为夺取新时代中国特色社会主义伟大胜利提供更加有效的制度保障。

中国特色社会主义文化积淀着中华民族最深沉的精神追求，代表着中华民族独特的精神标识，是激励全党全国各族人民奋勇前进的强大精神力量。这一文化，源自中华民族5000多年文明历史所孕育的中华优秀传统文化，熔铸于党领导人民在革命、建设、改革中创造的革命文化和社会主义先进文化，植根于中国特色社会主义伟大实践。我们党将中国特色社会主义文化同中国特色社会主义道路、理论、制度一道，作为中国特色社会主义的重要组成部分，强调要坚定文化自信，充分体现了高度的文化自觉和文化担当。文化自信是更基础、更广泛、更深厚的自信，是一个国家、一个民族发展中更基本、更深沉、更持久的力量。没有高度的文化自信，没有文化的繁荣兴盛，就没有中华民族伟大复兴。发展中国特色社会主义文化，要坚持以马克思主义为指导，要以更加自信的心态、更加宽广的胸怀，广泛参与世界文明对话，大胆借鉴吸收人类文明成果，推动中华优秀传统文化创造性转化、创新性发展，继承革命文化，发展社会主义先进文化，不忘本来、吸收外来、面向未来，更好构筑中国精神、中国价值、中国力量，为人民提供精神指引。

中国特色社会主义道路、理论、制度、文化，是经过全党全国各族人民长期奋斗取得的，也是经过长期实践检验的科学的产物。我们的道路自信、理论自信、制度自信、文化自信，来源于实践、来源于人民、来源于真理。坚定“四个自信”，就能毫无畏惧面对一切困难和挑战，就能坚定不移开辟新天地、创造新奇迹。

第二节　中国特色社会主义理论体系的形成和发展

中国特色社会主义理论体系是在和平与发展成为时代主题的国际背景下形成的，是在改革开放、建立社会主义市场经济、推进中国社会主义现代化的伟大实践探索中形成的，是对马克思列宁主义、毛泽东思想的坚持和发展，是被实践证明了的关于在中国建设、巩固和发展社会主义的正确理论。

一、中国特色社会主义理论体系是对马克思列宁主义、毛泽东思想的坚持和发展

中国特色社会主义理论体系是中国共产党人把马克思主义基本原理和当代中国实际与时代特征相结合的产物和结晶，是科学社会主义的理论逻辑和中国社会发展的历史逻辑的辩证统一，具有深厚的历史渊源和广泛的现实基础。马克思创立的科学社会主义揭示了资本主义产生、发展、灭亡的历史必然性，揭示了共产主义取代资本主义的历史必然性，对未来社会主义社会的发展过程、发展方向、一般特征做出了科学预测和设想，为中国特色社会主义的开创和发展指明了方向，奠定了科学的思想基础。列宁根据俄国革命和社会主义建设的实践，创造性地提出了社会主义可能在一国或数国首先取得胜利的理论，建立了世界上第一个社会主义国家，实现了社会主义从理论到现实的伟大飞跃。列宁对经济文化比较落后的俄国如何建设社会主义进行了深入的思考和探索，形成了一系列社会主义建设的经济、政治、文化等原则，为中国建设社会主义提供了宝贵的经验和启示。

毛泽东思想是中国共产党人把马克思主义基本原理与中国革命和建设的实际相结合的理论结晶，标志着马克思主义中国化的第一次历史性飞跃。毛泽东思想系统回答了中国革命的性质、目的、步骤、任务、依靠力量和领导力量等问题，领导全国人民实现了中国革命的伟大胜利，建立了新中国。之后，在毛泽东思想的指导下，中国完成了由新民主主义革命到社会主义革命的转变，确立了社会主义基本制度，开展了社会主义建设，初步建立了国家工业化体系，为中国特色社会主义的开创和发展奠定了根本政治前提、制度基础和物质基础。关于如何建设社会主义，毛泽东提出了一系列重要观点，涉及经济、政治、文化、国防、外交等各个领域。如社会主义可以分为不发达和比较发达社会主义两个阶段的思想，关于社会主义社会的基本矛盾仍然是生产力与生产关系的矛盾、经济基础和上层建筑的矛盾的思想，关于探索适合中国国情的社会主义道路的思想等。这些重要思想，为中国特色社会主义理论体系的形成提供了直接的思想来源。

二、中国特色社会主义理论体系是改革开放伟大实践的产物

中国特色社会主义理论体系是在和平与发展成为时代主题的国际背景下，在我国改革开放和社会主义现代化建设的伟大实践中，在总结我国社会主义建设正反两方面历史经验和改革开放以来新鲜经验，并汲取其他社会主义国家兴衰成败经验教训的基础上，逐步形成和发展起来的。这一理论体系紧密

结合我国改革开放和社会主义现代化建设的实际，紧密结合新的时代条件，围绕如何实现中华民族伟大复兴和建设社会主义现代化强国，如何坚持和发展中国特色社会主义，着重思考和回答了什么是社会主义、怎样建设社会主义，建设什么样的党、怎样建设党，实现什么样的发展、怎样发展，新时代坚持和发展什么样的中国特色社会主义、怎样坚持和发展中国特色社会主义等重大问题，创造性地提出了一系列新思想、新观点、新论断，进一步丰富和发展了马克思列宁主义、毛泽东思想。

“文化大革命”结束后，以邓小平为主要代表的中国共产党人，坚持解放思想、实事求是的思想路线，科学判断时代主题，第一次比较系统地初步回答了在中国这样一个经济文化比较落后的国家，什么是社会主义、如何建设社会主义、如何巩固和发展社会主义的一系列基本问题，实现了马克思主义中国化的第二次历史性飞跃，开创了中国特色社会主义理论体系。

党的十三届四中全会后，以江泽民为主要代表的中国共产党人，准确把握时代特点和党的任务，创造性地回答了建设什么样的党、怎样建设党的问题，丰富和发展了中国特色社会主义理论体系，开创了全面改革开放新局面，提出推进党的建设新的伟大工程，成功地把中国特色社会主义推向 21 世纪。

新世纪新阶段，以胡锦涛为主要代表的中国共产党人，抓住重要战略机遇期，对新形势下实现什么样的发展、怎样发展等重大问题做出了新的科学回答，强调坚持以人为本、全面协调可持续发展，提出构建社会主义和谐社会、加快生态文明建设，形成了中国特色社会主义事业总体布局，在新的历史起点上，成功地坚持和发展了中国特色社会主义，把我们对中国特色社会主义规律的认识提高到新的水平。

进入新时代，以习近平同志为核心的党中央，高举中国特色社会主义伟大旗帜，紧紧围绕新时代坚持和发展什么样的中国特色社会主义、怎样坚持和发展中国特色社会主义的重大时代课题，以全新的视野深化对共产党执政规律、社会主义建设规律、人类社会发展规律的认识，进行艰辛理论探索，创立了习近平新时代中国特色社会主义思想。习近平新时代中国特色社会主义思想与马克思列宁主义、毛泽东思想、邓小平理论、“三个代表”重要思想、科学发展观既一脉相承又与时俱进，是马克思主义中国化最新成果，是中国特色社会主义理论体系重要组成部分，是当代中国马克思主义、21 世纪马克思主义。

三、中国特色社会主义理论体系的主要内容

中国特色社会主义理论体系，就是包括邓小平理论、“三个代表”重要思

想、科学发展观、习近平新时代中国特色社会主义思想在内的科学理论体系。

中国特色社会主义理论体系，紧紧围绕什么是社会主义、怎样建设社会主义，建设什么样的党、怎样建设党，实现什么样的发展、怎样发展，新时代坚持和发展什么样的中国特色社会主义、怎样坚持和发展中国特色社会主义等时代课题和基本问题展开，在建设中国特色社会主义的思想路线、发展道路、发展阶段、发展战略、根本任务、发展动力、依靠力量、战略布局和总体布局、国际战略、领导力量和根本目的等问题上，提出了一系列紧密联系、相互贯通的思想理论观点，构成了一个科学的理论体系。

邓小平理论是中国特色社会主义理论体系的开篇之作，从中国的国情出发，第一次系统地回答了中国社会主义的发展道路、发展阶段、根本任务、发展动力、外部条件、政治保证、战略步骤、祖国统一、党的领导和依靠力量等一系列基本问题，制定了中国共产党在社会主义初级阶段的基本路线。邓小平理论是新的历史条件下，对马克思列宁主义、毛泽东思想的继承和发展，是马克思主义在中国发展的新阶段。

“三个代表”重要思想准确把握中国共产党作为执政党的历史方位、时代任务，认真研究党的自身建设问题，提出了推进党的建设新的伟大工程。这个重要思想加深了党对什么是社会主义、怎样建设社会主义，建设什么样的党、怎样建设党的认识，开启了探索执政党建设规律的新征程。“三个代表”重要思想是对马克思列宁主义、毛泽东思想、邓小平理论的继承和发展，是加强和改进党的建设、推进社会主义自身改革和完善的强大理论武器。

科学发展观是马克思主义社会发展观在中国的运用和实践，集中体现了马克思主义关于发展的世界观和方法论。科学发展观对于新形势下实现什么样的发展、怎样发展等重大问题做出了科学的回答，强调发展是第一要义，坚持以人为本、全面协调可持续发展，提出构建社会主义和谐社会、加快生态文明建设，形成了中国特色社会主义事业总体布局，深化了对社会主义发展规律的认识，把党对推进中国特色社会主义事业的认识提升到一个新的高度。科学发展观与马克思列宁主义、毛泽东思想、邓小平理论、“三个代表”重要思想一脉相承，是马克思主义中国化的重大理论成果。

习近平新时代中国特色社会主义思想是马克思主义中国化的最新成果，是中国特色社会主义理论体系的重要组成部分。党的十八大以来，以习近平同志为核心的党中央，准确把握中国特色社会主义的历史新方位、时代新变化、实践新要求，科学回答了“坚持和发展什么样的中国特色社会主义，怎样坚持和发展中国特色社会主义”这一时代课题，提出推进中国特色社会主义建设的“四个全面”战略布局和“五位一体”的总体布局，提出了“八个明确”和“十四个坚持”，丰富和发展了中国特色社会主义理论体系的内涵，以全新的视野深化了对共产党执政规律、社会主义建设规律、人类社会发展规律的认识，在马克思主义发展史上具有里程碑的意义。

四、中国特色社会主义理论体系的历史地位

中国特色社会主义理论体系，坚持和发展了马克思列宁主义、毛泽东思想，凝结了几代中国共产党人带领人民不懈探索实践的智慧和心血，是马克思主义中国化最新理论创新成果，是全国各族人民团结奋斗的共同思想基础，是实现中华民族伟大复兴中国梦的根本指针。中国特色社会主义理论体系是不断发展的开放的理论体系，它必将随着时代和实践的发展不断得到丰富和发展。它的历史地位主要表现在以下几个方面。

（一）马克思主义中国化第二次历史性飞跃的理论成果

这一理论体系，坚持运用辩证唯物主义和历史唯物主义的根本方法，创造性地分析当今世界和当代中国的实际，做出了一系列新的理论概括。邓小平理论、“三个代表”重要思想、科学发展观、习近平新时代中国特色社会主义思想都是中国特色社会主义理论体系的重要组成部分，是马克思主义中国化的最新理论成果。在当代中国，坚持马克思主义，就必须坚持中国特色社会主义理论体系；坚持中国特色社会主义理论体系，就是真正坚持马克思主义。

（二）新时期全党全国各族人民团结奋斗的共同思想基础

共同思想基础，是一个政党、一个国家、一个民族赖以存在和发展的根本前提。没有共同思想基础，党就要瓦解、国家就要解体、民族就要分裂。历史和现实都告诉我们，只有社会主义才能救中国，只有中国特色社会主义才能发展中国。实践充分证明，中国特色社会主义理论体系是科学的理论、正确的理论、行之有效的理论。中国特色社会主义理论体系集中体现了中国最广大人民的根本利益，表达了全党全国各族人民的共同愿望和目标追求，具有强大的感召力、亲和力和凝聚力，是引领、激励全党全国各族人民团结奋斗的巨大精神力量。

（三）实现中华民族伟大复兴中国梦的根本指针

中国特色社会主义是实现全面建成小康社会、实现中华民族伟大复兴的必由之路。实现中华民族伟大复兴，这是近代以来中华民族最伟大的梦想。实现中华民族伟大复兴必须以科学理论为指导。在中国特色社会主义理论体系的科学指引下，中国的改革开放取得了举世瞩目的伟大成就，中华民族迎

来了从站起来、富起来到强起来的伟大飞跃，中华民族大踏步赶上时代潮流，迎来了实现中华民族伟大复兴的光明前景。

第三节 习近平新时代中国特色社会主义思想

习近平新时代中国特色社会主义思想，从理论和实践结合上系统回答了新时代坚持和发展什么样的中国特色社会主义、怎样坚持和发展中国特色社会主义这一重大时代课题，是马克思主义中国化最新成果，是中国特色社会主义理论体系的重要组成部分，是党和国家必须长期坚持的指导思想。

一、习近平新时代中国特色社会主义思想的创立

新时代孕育新思想，新思想指导新实践。党的十八大以来，以习近平同志为核心的党中央坚持以马克思列宁主义、毛泽东思想、邓小平理论、“三个代表”重要思想、科学发展观为指导，坚持解放思想、实事求是、与时俱进、求真务实，坚持辩证唯物主义和历史唯物主义，紧密结合新的时代条件和实践要求，以全新的视野深化了对共产党执政规律、社会主义建设规律、人类社会发展规律的认识，进行了艰辛的理论探索，取得了重大的理论创新成果，创立了习近平新时代中国特色社会主义思想。习近平新时代中国特色社会主义思想，是党和人民实践经验和集体智慧的结晶，习近平是这一思想的主要创立者。习近平新时代中国特色社会主义思想，是在中国特色社会主义进入新时代、科学社会主义迈向新阶段、当今世界经历新变局、中国共产党面临执政新考验的历史条件下形成和发展起来的。

（一）习近平新时代中国特色社会主义思想，是在中国特色社会主义进入新时代的历史条件下形成的

党的十九大做出了中国特色社会主义进入了新时代的科学判断，这是一个分量很重、内涵很深的重大政治论断。新时代之“新”，首先在于我们进入了一个新的发展阶段，发展环境、发展条件都发生了新的变化，目标任务也发生了新的变化，已经从“未发展起来”时期进入到“发展起来以后”时期。新时代之“新”，在于我们面临着新的社会主要矛盾，也就是党的十九大所指出的我国社会主要矛盾已经转化为人民日益增长的美好生活需要和不平衡不充分的发展之间的矛盾，这深刻揭示了当前我国的发展状况和人民生活状况的时代特点，对党和国家各方面工作都提出了新的要求。新时代之“新”，还

在于我们迈向新的奋斗目标，中华民族迎来了从站起来、富起来到强起来的伟大飞跃，即将全面建成小康社会、踏上全面建设社会主义现代化国家的新征程，我们比历史上任何时期都更接近、更有信心和能力实现中华民族伟大复兴的目标。习近平新时代中国特色社会主义思想正是在这样的伟大时代中应运而生、在当代中国的新实践新发展中顺势而成的。

（二）习近平新时代中国特色社会主义思想，是在科学社会主义焕发新生机、两种社会制度的较量呈现新态势的时代背景下形成的

时代是思想之母，实践是理论之源。世界社会主义 500 年，从空想到科学、从理论到实践、从一国实践到多国发展，反映了人类对美好社会制度的执着追求，深刻改变着世界历史的发展进程。20 世纪 80 年代末 90 年代初，苏联解体、苏共垮台、东欧剧变，世界社会主义遭受严重曲折。所谓“民主化浪潮”席卷全球，有人宣称“历史已经终结”于资本主义制度，“20 世纪将以社会主义的失败和资本主义的胜利而告终”；还有人妄称社会主义中国也将随着“多米诺骨牌”效应而倒下。20 多年过去了，今天我们完全可以说，中国不但在世界上把社会主义的旗帜举住了、举稳了，而且把科学社会主义推向崭新的阶段。中国特色社会主义开辟了科学社会主义的新境界，形成了道路、理论、制度、文化“四位一体”有机统一的科学体系，实现了经济、政治、文化、社会、生态文明五大建设的统筹推进，社会主义的影响力感召力大大增强。随着社会主义中国的蓬勃发展，人们正在见证“历史终结论”的终结、“中国崩溃论”的崩溃、“社会主义失败论”的失败。党和国家事业发生历史性变革、取得历史性成就的生动实践，中国特色社会主义道路越走越宽广，使世界上正视和相信马克思主义和社会主义的人多了起来，使世界范围内两种意识形态、两种社会制度的历史演进及其较量，发生了有利于马克思主义、社会主义的深刻转变。这不仅对于社会主义在中国的发展，而且对于世界社会主义发展和人类进步，都是具有深远历史意义的大事件。可以说，对科学社会主义的理论思考、经验总结，对坚持和发展中国特色社会主义的担当与探索，贯穿习近平新时代中国特色社会主义思想形成和发展的全过程。

（三）习近平新时代中国特色社会主义思想，是在百年未遇的世界大变局中形成的

当前，世界正处于大发展大变革大调整时期，世界多极化、经济全球化、社会信息化、文化多样化深入发展，全球治理体系和国际秩序变革加速推进，各国相互联系和依存日益加深。同时，世界面临的不稳定性不确定性突出，

世界经济增长动能不足，贫富分化日益严重，地区热点问题此起彼伏，恐怖主义、气候变化等人类共同的威胁持续蔓延。世界怎么了？应该怎么办？过去主要是发展中国家感到迷茫，现在一些发达国家也感到迷茫。面对世界经济、国际安全、国际治理等一系列重大问题，世界需要新的方向、新的方案、新的选择。中国正在走近世界舞台中央，中国的发展理念、发展道路的影响力显著增强，中国在国际舞台的话语权显著增强，中华文化中所蕴含的天下为公、求同存异、和合共生等理念越来越显示出独特价值，赢得了广泛理解和认同。世界需要中国智慧、中国理念、中国方案，中国也正在发挥着世界和平建设者、全球发展贡献者、国际秩序维护者的重要作用。习近平新时代中国特色社会主义思想正是在这样的国际背景下孕育产生、丰富发展的。

（四）习近平新时代中国特色社会主义思想，是在十八大以来党所经历的深刻革命性锻造中形成的

十八大以来，中国共产党不断推进全面从严治党，进行自我革命，这是习近平新时代中国特色社会主义思想形成的党内环境和背景。一个时期以来，一些地方和单位管党不力、治党不严，严重损害党的形象，侵蚀党的执政基础。以习近平同志为核心的党中央，清醒分析党面临的"四大考验""四种危险"，带领全党以自我革命的勇气，正风肃纪反腐，挽狂澜于既倒。党的十八大以来管党治党实现了从"宽松软"到"严紧硬"的深刻转变，党内政治生活气象更新，党内政治生态明显好转，党的团结统一更加巩固，党群关系明显改善，全党焕发出新的强大生机活力。习近平新时代中国特色社会主义思想，是党自我净化、自我完善、自我革新、自我提高的重要成果，深化了对共产党执政规律、党的自身建设规律的认识，展现了新时代马克思主义执政党强大的创造力、凝聚力、战斗力。

二、习近平新时代中国特色社会主义思想的丰富内涵

习近平新时代中国特色社会主义思想系统地回答了时代课题，即坚持和发展什么样的中国特色社会主义，以及如何坚持和发展中国特色社会主义。围绕这个时代课题，习近平新时代中国特色社会主义思想科学总结了世界社会主义运动经验教训，根据时代和实践的发展变化，以崭新的思想内容丰富和发展了马克思主义，形成了系统科学的理论体系。

习近平新时代中国特色社会主义思想的内容极其丰富，理解这一理论体系重点要把握两点：一是主题和核心要义；二是主线和金钥匙。坚持和发展中国特色社会主义，是改革开放以来中国共产党全部理论和实践的鲜明主题，也是习近平新时代中国特色社会主义思想的核心要义。

“为人民谋幸福，为民族谋复兴，为世界谋大同”，是贯穿习近平新时代中国特色社会主义思想的主线，是理解它的金钥匙。“为人民谋幸福”是中国共产党的初心，彰显了“以人民为中心”的价值理念；“为民族谋复兴”是中国共产党人始终不渝的历史使命，为中国人民描绘了中国梦的宏伟蓝图；“为世界谋大同”彰显了中国共产党的世界责任。

习近平新时代中国特色社会主义思想，贯通马克思主义哲学、政治经济学、科学社会主义，贯通历史、现实和未来，贯通改革发展稳定、内政外交国防、治党治国治军等各领域，内涵十分丰富，涵盖新时代坚持和发展中国特色社会主义的总目标、总任务、总体布局、战略布局和发展方向、发展方式、发展动力、战略步骤、外部条件、政治保证等基本问题，并根据新的实践对经济、政治、法治、科技、文化、教育、民生、民族、宗教、社会、生态文明、国家安全、国防和军队、“一国两制”和祖国统一、统一战线、外交、党的建设等各方面做出新的理论概括和战略指引。

习近平新时代中国特色社会主义思想最重要、最核心的内容就是党的十九大报告中概括的“八个明确”和“十四个坚持”。

“八个明确”偏重于理论概括，回答了新时代坚持和发展什么样的中国特色社会主义这一重大问题。

第一，明确坚持和发展中国特色社会主义，总任务是实现社会主义现代化和中华民族伟大复兴，在全面建成小康社会的基础上，分两步走，在 21 世纪中叶建成富强民主文明和谐美丽的社会主义现代化强国。

第二，明确新时代我国社会主要矛盾是人民日益增长的美好生活需要和不平衡不充分的发展之间的矛盾，必须坚持以人民为中心的发展思想，不断促进人的全面发展、全体人民共同富裕。

第三，明确中国特色社会主义事业总体布局是“五位一体”、战略布局是“四个全面”，强调坚定道路自信、理论自信、制度自信、文化自信。

第四，明确全面深化改革总目标是完善和发展中国特色社会主义制度、推进国家治理体系和治理能力现代化。

第五，明确全面推进依法治国总目标是建设中国特色社会主义法治体系、建设社会主义法治国家。

第六，明确党在新时代的强军目标是建设一支听党指挥、能打胜仗、作风优良的人民军队，把人民军队建设成为世界一流军队。

第七，明确中国特色大国外交要推动构建新型国际关系，推动构建人类命运共同体。

第八，明确中国特色社会主义最本质的特征是中国共产党领导，中国特色社会主义制度的最大优势是中国共产党领导，党是最高政治领导力量，提出新时代党的建设总要求，突出政治建设在党的建设中的重要地位。

“十四个坚持”是新时代中国特色社会主义的基本方略，是对党的治国理论重大方针、原则的最新概括，是实现“两个一百年”奋斗目标，实现中华民族伟大复兴中国梦的“路线图”和“方法论”。“十四个坚持”偏重于实践层面，系统回答了怎样坚持和发展中国特色社会主义的问题。

“十四个坚持”的具体内容为：第一，坚持党对一切工作的领导；第二，坚持以人民为中心；第三，坚持全面深化改革；第四，坚持新发展理念；第五，坚持人民当家作主；第六，坚持全面依法治国；第七，坚持社会主义核心价值体系；第八，坚持在发展中保障和改善民生；第九，坚持人与自然和谐共生；第十，坚持总体国家安全观；第十一，坚持党对人民军队的绝对领导；第十二，坚持“一国两制”和推进祖国统一；第十三，坚持推动构建人类命运共同体；第十四，坚持全面从严治党。

“八个明确”“十四个坚持”是习近平新时代中国特色社会主义思想的核心内容。“八个明确”是这一思想最为核心关键的组成部分，是支撑习近平新时代中国特色社会主义思想的四梁八柱。“十四个坚持”的基本方略，涵盖坚持党的领导和“五位一体”总体布局、“四个全面”战略布局，涵盖国防和军队建设、维护国家安全、对外战略，是对党的治国理政重大方针、原则的最新概括。“八个明确”偏重于理论层面的高度概括和凝练，每一个“明确”都是具有原创性的新思想新观点，集中反映了我们党对科学社会主义在当今时代的理论思考和理论贡献。“十四个坚持”偏重于实践层面、方略层面的展开，从结构和逻辑看，第一条是“坚持党对一切工作的领导”，最后一条是“坚持全面从严治党”，体现着坚持和加强党的全面领导这一当代中国的最高政治原则，贯穿着以自我革命引领社会革命的内在逻辑。“八个明确”“十四个坚持”有机融合、有机统一，都凝结着我们党坚持和发展中国特色社会主义的经验总结，特别是凝结着以习近平同志为核心的党中央对中国特色社会主义规律性认识的深化、拓展、升华，体现了理论与实际相结合、战略和战术相一致、认识论和方法论相统一的理论特色。

三、习近平新时代中国特色社会主义思想的历史地位

（一）习近平新时代中国特色社会主义思想，以一系列具有原创性战略性的重大思想观点论断丰富和发展了马克思主义，是当代中国马克思主义、21世纪马克思主义

马克思主义在中国之所以显示出强大生命力，最根本的就是我们党把坚

持马克思主义和发展马克思主义有机统一起来，做到既不忘老祖宗，又讲出新话。习近平新时代中国特色社会主义思想，鲜明贯穿着马克思主义立场观点方法，始终把马克思主义作为理论起点、逻辑起点、价值起点，集中体现了马克思主义的理论品格和精神实质，闪耀着马克思主义真理光辉，是当今时代最现实、最鲜活的马克思主义。同时，这一思想以我们正在做的事情和将要做的事情为中心，以一系列具有原创性的新思想新观点新论断，写出了马克思主义新的时代篇章，对马克思主义在21世纪的发展做出了重大原创性贡献，以全新视野深化了对共产党执政规律、社会主义建设规律、人类社会发展规律的认识，实现了马克思主义基本原理与中国具体实际相结合的又一次飞跃，充分彰显了马克思主义的强大生命力和中国共产党人的理论创造力，在马克思主义中国化进程中具有里程碑意义。

（二）习近平新时代中国特色社会主义思想，是对马克思列宁主义、毛泽东思想、邓小平理论、“三个代表”重要思想、科学发展观的继承和发展，是马克思主义中国化的最新成果，是中国特色社会主义理论体系的重要组成部分

任何一种科学的思想理论都不是凭空产生的，都是其理论逻辑发展延续的结果。马克思主义是我们立党立国的根本指导思想。习近平总书记强调，“马克思主义就是我们党和人民事业不断发展的参天大树之根本，就是我们党和人民不断奋进的万里长河之泉源”①。在中国共产党90多年的历史上，马克思主义与中国具体实际相结合产生了两次历史性飞跃，形成了毛泽东思想和中国特色社会主义理论体系。习近平新时代中国特色社会主义思想与马克思列宁主义、毛泽东思想和中国特色社会主义理论体系是一脉相承的关系，它们具有共同的理论基础、理论精髓、理论品质和价值理想。习近平新时代中国特色社会主义思想不仅鲜明贯穿着马克思主义立场、观点、方法，而且将马克思主义方法论灵活运用于中国特色社会主义伟大实践中，处处闪耀着辩证唯物主义和历史唯物主义的光芒。在中国革命、建设、改革的实践中，我们党大力推进马克思主义中国化，先后形成了毛泽东思想、邓小平理论、“三个代表”重要思想、科学发展观、习近平新时代中国特色社会主义思想等重大理论创新成果，指引我们夺取一个又一个伟大胜利。

---

① 《习近平谈治国理政》第二卷，北京：外文出版社，2017年，第66页。

（三）习近平新时代中国特色社会主义思想是党和人民实践经验和集体智慧的结晶

理论来源于实践。党的十八大以来，以习近平同志为核心的党中央提出了一系列新理念、新思想、新战略，出台了一系列重大方针政策，都是以中国革命、建设和改革的实践为基础的，是对中国革命、建设和改革实践的理论概括。人民是真正的英雄，群众是社会实践的主体。中国特色社会主义事业取得的一切理论和实践成果，都源于人民的奋斗和创造。习近平新时代中国特色社会主义思想凝结了几代中国共产党人带领人民不懈探索实践的智慧和心血，既是党和人民实践经验和集体智慧的结晶，又集中展现了习近平同志的巨大理论勇气、超凡政治智慧、远见卓识和独创思想，是马克思主义中国化的又一次重大飞跃，是中国特色社会主义理论体系的重要组成部分，开辟了马克思主义中国化的新境界。

（四）习近平新时代中国特色社会主义思想，是全党和全国人民为实现中华民族伟大复兴而奋斗的行动指南

实现伟大复兴是近代以来中华民族最伟大的梦想。习近平新时代中国特色社会主义思想，鲜明提出并系统论述了中国梦这个重大命题，深刻阐述了民族复兴的基本内涵，深刻揭示了我们在民族复兴历史进程中所处的方位，科学规划了民族复兴的实现路径、战略步骤，系统回答了新时代如何坚持和发展中国特色社会主义的重大时代课题。习近平新时代中国特色社会主义思想，深刻揭示和自觉遵循中华民族传承发展的历史逻辑，承载着中华文明再创辉煌的历史责任，是中华优秀传统文化创造性转化和创新性发展的光辉典范，吹响了全党全国向民族复兴进军的号角，照亮了迈向民族复兴的伟大征程，注入了实现民族复兴的强大精神力量。在这一思想的指引下，我们比以往任何时候都更有信心、更有能力完成新时代党的历史使命，实现国家富强、民族振兴、人民幸福的中国梦。

第四节 学习本课程的目的、意义与方法

“中国特色社会主义理论与实践研究”是高等学校硕士研究生思想政治理论课的必修课程。在学习和实践过程中，必须明确学习本门课程的目的和意义，掌握科学的学习方法，把理论和实践结合起来，做到学有所成、学有所获。

一、学习本课程的目的和意义

本课程是在本科生思想政治理论课基础上开设的。学好本课程的目的是深化对中国特色社会主义重大理论问题与实践问题的认识，掌握中国特色社会主义理论的主要内容，特别是准确把握习近平新时代中国特色社会主义思想创立的时代背景、主要内容以及历史地位，对新时代中国共产党坚持的基本理论、基本路线、基本方略有更加透彻的理解，提高运用这一理论认识问题、分析问题和解决问题的能力和本领。

一是有助于系统了解中国特色社会主义理论发展和实践探索最新成果，牢固树立中国特色社会主义共同理想。本课程从理论和实践结合上系统阐述了中国特色社会主义理论体系特别是习近平新时代中国特色社会主义思想和中国特色社会主义经济建设、政治建设、文化建设、社会建设、生态文明建设、国际战略以及党的领导和党的建设等方面的内容。通过本课程的学习，能够帮助同学们全面了解中国特色社会主义的基本理论观点，深刻把握中国特色社会主义的科学真理性和历史必然性，不断增强对中国特色社会主义的认同，牢固树立在中国共产党领导下走中国特色社会主义道路、为实现中华民族伟大复兴而奋斗的共同理想和坚定信念，坚定道路自信、理论自信、制度自信、文化自信。

二是有助于认清新时代新矛盾新要求，把握社会发展趋势，促进成长成才。本课程着重阐述了新时代我国社会主要矛盾发生的历史性变化，阐述了中国特色社会主义的科学内涵、开创和发展，进一步揭示了坚持和发展中国特色社会主义是当代中国发展进步的根本方向。通过本课程的学习，有助于同学们将当前学习和未来发展有机衔接起来，将个人发展同社会发展趋势结合起来，成为走在时代前列的奋进者、开拓者、奉献着，在实现中国梦的伟大实践中，成就出彩人生。

三是有助于树立正确的世界观人生观价值观，自觉担当起实现中国梦的历史使命。实现中华民族伟大复兴是全国各族人民的共同理想，中国特色社会主义是中国共产党领导中国人民历经千辛万苦找到的实现中国梦的正确道路，我们现在比历史上任何时期都更加接近中华民族伟大复兴的目标。当代青年学生肩负着实现中华民族伟大复兴的历史使命，要以有理想、有本领、有担当为根本要求，勇于承担起自己的历史使命和时代责任。通过本课程的学习，有助于坚定对马克思主义的信仰、对中国特色社会主义的信念、对实现中华民族伟大复兴而奋斗的信心，自觉培育和践行社会主义核心价值观，做到勤学、修德、明辨、笃实，扣好人生每个阶段的扣子，使人生有信念、有梦想、有奋斗、有奉献，为实现国家富强、民族振兴、人民幸福的中国梦贡献青春智慧和力量。

二、学习本课程的方法

硕士研究生阶段的学习与本科阶段的学习是有所不同的，应该更加注重学习的理论性、研究性，更加注重在学习基本知识的基础上，不断增强独立研究和思考问题的能力，努力提升运用马克思主义的立场、观点、方法，认识问题、分析问题和解决问题的能力。

一是要同研读马克思主义经典著作结合起来。马克思主义经典著作是学习、研究马克思主义理论的基本文本。马克思主义的立场、观点、方法是本课程的理论基础和贯穿本课程的灵魂。认真研读马克思主义经典著作是掌握马克思主义基本理论、树立马克思主义信仰的重要途径，也是树立科学的世界观、掌握正确的方法论的重要前提。在本课程学习中，必须把学习课程知识同研读马克思主义经典著作结合起来，必须专心致志地读、原原本本地读、反反复复地读，要学好用好马克思主义经典著作，坚持学以致用、用以促学，熟读精思、学深悟透，才能不断提升马克思主义理论素养，提高运用马克思主义立场、观点、方法分析解决实际问题的能力。

二是要同研究重大理论和实际问题结合起来。理论联系实际是马克思主义最重要的方法论原则之一，也是坚持马克思主义学风的根本要求。学习理论，不能只是就理论谈理论、从书本到书本，而要以理论为指导，将理论研究同实际问题结合起来。要准确理解和把握中国特色社会主义理论体系，就必须在掌握马克思主义理论及相关知识的基础上，加强对中国特色社会主义重大问题的研究和思考。同学们在学习理论的过程中，必须增强对马克思主义基本原理的理解和运用能力，强化问题意识，深入研究新时代中国特色社会主义面临的重大理论和实践问题，不断提高认识问题、分析问题和解决问题的能力。

三是要同提高人文素养和思维能力结合起来。“中国特色社会主义理论与实践”课程涉及哲学、政治经济学、科学社会主义等各学科原理，涵盖经济、政治、文化、社会和生态等各个领域专业知识。同时，中国特色社会主义又是在把握各种机遇和应对各方面挑战中开创和向前发展的。这就要求同学们在学习过程中，一方面要注重拓展专业学习视野，把思想政治理论学习同专业知识的学习和实际能力的提升结合起来，广泛了解经济、政治、文化、科技、社会、生态等各方面的新思想、新知识，提高综合素质特别是人文素养；另一方面要注重加强战略思维、辩证思维、法治思维、底线思维，切实提升思维能力。只有这样，才能更全面深刻地认识和了解中国特色社会主义，更加坚定中国特色社会主义自信。

本章思考题

1. 如何理解中国特色社会主义是改革开放以来党的理论和实践的主题?
2. 如何把握习近平新时代中国特色社会主义思想的主要内容和历史地位?
3. 结合实际，谈谈如何认识学习本课程的重要意义和方法?

【习语摘编】

我们要建设的是中国特色社会主义，而不是其他什么主义。历史没有终结，也不可能被终结。中国特色社会主义是不是好，要看事实，要看中国人民的判断，而不是看那些戴着有色眼镜的人的主观臆断。中国共产党人和中国人民完全有信心为人类对更好社会制度的探索提供中国方案。

——习近平在庆祝中国共产党成立95周年大会上的讲话（2016年7月1日）

中国特色社会主义道路是实现社会主义现代化、创造人民美好生活的必由之路，中国特色社会主义理论体系是指导党和人民实现中华民族伟大复兴的正确理论，中国特色社会主义制度是当代中国发展进步的根本制度保障，中国特色社会主义文化是激励全党全国各族人民奋勇前进的强大精神力量。

——习近平在中国共产党第十九次全国代表大会上的报告（2017年10月18日）

【教学链接】

中国特色社会主义为什么“好”

一个国家实行什么样的主义，关键要看这个主义能否解决这个国家面临的历史性课题。一个国家的社会制度好不好，关键要看这种制度是否有利于这个国家的经济社会发展和人民生活水平提高。一个国家的发展道路合不合适，只有这个国家的人民才最有发言权。历史和现实证明，中国特色社会主义是实现全面建成小康社会、全面建成社会主义现代化强国、中华民族伟大复兴的必由之路，是焕发科学社会主义生机活力的中国实践，是创造人民美好生活的伟大事业。中国特色社会主义以其生动实践和伟大成就、以其独特魅力和巨大优越性，生动回答了中国特色社会主义为什么“好”这个重大问题。

开辟民族复兴正确道路

中国特色社会主义具有深厚的历史底蕴。它不是从天上掉下来的，而是在改革开放 40 多年的伟大实践中得来的，是在新中国成立 70 年的持续探索中得来的，是在我们党领导人民进行伟大社会革命 90 多年的实践中得来的，是在近代以来中华民族由衰到盛 170 多年的历史进程中得来的，是对中华文明 5000 多年的传承发展中得来的，是党和人民历经千辛万苦、付出各种代价取得的宝贵成果。

在实现中华民族伟大复兴的征程上，中华民族迎来了从站起来、富起来到强起来的伟大飞跃。站起来、富起来、强起来，三者前后相继，前一阶段是后一阶段的基础和前提，后一阶段是前一阶段的继续和发展，绘就一幅壮丽宏伟的历史画卷。

焕发科学社会主义生机活力

社会主义反映了人类对理想社会制度的探索和追求，在人类思想史上占据着道义的制高点。马克思、恩格斯根据人类社会发展一般规律，在深刻批判旧世界的过程中发现新世界，提出了科学社会主义的一些基本原则：在生产资料公有制基础上组织生产，满足全体社会成员的需要是社会主义生产的根本目的；对社会生产进行有计划的指导和调节，实行按劳分配原则；合乎自然规律地改造和利用自然；社会主义事业必须坚持无产阶级政党的领导；在社会主义高度发展的基础上，最终实现向人的自由而全面发展的共产主义社会过渡；等等。同时，马克思、恩格斯坚决反对不顾实际情况照搬照抄其理论，反对将科学社会主义基本原则当作一成不变的教条，要求在实际运用这些原则时，随时随地都要以当时的历史条件为转移。

中国特色社会主义既坚持了科学社会主义的基本原则，又根据时代条件不断赋予其鲜明的中国特色。上世纪 80 年代末、90 年代初苏东剧变后，西方出现了所谓“历史终结论”“社会主义失败论”。在社会主义国家内部，也出现了诸如“马克思主义还灵不灵”“社会主义还行不行”之类的疑虑。中国特色社会主义的成功实践，中国综合国力与日俱增、人民生活水平不断提高的事实，让这种论调彻底破产，让这种疑虑日益消散。中国特色社会主义的伟大实践特别是党的十八大以来砥砺奋进的历程充分表明，科学社会主义在中国焕发出强大生机活力并不断开辟新境界，中国特色社会主义的旗帜在中国大地上高高飘扬，中国特色社会主义道路越走越宽广。

造福最广大人民群众

判断一种制度优劣，还要看其为谁服务、为谁谋利。中国共产党人的初心和使命，就是为中国人民谋幸福，为中华民族谋复兴。我们党带领人民走社会主义道路、坚持和发展中国特色社会主义，就是为了实现中国共产党人的初心和使命，造福最广大人民群众，最终实现中华民族伟大复兴。

习近平同志指出，“中国共产党的追求就是让老百姓生活越来越好”。改革开放以来，我们党始终坚持在发展中保障和改善民生，全面推进幼有所育、学有所教、劳有所得、病有所医、老有所养、住有所居、弱有所扶，不断改善人民生活、增进人民福祉。从 1978 年到 2017 年，全国居民人均可支配收入由 171 元增加到 2.6 万元，中等收入群体持续扩大。我国贫困人口累计减少 7.4 亿人，贫困发生率下降 94.4 个百分点，谱写了人类反贫困史上的辉煌篇章。事实充分证明，中国特色社会主义在推动国家经济社会发展进步的同时，有力保证了人民生活水平提高，不断增进人民福祉，让中国人民朝着共同富裕的目标稳步前进。

中国特色社会主义进入新时代，人民群众美好生活需要日益增长。我们党坚持以人民为中心的发展思想，以造福人民为最大政绩，从群众最关心的问题入手，把民生疾苦放在心头，把改革发展责任扛在肩上，着力解决我国发展不平衡不充分的问题，一大批惠民举措落地实施，推动发展成果更多更公平惠及全体人民。党在领导中国特色社会主义事业的过程中，时刻同人民想在一起、干在一起，始终把人民对美好生活的向往作为自己的奋斗目标，既通过正确的路线方针政策带领人民群众前进，又从人民群众的实践创造中获得前进动力；既强调促进经济社会发展，又强调给人民群众带来实实在在的获得感幸福感安全感。正是在这个过程中，蕴藏在人民群众中的磅礴伟力不断释放，中国特色社会主义的优越性日益彰显。

——摘自孙来斌：《中国特色社会主义为什么“好”》，《人民日报》2019 年 5 月 10 日

第一章　当代中国的基本国情

【教学目标】

通过本章[①]的学习，了解党的十八大以来党和国家事业的历史性成就和历史性变革，把握中国特色社会主义新时代的内涵和重大意义，认识我国社会主要矛盾的转化，理解我国仍处于并将长期处于社会主义初级阶段的基本国情。

【重难点】

重点：中国特色社会主义新时代的内涵。

难点：我国仍处于并将长期处于社会主义初级阶段。

坚持和发展中国特色社会主义事业，必须认清当代中国的基本国情和发展实际，在认识到准确判断我国社会发展阶段和历史方位重要性的基础上，了解当代中国国情的基本特点和阶段性变化，把握中国特色社会主义新时代的内涵和重大意义，认识我国社会主要矛盾的转化及其对党和国家工作提出的新要求。

第一节　准确判断社会发展阶段和历史方位的重要性

了解当代中国的基本国情和发展实际，首先必须要认识到准确判断社会发展阶段和历史方位的重要性。社会发展阶段理论是马克思列宁主义的重要组成部分，是无产阶级政党制定路线方针政策的基本依据之一；正确认识一个国家社会的性质和所处的发展阶段，具有重大的理论意义和现实意义。历史方位是指一个国家、一个民族在历史发展进程中所处的位置，一个国家的进步，只有从历史发展的坐标上去认识，才能更加准确；一个社会的变革，只有从时代发展的趋势中去把握，才能更加清晰。

① 本章内容是教育部全国高校优秀中青年思想政治理论课教师择优资助计划项目“党的十九大精神融入‘中特’课的模式构建研究——基于探究性教学视角”（编号：18JDSZK125）的阶段性成果。

一、马恩经典作家关于社会发展阶段的基本观点

1917 年俄国十月革命，标志着社会主义从一种理论上升到了实践阶段，开始了社会主义建设的最初探索。此后，社会主义阵营不断扩大，各国无产阶级政党在领导本国人民进行社会主义建设的过程中，进行了积极尝试和创新，但在社会发展阶段问题上，还存在着困惑，甚至是认识的误区。因此，我们有必要重温马恩经典作家关于社会发展阶段的基本观点和相关论述。对这一问题的正确认识，将有助于马克思主义基本原理更好地指导本国社会主义建设的具体实践，实现两者的更好结合，有利于本国社会主义的建设和发展。

1875 年，马克思在《哥达纲领批判》中讲到，“在资本主义社会和共产主义社会之间，有一个从前者变为后者的革命转变时期。同这个时期相适应的也有一个政治上的过渡时期，这个时期的国家只能是无产阶级的革命专政”①。可以看出，马克思认为社会主义的发展是有多个阶段的，在资本主义和共产主义之间有一个过渡时期，但这个过渡时期指的是从资本主义制度进入到社会主义制度的时期，而不等同于共产主义的第一阶段（即社会主义社会），“社会主义制度不可能在资本主义社会内部形成，因此无产阶级夺取政权以后，如果不对整个社会进行彻底的革命改造，就不可能进入真正的社会主义社会。随着社会主义制度的建立，这一过渡时期也就结束了”②。

马克思在《哥达纲领批判》中还全面系统地阐述了关于共产主义社会发展阶段的理论，把共产主义划分为“第一阶段”和“高级阶段”，并明确揭示了共产主义社会两个发展阶段的不同特征，但两者属于同一个社会形态，只是社会成熟度不同，因为“无产阶级革命后，社会的发展将经历三个阶段：过渡时期、共产主义社会第一阶段和共产主义社会的高级阶段”③。

对于第一阶段，马克思指出，“我们这里所说的是这样的共产主义社会，它不是在它自身基础上已经发展了的，恰好相反，是刚刚从资本主义社会中产生出来的，因此它在各方面，在经济、道德和精神方面都还带着它脱胎出来的那个旧社会的痕迹。”④“但是这些弊病，在经过长久阵痛刚刚从资本主义

---

① 《马克思恩格斯选集》第三卷，北京：人民出版社，2012 年，第 373 页。

② 梅定国：《马克思主义经典作家的社会发展阶段理论》，《中共山西省直机关党校学报》2010 年第 5 期，第 12 页。

③ 唐莉：《马克思主义社会发展阶段理论的中国化进程探析》，《天津社会科学》2004 年第 4 期，第 67 页。

④ 《马克思恩格斯选集》第三卷，北京：人民出版社，2012 年，第 363 页。

社会产生出来的共产主义社会第一阶段，是不可避免的”[①]。马克思恩格斯提出，这个阶段的特点是消灭了剥削阶级及其相关制度，实行生产资料公有制，个人消费品实行“按劳分配”，但同时也存在着资本主义的“痕迹”和“弊病”。到了共产主义的高级阶段，这个阶段的基本特征是：生产力已经高度发达，物质财富极大丰富，阶级和国家逐渐消亡，劳动已经成为人们生活的第一需要，社会成员获得自由而全面的发展，个人消费品实行按需分配，正如马克思所说，“在共产主义社会高级阶段，在迫使个人奴隶般地服从分工的情形已经消失，从而脑力劳动和体力劳动的对立也随之消失之后；在劳动已经不仅仅是谋生的手段，而且本身成了生活的第一需要之后；在随着个人的全面发展，他们的生产力也增长起来，而集体财富的一切源泉都充分涌流之后，——只有在那个时候，才能完全超出资产阶级权利的狭隘眼界，社会才能在自己的旗帜上写上：各尽所能，按需分配！”[②]

二、20世纪关于社会主义发展阶段的理论与实践

十月革命胜利后，列宁在俄国社会主义实践的基础上指出，无产阶级夺取政权以后，各国向社会主义过渡的形式有可能不同，“资本主义社会愈不发达，所需要的过渡时间就愈长”[③]，指出了过渡时期的长期性，明确提出，过渡时期就是“从资本主义过渡到社会主义，即过渡到共产主义的低级阶段”[④]。在这一时期，也要采取一些特殊的政策。列宁在马克思恩格斯的基础上，进一步把共产主义第一阶段称为社会主义社会，把共产主义高级阶段称为共产主义社会。“如果我们问一下自己，共产主义同社会主义的区别是什么，那么我们应当说，社会主义是直接从资本主义生长出来的社会，是新社会的初级形式。共产主义则是更高的社会形式，只有在社会主义完全巩固的时候才能得到发展。”[⑤] 列宁认为，共产主义还非常遥远，社会主义也会有一个漫长的发展过程。因此，列宁第一次提出社会主义需要经过若干个发展阶段，才能到达共产主义的宝贵思想，并先后使用过“初级形式的社会主义”“发达的社会主义”“低级阶段”“中级阶段”等概念。列宁的上述思想为经济文化比较落后国家的社会主义建设提供了直接的理论指导。

20世纪50年代中期，毛泽东把马列主义与中国革命的具体实践相结合，

① 《马克思恩格斯选集》第三卷，北京：人民出版社，2012年，第364页。
② 《马克思恩格斯选集》第三卷，北京：人民出版社，2012年，第364—365页。
③ 《列宁选集》第四卷，北京：人民出版社，2012年，第575页。
④ 《列宁选集》第四卷，北京：人民出版社，1972年，第200页。
⑤ 《列宁全集》第三十八卷，北京：人民出版社，2017年，第36页。

开始探索适合中国国情的社会主义建设道路。在这一过程中，毛泽东在社会主义发展阶段上有了新的认识并做出了重要贡献，主要表现在：

第一，将“进入”社会主义和“建成”社会主义加以明确的区别，在1957年1月举行的知识分子问题座谈会上，毛泽东指出，“我们已经进入了社会主义，进入是进入了，但尚未完成”①。同年2月，他在《关于正确处理人民内部矛盾的问题》的讲话中进一步把社会主义制度的“建立”和“建成”做了区分，他说：“我国的社会主义制度还刚刚建立，还没有完全建成，还不完全巩固。”②

第二，毛泽东明确指出社会主义阶段的中心任务是建设，要大力发展社会主义生产力，并提出建设强大的社会主义国家需要50年到100年，甚至更长的时间。1957年2月，毛泽东在《关于正确处理人民内部矛盾的问题》中指出：“我们的根本任务已经由解放生产力变为在新的生产关系下面保护和发展生产力。”③“在这期间，毛泽东在多次讲话中都一再强调了以经济建设为中心任务的思想。”④

第三，毛泽东明确地把社会主义划分为“不发达的”和“比较发达的”两个阶段，1959年到1960年，他在读苏联《政治经济学教科书》时指出：“社会主义这个阶段，又可能分为两个阶段，第一个阶段是不发达的社会主义，第二个阶段是比较发达的社会主义。后一阶段可能比前一阶段需要更长的时间。经过后一阶段，到了物质产品、精神财富都极为丰富和人们的共产主义觉悟极大提高的时候，就可以进入共产主义社会了。”⑤

邓小平在总结历史经验和教训的基础上，把马克思主义同我国现代化建设的实际相结合，创立了基于中国国情的社会主义初级阶段理论，对社会主义发展阶段理论做出了新的贡献。邓小平指出：“我们党的十三大要阐述中国社会主义是处在一个什么阶段，就是处在初级阶段，是初级阶段的社会主义。社会主义本身是共产主义的初级阶段，而我们中国又处在社会主义的初级阶段，就是不发达的阶段。一切都要从这个实际出发，根据这个实际来制订规划。”⑥ 把我们的社会主义描述成“事实上不够格”的社会主义，强调我们的社会主义还是一种不成熟、不完善的社会主义。社会主义初级阶段的含义包

---

① 参见吴江：《关于社会主义建设的历史阶段》，《人民日报》1986年5月5日。

② 《毛泽东文集》第七卷，北京：人民出版社，1999年，第214页。

③ 《毛泽东文集》第七卷，北京：人民出版社，1999年，第218页。

④ 梁柱：《毛泽东对社会主义发展阶段的探索》，《思想理论教育导刊》2003年第12期，第17页。

⑤ 《毛泽东文集》第八卷，北京：人民出版社，1999年，第116页。

⑥ 《邓小平文选》第三卷，北京：人民出版社，1993年，第252页。

括两方面：一是中国已经是社会主义社会，二是中国的社会主义还处于初级阶段，这是从社会性质和社会发展阶段上对中国国情所做的总体性、根本性的判断。1992 年春南方谈话中，邓小平再一次告诫人们："我们搞社会主义才几十年，还处在初级阶段。"[①] 可以看出，邓小平根据中国国情把中国目前的社会发展准确定位在社会主义初级阶段。同时，邓小平认为社会主义初级阶段也是分多阶段发展的，提出了著名的"三步走"战略，即：第一步，到 1990 年实现国民生产总值比 1980 年翻两番，解决人民的温饱问题；第二步，到 20 世纪末国民生产总值比 1990 年翻两番，人民生活水平达到小康；第三步，到 21 世纪中叶人均国民生产总值达到中等发达国家水平，人民比较富裕，基本实现现代化。"邓小平社会主义初级阶段论的提出不仅是对中国社会主义历史方位的准确判定，更蕴涵着对'怎样建设社会主义'问题的一系列回答……正是这些回答成为探索建设中国特色社会主义实践形式的重要成果，并在后来改革开放的实践中释放出巨大的能量"[②]。

十三届四中全会后，江泽民以邓小平理论为指导，进一步发展了邓小平的社会主义初级阶段的思想，指出我国进入社会主义的时候，生产力水平就远远落后于发达国家，"这就决定了必须在社会主义条件下经历一个相当长的初级阶段，去实现工业化和经济的社会化、市场化、现代化。这是不可逾越的历史阶段"[③]，至少需要 100 年的时间。江泽民认为只有正确认识社会主义初级阶段，才能脚踏实地地建设中国的社会主义，"对社会主义初级阶段的基本国情和经济、政治、文化等方面的基本特点，要做到统一认识和准确把握。我们想问题、办事情、作决策，都必须从社会主义初级阶段的实际出发，而不能脱离这个实际"[④]。对于邓小平提出的第三步战略目标，江泽民在十五大上进一步细化为三个小的阶段，即：第一步，21 世纪第一个 10 年实现国民生产总值比 2000 年翻一番，使人民的小康生活更加宽裕，形成比较完善的社会主义市场经济体制；第二步，到建党 100 年时，使国民经济更加发展，各项制度更加完善；第三步，到世纪中叶新中国成立 100 年时，基本实现现代化，建成富强民主文明的社会主义国家。同时，江泽民在十五大报告中还提出了"建设小康社会"的历史新任务，在十六大上提出了到 2020 年全面建设小康社会的奋斗目标，并做出具体的战略部署。

---

① 《邓小平文选》第三卷，北京：人民出版社，1993 年，第 379 页。

② 吴波：《邓小平社会主义初级阶段论的再认识》，《重庆邮电大学学报》（社会科学版）2009 年第 4 期，第 2 页。

③ 《江泽民文选》第二卷，北京：人民出版社，2006 年，第 14 页。

④ 《江泽民论有中国特色社会主义（专题摘编）》，北京：中央文献出版社，2002 年，第 29 页。

三、20 世纪关于历史方位的理论判断和经验教训

对社会主义历史方位的认识问题，是科学社会主义的重大理论和现实问题，社会主义实践的成功与否与这一问题紧密相关。关于社会主义历史方位问题的讨论，主要还是集中在社会主义是否是共产主义社会的初级阶段，是否是“过渡时期”这一论断上。回顾20世纪关于社会主义运动的历史，认真总结关于社会主义历史方位的理论判断和经验教训，对于我国当前阶段的社会主义建设具有重要的现实意义。

十月革命胜利后，俄国开创了社会主义的建设和发展。列宁很早就认识到社会主义是共产主义的第一阶段，需要一个漫长的过程，尤其是在贫穷国家建立社会主义，更具艰巨性。在俄国社会主义建设的初期，考虑到恶劣的国内国际形势，列宁在国内实行“战时共产主义政策”，即实行余粮收集制，把大中企业收归国有，取消一切商品贸易，一切生活必需品均由国家集中分配，强制劳动，实行“不劳动者不得食”的原则，帮助新生的苏维埃政权渡过了国内战争的危机，但这一政策也暴露出了弊端，引起农民极度不满。随后，俄国开始实行“新经济政策”，允许产品交换，允许私人在地方范围内进行商业往来，涉及国家经济命脉的重要厂矿企业仍由国家经营，中小企业和国家暂时无力兴办的企业则允许私人经营。这一政策的实行，巩固了工人阶级同农民阶级的联盟，促进了生产力的发展。实践证明，列宁对当时俄国社会主义的历史方位判断是正确的，采取的措施也有助于俄国社会主义的初期建设和发展。

斯大林领导的苏联社会主义建设取得了举世瞩目的成就，1936 年，斯大林宣布苏联社会主义基本建成，“以为现实社会主义的优越程度已远远高于资本主义，以为现实社会主义已经能脱离资本主义体系独立生存，以为社会主义已经在与资本主义的竞赛中占据领先地位，以为社会主义已经可以包治资本主义百病，以为社会主义几乎已经完美无缺”[①]。1939 年，斯大林认为党的任务是完成社会主义社会建设任务和逐渐从社会主义过渡到共产主义。甚至到了 1961 年，赫鲁晓夫宣布苏联已进入“全面开展共产主义建设的时期”，苏联即将在 20 年内建成共产主义。正是由于斯大林等人在苏联社会主义的历史方位上没有清醒的认识，企图急速地建成社会主义，而低估了社会主义建设阶段的长期性和复杂性，导致了后来一系列错误判断和实践，为后来的苏联解体埋下了隐患。

---

① 董建萍：《关于社会主义历史方位的思考》，《科学社会主义》1997 年第 4 期，第 13 页。

“在社会发展阶段问题上走弯路，可以说是 20 世纪社会主义国家带有普遍性的现象。60—70 年代，几乎所有的社会主义国家都制定了赶超战略。”① 1962 年，匈牙利社会主义工人党宣布开始建设发达社会主义，罗马尼亚规划了 1971—2000 年“建设全面发展的社会主义社会和向共产主义过渡阶段”。赶超战略的提出实际上是在社会主义发展阶段和历史方位问题上的迷失，这一错误的理论判断导致了 20 世纪社会主义实践过程中的惨痛教训。中国共产党成立以来，在中国社会主义发展阶段和历史方位的判断上，各届领导人一直在努力探索。

在新民主主义革命时期，以毛泽东为代表的中国共产党人在科学判断当时中国历史方位的基础上，把马克思主义学说同中国具体实际结合起来，从中国半殖民地半封建社会的具体实际出发，提出中国共产党领导的中国革命必须分两步走：第一步，反对帝国主义、封建主义和官僚资本主义，改变半殖民地半封建的社会形态，使中国成为一个独立的新民主主义国家；第二步，在新民主主义国家的基础上，使革命向前发展，通过社会主义革命，建立社会主义制度，使中国成为社会主义国家。在新民主主义革命时期，中国人民的根本任务是要实现国家和民族的独立，新中国成立后，面对严峻的国际形势和百废待兴的国内环境，毛泽东提出社会主义革命的任务是消灭资产阶级，实现生产关系的变革，并成功完成了新民主主义革命和社会主义革命，这种成功实践源于对中国历史方位的准确判断。1956 年之后，在社会主义建设过程中，中国也犯了超越阶段的错误，主要体现在 1958 年的“大跃进”和人民公社化运动，号召党和全国人民“争取在 15 年或者更短时间内，在主要工业产品的产量方面赶上和超过英国”，急于完成社会主义向共产主义的过渡，“高指标、瞎指挥、虚报风、浮夸风、共产风”造成了经济工作中的急于求成和急躁冒进，这种基于跨越阶段发展的历史方位判断也让中国社会主义建设付出了惨痛的代价。

作为领导中国人民进行改革开放和现代化建设的总设计师，邓小平对中国社会主义的历史方位进行了全面深刻的拨乱反正，肯定了党的“十三大”关于中国尚处于社会主义初级阶段的论断，并强调中国正处于并将长期处于社会主义初级阶段，“一切都要从这个实际出发，根据这个实际来制订规划”②。“这就比较圆满彻底地解决了过去国人对中国社会主义定位过高的问

① 唐莉：《马克思主义社会发展阶段理论的中国化进程探析》，《天津社会科学》2004 第 4 期，第 68 页。

② 《邓小平文选》第三卷，北京：人民出版社，1993 年，第 252 页。

题。这对后来中国的对内改革起到了至关重要的促进作用。正是以这种立论为基础，我们才能正确认识国情，澄清种种疑虑，深刻认识为什么必须实行现在这样的路线和政策而不能实行别样的路线和政策。”① 同时，邓小平对当代世界主题和时代特征进行科学判断，提出战争与革命的概念已不能全面准确地反映当今时代的主题，和平与发展才是当今时代的基本特征。可见，中国在社会主义历史方位这一问题上的判断，虽然也经历了曲折，但最后邓小平提出了社会主义初级阶段理论，并以此作为我国当前历史方位的判断依据，摸索出了一条适合中国国情的社会主义发展道路。

20世纪末，江泽民沿着邓小平提出的“时代主题”这一概念，指出：“和平与发展是当今世界的两大主题，同时这两大课题至今一个也没有解决。”② 江泽民从党的历史方位的角度强调，在和平和发展的形势下党的历史地位的改变和历史任务的变迁，坚持与时俱进，研究新情况，解决新问题，不断进行理论创新、制度创新，把党的建设工作抓好。2001年，在建党80周年大会上，江泽民对党所处的历史方位进行了系统概括：“经过八十年的发展，我们的党员队伍，党所处的地位和环境，党所肩负的任务，都发生了重大变化。我们党已经从一个领导人民为夺取全国政权而奋斗的党，成为一个领导人民掌握着全国政权并长期执政的党；已经从一个在受到外部封锁的状态下领导国家建设的党，成为在全面改革开放条件下领导国家建设的党。”③ 进一步对我国社会主义的历史方位发生的新情况、新变化进行了科学判断和总结。

总之，20世纪是社会主义发展风起云涌的100年，经历了社会主义实践的开天辟地、迅猛发展、赤旗环球，又经历了苏联解体、东欧剧变的历史动荡，中国作为最大的社会主义国家，在艰难曲折中开创了一条中国特色的社会主义道路。总结20世纪社会主义建设和发展的经验教训，关键在于一条：对社会主义发展阶段和历史方位的正确判断是社会主义成功实践的前提。

第二节　中国特色社会主义进入新时代

党的十九大报告指出，经过坚持不懈的努力，中国特色社会主义进入新

---

① 陈仁涛：《邓小平关于中国社会主义历史方位问题的准确把握》，《西华师范大学学报》（哲学社会科学版）2005年第4期，第35页。

② 《江泽民文选》第三卷，北京：人民出版社，2006年，第7页。

③ 《江泽民文选》第三卷，北京：人民出版社，2006年，第282页。

时代，这是我国发展新的历史方位，也标志着我国社会主义进入一个新的发展阶段。这一重大政治论断的提出有着深刻的背景和依据，也有着丰富的内涵和重要意义，对中国特色社会主义的发展阶段、发展方向和要求进行了科学概括，也为党和国家今后的工作提供了时代坐标和科学依据，同时也提出了新的要求。

一、中国特色社会主义进入新时代的主要依据

按照马克思主义唯物史观的论述，生产力决定生产关系，社会生产力的发展决定社会主要矛盾的变化。十八大以来，我国所具备的条件、所处的环境、所承担的任务都发生了明显变化，中国特色社会主义与开创之初或推进过程相比都发生了明显变化，逐步构成了新时代主要社会现实的内在逻辑。总体来看，十八大以来的五年伟大成就是中国特色社会主义进入新时代的实践基础，习近平新时代中国特色社会主义思想的创立是进入新时代的理论标志，我国社会主要矛盾的变化决定新时代的到来，是进入新时代的直接依据。

（一）党和国家事业的历史性成就和历史性变革

十九大报告中，习近平明确指出，十八大以来的五年，是党和国家发展进程中极不平凡的五年，“五年来的成就是全方位的、开创性的，五年来的变革是深层次的、根本性的”[①]。在此基础上，党和国家事业全面开创新局面，这也是中国特色社会主义进入新时代的重要依据。这些成就和变革如下：

经济建设取得重大成就。经济保持中高速增长，在世界主要国家中名列前茅，国内生产总值从 54 万亿元增长到 80 万亿元，稳居世界第二，对世界经济增长贡献率超过百分之三十，位列世界第一，中国经济的国际影响力显著提升。发展理念和发展方式发生深刻变革，提出了创新、协调、绿色、开放和共享的发展理念，供给侧结构性改革深入推进，经济结构不断优化。区域发展协调性增强，“一带一路”建设、京津冀协同发展、长江经济带发展成效显著。中国消费市场强劲，凸显了中国经济的韧性和活力，成为推动经济转型的重要力量，也成为中国应对美国主动挑起的贸易摩擦的重要法宝。

全面深化改革取得重大突破。改革开放是决定当代中国命运的关键一招，也是决定实现“两个一百年”奋斗目标、实现中华民族伟大复兴的关键一招，是党和人民事业大踏步赶上时代的重要法宝。党的十八大和十八届三中、四

① 习近平：《决胜全面建成小康社会 夺取新时代中国特色社会主义伟大胜利——在中国共产党第十九次全国代表大会上的报告》，北京：人民出版社，2017 年，第 8 页。

中、五中全会部署了深化重要领域改革的具体目标和重大举措，加快发展社会主义市场经济、民主政治、先进文化、和谐社会、生态文明，是全面深化改革的具体目标和工作任务。2015 年 9 月 22 日，习近平在美国西雅图演讲时就指出："中国发展的根本出路在于改革。……改革关头勇者胜，我们将以敢于啃硬骨头、敢于涉险滩的决心，义无反顾推进改革。"① 全面深化改革是全面建成小康社会的动力源泉，也是破解我国面临的突出矛盾和问题的必由之路。要以更大的政治勇气和智慧推进改革，用全局观念和系统思维谋划改革，不断推进中国特色社会主义制度的自我完善和发展，努力开拓中国特色社会主义事业的广阔前景。十八届三中全会之后，改革全面发力、多点突破、纵深推进，着力增强改革系统性、整体性、协同性，压茬拓展改革广度和深度，推出 1500 多项改革举措，重要领域和关键环节改革取得突破性进展，主要领域改革主体框架基本确立，各方面体制机制发生深刻变革，国家治理体系和治理能力现代化水平明显提高。

民主法治建设迈出重大步伐。积极推进全面依法治国，积极发展社会主义民主政治，党的领导、人民当家作主、依法治国有机统一的制度建设全面加强，国家监察体制改革试点取得实效，行政体制改革、司法体制改革、权力运行制约和监督体系建设有效实施。习近平强调，"民主不是装饰品，不是用来做摆设的，而是要用来解决人民要解决的问题的"②，"履不必同，期于适足；治不必同，期于利民"③，保证和支持人民当家作主不是一句口号、不是一句空话，必须落实到国家政治生活和社会生活之中，保证人民依法有效行使管理国家事务、管理经济和文化事业、管理社会事务的权力。

思想文化建设取得重大进展。党对意识形态工作的领导发生深刻变革，习近平强调，意识形态工作是党的一项极端重要的工作，意识形态决定文化前进方向和发展道路。十八大以来，加强党对意识形态工作的领导，马克思主义在意识形态领域的指导地位更加鲜明，加强宣传舆论阵地管理，加强网络舆论监督，中国特色社会主义和中国梦深入人心，社会主义核心价值观和中华优秀传统文化广泛弘扬，群众性精神文明创建活动扎实开展，大大增强了党在意识形态领域的主导权和话语权。社会主义核心价值体系深入人心，社会主义价值观广泛践行，公民文明素质和社会文明程度显著提高。文化产品丰富，文化服务健全，文化产业繁荣，文化影响增强，人民群众的精神文

① 《习近平在对美国进行国事访问时的讲话》，北京：人民出版社，2015 年，第 14 页。
② 《习近平谈治国理政》第二卷，北京：外文出版社，2017 年，第 296 页。
③ 《习近平谈治国理政》，北京：外文出版社，2014 年，第 315 页。

化生活更加健康丰富，国家文化软实力根基更加坚实。

人民生活不断改善。习近平提出："人民对美好生活的向往，就是我们的奋斗目标。"[①] 党的十八大以来，居民收入持续较快增长，2016 年全国居民人均可支配收入 23821 元，年均实际增长 7.4%，快于同期 GDP 年均增速 0.2 个百分点。居民收入差距持续缩小，中等收入群体持续扩大，基尼系数有所下降，2016 年全国居民人均可支配收入基尼系数为 0.465，比 2012 年的 0.474 下降 0.009。消费水平持续提高，服务消费快速增长，恩格尔系数持续下降。生活环境持续改善，人民健康和医疗卫生水平大幅提高。党的十八大以来，党中央坚持以民为本、以人为本执政理念，把民生工作和社会治理工作作为社会建设的两大根本任务，高度重视、大力推进，改革发展成果正更多更公平惠及全体人民，居民生活水平和质量显著提升，真正实现发展为了人民、发展依靠人民、发展成果由人民共享。

生态文明建设成就显著。资源节约型、环境友好型社会建设取得重大进展。建立资源循环利用体系，减少主要污染物排放量，提高森林覆盖率，增强生态系统稳定性，改善人居环境，形成人与自然和谐发展的现代化格局。2013 年 5 月 24 日，习近平在中共中央政治局第六次集体学习上讲话时指出："要正确处理好经济发展同生态环境保护的关系，牢固树立保护生态环境就是保护生产力、改善生态环境就是发展生产力的理念，更加自觉地推动绿色发展、循环发展、低碳发展，决不以牺牲环境为代价去换取一时的经济增长。"[②] 2014 年 2 月 26 日，习近平在北京市考察工作结束发表讲话时谈到，"应对雾霾污染、改善空气质量的首要任务是控制 PM2.5，虽然说按国际标准控制 PM2.5 对整个中国来说提得早了，超越了我们发展阶段，但要看到这个问题引起了广大干部群众高度关注，国际社会也关注，所以我们必须处置。民有所呼，我有所应!"[③] 生态文明制度体系加快形成，主体功能区制度逐步健全，国家公园体制试点积极推进；引导应对气候变化国际合作，成为全球生态文明建设的重要参与者、贡献者、引领者。

强军兴军开创新局面。针对国防和军队建设存在的体制性障碍、腐败等诸多问题，党中央坚持全面深化国防和军队改革，改革取得历史性突破，形成军委管总、战区主战、军种主建新格局，人民军队组织架构和力量体系实现革命性重塑。深入推进政治建军、改革强军、科技兴军、依法治军，加强

① 《习近平谈治国理政》，北京：外文出版社，2014 年，第 4 页。

② 《习近平谈治国理政》，北京：外文出版社，2014 年，第 209 页。

③ 《习近平关于全面深化改革论述摘编》，北京：中央文献出版社，2014 年，第 110—111 页。

练兵备战，有效遂行海上维权、反恐维稳、抢险救灾、国际维和、亚丁湾护航、人道主义救援等重大任务，武器装备加快发展，军事斗争准备取得重大进展。

全方位外交布局深入展开。习近平强调，中国外交工作的总目标就是“要高举和平、发展、合作、共赢的旗帜，统筹国内国际两个大局，统筹发展安全两件大事，牢牢把握坚持和平发展、促进民族复兴这条主线，维护国家主权、安全、发展利益，为和平发展营造更加有利的国际环境，维护和延长我国发展的重要战略机遇期，为实现‘两个一百年’奋斗目标、实现中华民族伟大复兴的中国梦提供有力保障”①。十八大以来，以习近平同志为核心的党中央，准确把握纷纭变化的国际复杂局势，实施共建“一带一路”倡议，提出构建人类命运共同体，针对不同性质的国际关系提出不同的外交定位，积极参与国际机构建设和提出中国方案，形成了全方位、多层次、立体化的中国特色大国外交布局。

全面从严治党成效卓著。针对新形势下党执政面临的重大风险和考验，党中央做出全面从严治党的战略部署，推动全党尊崇党章，增强政治意识、大局意识、核心意识、看齐意识，坚决维护党中央权威和集中统一领导，严明党的政治纪律和政治规矩，开展党的群众路线教育实践活动和“三严三实”专题教育，推进“两学一做”学习教育常态化制度化；出台中央八项规定，严厉整治形式主义、官僚主义、享乐主义和奢靡之风，坚持反腐败无禁区、全覆盖、零容忍，坚定不移“打虎”“拍蝇”“猎狐”，不敢腐的目标初步实现，不能腐的笼子越扎越牢，不想腐的堤坝正在构筑，反腐败斗争压倒性态势已经形成并巩固发展。

正如习近平在十九大报告中所指出的，从党的十八大开始，这五年来的成就是全方位的、开创性的，五年来的变革是深层次的、根本性的，解决了许多长期想解决而没有解决的难题，办成了许多过去想办而没有办成的大事，这些必将对中国特色社会主义事业的发展产生根本性的影响，这也是党的十九大报告做出中国特色社会主义进入新时代这一重大论断的实践依据。

（二）我国社会主要矛盾的转化

中国特色社会主义进入新时代，我国社会主要矛盾的转化是关键前提和直接依据。十九大报告明确指出，我国社会主要矛盾已经转化为人民日益增长的美好生活需要和不平衡不充分的发展之间的矛盾。社会主要矛盾的变化

---

① 《习近平谈治国理政》第二卷，北京：外文出版社，2017 年，第 441 页。

是关系全局的历史性变化，对党和国家工作提出了许多新要求，党和国家必须围绕主要矛盾的诸多方面开展工作，在继续推进中国特色社会主义的进程中，着力解决好发展不平衡不充分的问题。具体来看，我国社会主要矛盾转化的依据包括以下几个方面：

第一，我国社会生产力水平总体上显著提高，社会生产能力在很多方面进入世界前列。2018 年 4 月 10 日，习近平总书记在博鳌亚洲论坛年会开幕式上发表主旨演讲，提出："中国人民始终艰苦奋斗、顽强拼搏，极大解放和发展了中国社会生产力。……今天，中国已经成为世界第二大经济体、第一大工业国、第一大货物贸易国、第一大外汇储备国。40 年来，按照可比价格计算，中国国内生产总值年均增长约 9.5%；以美元计算，中国对外贸易额年均增长 14.5%。中国人民生活从短缺走向充裕、从贫困走向小康，现行联合国标准下的 7 亿多贫困人口成功脱贫，占同期全球减贫人口总数 70%以上。"[①] 科学技术是第一生产力，改革开放 40 多年来，我国在诸多科技领域取得了举世瞩目的成绩，一系列重大科技成果相继问世，如发射首颗量子卫星"墨子号"、大型客机 C919 试飞成功、"天眼"射电望远镜向宇宙发射信号等。最新数据表明，新中国成立 70 年来，"我国已成为全世界唯一拥有联合国产业分类中所列全部工业门类的国家，工业增加值从 1952 年的 120 亿元增加到 2018 年的 30 多万亿元……我国建成了全球规模最大的信息通信网络"[②]，5G 标准的必要专利数量全球第一。此外，我国基础设施建设部分领域遥遥领先，高铁运营总里程、高速公路总里程和港口吞吐量均是世界第一。社会生产力的巨大发展，推动了我国经济、科技、国防和综合国力进入世界前列，也从根本上改变了我国之前社会主要矛盾中的"落后的社会生产"这一状况，推动当代中国站在了新的历史起点上。

第二，随着小康社会的逐步到来，人民美好生活需要日益广泛，不仅对物质文化生活提出了更高要求，而且在民主、法治、公平、正义、安全、环境等方面的要求日益增长。马斯洛的需要层次理论揭示了需求的规律，当人们的低层次需要得到满足之后，人们就会向高一层次发展，追求更高层次的需要就成为驱使行为的动力。当前，我国人民的生活状况已经发生了显著变化，人均 GDP 已经从 1978 年的 385 元上升到 2017 年的 59660 元，达到中等偏上收入国家水平，农村贫困发生率从 1978 年的 97.5%下降到 2017 年的

① 习近平：《开放共创繁荣　创新引领未来：在博鳌亚洲论坛 2018 年年会开幕式上的主旨演讲》，北京：人民出版社，2018 年，第 3 页。

② 《成就举世瞩目发展永不止步》，《人民日报》2019 年 9 月 21 日。

3.1%，远低于世界平均水平。改革开放40多年来，我国人民的物质性需要不断得到满足，开始更多追求社会性需要和心理性需要，人民群众在教育、文化、医疗卫生、社会保障、人居环境和社会治安等方面有了新的需求，正如习近平总书记所指出的，“我们的人民热爱生活，期盼有更好的教育、更稳定的工作、更满意的收入、更可靠的社会保障、更高水平的医疗卫生服务、更舒适的居住条件、更优美的环境，期盼孩子们能成长得更好、工作得更好、生活得更好”①。可见，随着我国社会的快速发展，人民群众的需求也发生了变化，必须准确把握人民群众的期盼与向往，切实满足人民群众的现实需求，处理好人民日益增长的美好生活需要与政治建设、经济建设、文化建设、社会建设、生态文明建设等之间的平衡关系，人民群众对美好生活的向往，是党和国家始终不渝的奋斗目标和使命。

第三，我国社会发展的不平衡不充分已经成为满足人民日益增长的美好生活需要的主要制约因素。发展不平衡不充分问题，存在于我国经济社会发展的各个领域。发展的不平衡主要表现在东中西部发展不平衡、城市与农村发展不平衡、发达地区与欠发达地区发展不平衡，在“五位一体”领域则表现为经济发展一马当先，政治、社会、文化、生态文明建设虽然稳步推进，但与经济发展还存在较大差距。十九大报告指出：“发展不平衡不充分的一些突出问题尚未解决，发展质量和效益还不高，创新能力不够强，实体经济水平有待提高，生态环境保护任重道远；民生领域还有不少短板，脱贫攻坚任务艰巨，城乡区域发展和收入分配差距依然较大，群众在就业、教育、医疗、居住、养老等方面面临不少难题；社会文明水平尚需提高；社会矛盾和问题交织叠加，全面依法治国任务依然繁重，国家治理体系和治理能力有待加强；意识形态领域斗争依然复杂，国家安全面临新情况；一些改革部署和重大政策措施需要进一步落实；党的建设方面还存在不少薄弱环节。”② 整体来看，我国的发展不平衡问题，主要表现在速度和质量的不平衡、大和强之间的不平衡，以及发展的不充分、发展的动力和后劲不充分、发展成果的普惠性和共享性不充分等方面，这些方面已经构成我国当前社会主要矛盾的主要方面，成为制约人民对美好生活向往的主要因素。

党的十九大报告关于我国现阶段社会主要矛盾转化的分析和判断，反映了我国当前社会发展的客观现实，丰富了马克思主义理论的矛盾学说和矛盾

---

① 《习近平谈治国理政》，北京：外文出版社，2014年，第4页。

② 习近平：《决胜全面建成小康社会　夺取新时代中国特色社会主义伟大胜利——在中国共产党第十九次全国代表大会上的报告》，北京：人民出版社，2017年，第9页。

分析法，是党的重大理论创新成果。同时，我国社会主要矛盾的转化是关系全局的历史性变化，具有重要的历史意义。社会主要矛盾的转化标志着中国特色社会主义取得重大历史性成就，社会生产力快速发展；社会主要矛盾的转化标志着中国特色社会主义进入新时代，我国已经站到了一个新的历史起点上；社会主要矛盾的变化标志着人民需要的层次不断提升，从求温饱到求环保，从求生存到求生态，从先富带后富到共建共享。我国社会主要矛盾的转化，也对党和国家工作提出了新的要求。我们要在继续推动发展的基础上，着力解决好发展不平衡不充分问题，大力提升发展质量和效益，更好满足人民在经济、政治、文化、社会、生态等方面日益增长的需要，更好推动人的全面发展、社会的全面进步。

二、中国特色社会主义进入新时代的主要内涵

中国特色社会主义进入新时代，既是 40 多年来改革开放的结果，也是我国抓住重大战略机遇期和历史机遇期实现的历史飞跃，体现了我国社会发展的连续性和飞跃性的统一。这一新的历史方位的确立，根本源于十八大以来，在我国发展取得历史性成就和历史性变革的基础上，我国社会的主要矛盾发生了新的变化，这是关系全局的历史性变化。再加上当代中国与世界的关系发生了历史性变化，一方面，中国的发展离不开世界，在经济全球化的过程中，各国经济相互依存，相互竞争，各国经济的相互依赖性空前加强，这对中国的经济发展来说是难得的机遇，中国敞开大门，主动参与，并取得累累硕果；另一方面，世界的繁荣与稳定也离不开中国，中国通过自身发展为世界进步贡献力量，把自己的前途命运同世界人民的前途命运紧密联系在一起，不仅为中国人民谋幸福，也要为人类进步事业而奋斗，推动构建人类命运共同体。

可以看出，新的历史方位的提出，是我国经济社会发展到一定阶段发生的必然历史飞跃，有着充分的依据，也有着丰富的思想内涵。

第一，新时代是承前启后、继往开来、在新的历史条件下继续夺取中国特色社会主义伟大胜利的时代，这是我国进入新时代的奋斗主题，也是我国在新时代要举什么样的旗、走什么样的路的问题。中国特色社会主义道路是中国共产党带领中国人民历经千辛万苦找到的一条符合中国国情的道路，在中国共产党的领导下，中国特色社会主义建设取得了辉煌的成就，极大地解放和发展了我国社会的生产力，我国在这条道路上越走越宽广，越走越自信。中国特色社会主义进入新时代，中国人民将在中国共产党的带领下，续写中国特色社会主义的新篇章，引领和开创中国特色社会主义的新未来，奋力实

现“两个一百年”奋斗目标。

第二，新时代是决胜全面建成小康社会、进而全面建设社会主义现代化强国的时代。这是我国进入新时代的强国目标和实践主题，也是我国在新时代要完成什么样的历史任务、进行什么样的战略安排的问题。从本质上讲，中国特色社会主义新时代，本质上就是中华民族实现强起来的时代。全面建成小康社会，是统领当代中国经济社会发展全局的战略目标，习近平同志在党的十八届五中全会上向全党发出了动员令：现在“到了需要一鼓作气向终点线冲刺的历史时刻”①，“到2020年全面建成小康社会，是我们党向人民、向历史作出的庄严承诺。……今后5年党和国家各项任务，归结起来就是夺取全面建成小康社会决胜阶段的伟大胜利，实现第一个百年奋斗目标”②。党的十九大报告指出，我国社会主义现代化建设从2020年到本世纪中叶可以分两个阶段来安排：第一个阶段，从2020年到2035年，在全面建成小康社会的基础上，再奋斗15年，基本实现社会主义现代化；第二个阶段，从2035年到本世纪中叶，在基本实现现代化的基础上，再奋斗15年，把我国建成富强民主文明和谐美丽的社会主义现代化强国。

第三，新时代是全国各族人民团结奋斗、不断创造美好生活、逐步实现全体人民共同富裕的时代，这是我国进入新时代的人民期待，也是要坚持什么样的发展思想、达到什么样的发展目的的问题。发展依靠人民，发展为了人民，发展成果由人民共享，人民对美好生活的向往始终是共产党人的奋斗目标。中国特色社会主义新时代的重大任务，就是把党的群众路线贯彻到治国理政的活动中，集中力量解决与人民群众切身利益相关的事情，人民群众才有更多的获得感。走进新时代，人民群众的“获得感”越多，改革发展凝聚的共识才越多，推动改革发展的力量才越大。新时代，人民对美好生活的追求有了更多的期待，这也直接影响着对党和政府工作的满意度、信任度，社会的发展要继续坚持以人民为中心，继续带领全国各族人民努力奋斗，在新时代的长征路上，在保持经济增长的同时，更重要的是落实以人民为中心的发展思想，想群众之所想、急群众之所急、解群众之所困，在学有所教、劳有所得、病有所医、老有所养、住有所居上持续取得新进展，从解决好人民群众普遍关心的突出问题入手推进全面小康社会建设，进而逐步实现全体人民共同富裕。

第四，新时代是全体中华儿女勠力同心、奋力实现中华民族伟大复兴中

---

① 《习近平谈治国理政》第二卷，北京：外文出版社，2017年，第72页。
② 《习近平谈治国理政》第二卷，北京：外文出版社，2017年，第71页。

国梦的时代，这是我国进入新时代的初心和使命，也是新时代要以什么样的精神状态、实现什么样的宏伟目标的问题。2014 年 6 月，习近平指出：“中国已经进入全面建成小康社会的决定性阶段。实现这个目标是实现中华民族伟大复兴中国梦的关键一步。”[①] 习近平强调：实现中国梦，第一步是全面建成小康社会。全面建成小康社会，是“两个一百年”奋斗目标的第一个目标。只有如期实现了这个目标，建成高质量的小康社会，才能为实现第二个百年奋斗目标奠定更为牢靠的基础，进而实现中华民族伟大复兴的中国梦。为了实现这一梦想，中国人民进行了坚持不懈的努力奋斗，在中国共产党的带领下，创造了一个又一个的奇迹。历经十八大以来的历史性变革，今天我们比历史上任何时候都更接近、更有信心和能力实现这一伟大梦想。中国特色社会主义进入新时代，将凝聚起中国人民同心共筑中国梦的磅礴之力，以一往无前的奋斗姿态，砥砺前行，继续朝着民族复兴的宏伟目标前进。

第五，新时代是我国日益走近世界舞台中央、不断为人类做出更大贡献的时代，这是我国进入新时代与世界的关系问题，也是新时代的中国处于什么样的国际地位、要对人类做出什么样的贡献的问题。改革开放 40 多年以来，我国不断深化与世界各国在重点领域的战略合作，引进来，走出去，一方面吸引外资、引进世界先进的技术和管理，另一方面促进中国资本、中国制造“出海”。在经济全球化的过程中，各国经济相互依存、相互竞争，各国经济的相互依赖性空前加强，这对中国的经济发展来说是难得的机遇，中国敞开大门，主动参与，并取得累累硕果。随着经济和社会的快速发展，中国深度参与全球经济贸易和全球治理，中国与世界的关系发生了根本性变化。据统计，2018 年，中国进出口总值高达 4.62 万亿美元，以人民币计超过 30 万亿元，再创历史新高。其中，进口额首次突破 2 万亿美元，出口额接近 2.5 万亿美元。这一成绩远超市场预期。在中美贸易方面，2018 年，中国对美贸易顺差扩大，连续第二年刷新 2006 年有统计以来的最高纪录。按人民币计算，中国对美贸易顺差 2.14 万亿元，扩大 14.7%。2019 年 1—6 月，我国进出口总额 14.67 万亿元，同比增长 3.9%。其中，出口 7.95 万亿元，增长 6.1%；进口 6.72 万亿元，增长 1.4%；顺差 1.23 万亿元，扩大 41.6%。中国特色社会主义进入新时代，面对中美贸易摩擦和贸易保护主义的挑战，我国始终高举和平、发展、合作、共赢的旗帜，积极发展全球伙伴关系，推动人类命运共同体建设，为全球经济秩序和安全做出新的更大贡献。

---

① 《习近平谈治国理政》，北京：外文出版社，2014 年，第 314 页。

三、中国特色社会主义进入新时代的重大意义

中国特色社会主义进入新时代，是对我国当前社会发展的历史方位做出的新的重要判断，在中华人民共和国发展史上、中华民族发展史上具有重大意义，在世界社会主义发展史上、人类社会发展史上也具有重大意义。

第一，中国特色社会主义进入新时代，意味着近代以来久经磨难的中华民族迎来了从站起来、富起来到强起来的伟大飞跃，迎来了实现中华民族伟大复兴的光明前景。近代以来，中国长期处于国际体系的边缘地带，不仅在国际上毫无影响力、发言权，而且频遭侵略、备受欺辱。经过中国人民的长期努力，中华民族终于实现了从站起来、富起来到强起来的伟大飞跃。尤其是十八大以来，以习近平同志为核心的党中央建设科技强国、航天强国、网络强国、数字中国、智慧社会等，极大地提升了中国的国际地位。可以说，我们比历史上任何时期都更接近、更有信心和能力实现中华民族伟大复兴的目标。

第二，中国特色社会主义进入新时代，意味着科学社会主义在21世纪的中国焕发出强大的生机和活力，在世界上高高举起了中国特色社会主义伟大旗帜。社会主义思想从托马斯·莫尔1516年发表《乌托邦》至今，从空想到科学、从理论到实践、从一国实践到多国实践，历经500余年而不熄，有过辉煌，也有过曲折。中国特色社会主义是科学社会主义理论逻辑和中国社会历史发展逻辑的辩证统一，是一种现代和新型的社会主义。中国特色社会主义进入新时代这一事实本身表明：中国成功实践社会主义道路，是对有关"历史终结论"的有力驳斥；社会主义中国步入国际舞台中心，是对世界社会主义力量的巨大鼓舞，是对国际共产主义运动的重大贡献。中国特色社会主义焕发出的强大生机和活力，将在世界更广的范围内高高扬起社会主义的旗帜，也充分显示了马克思主义在21世纪的强大生命力。

第三，中国特色社会主义进入新时代，意味着中国特色社会主义道路、理论、制度、文化不断发展，拓展了发展中国家走向现代化的途径，给世界上那些既希望加快发展又希望保持自身独立性的国家和民族提供了全新选择，为解决人类问题贡献了中国智慧和中国方案。"改革开放以来，中国既坚持独立自主，又积极地融入国际社会，探索出一条道路愈加广阔、理论愈加丰富、制度不断创新、文化不断发展的中国特色发展道路，实现经济社会事务的全面发展与进步，探索出一条有别于西方发达国家的现代化之路。"① 中国特色

① 李华锋、董金柱：《中国特色社会主义进入新时代的重大意义》，《光明日报》2018年8月13日。

社会主义的成功实践，证明了现代化进程的多种路径，“中国特色社会主义道路以其内生自主增长模式，超越了苏联模式、超越了西方模式，其思想意义在于打开了现代化的更多可能性，为解决人类问题贡献了中国智慧、中国方案。让世人震动的，不仅是一个大国的和平崛起，更是一条独特的现代化道路的勃兴。”①

第三节　我国仍处于并将长期处于社会主义初级阶段

中国特色社会主义进入新时代，并不是说我国已经超越了社会主义初级阶段，新时代所呈现出来的特征是在社会主义初级阶段这一大背景下的新状态。十九大报告指出：“我国社会主要矛盾的变化，没有改变我们对我国社会主义所处历史阶段的判断，我国仍处于并将长期处于社会主义初级阶段的基本国情没有变，我国是世界最大发展中国家的国际地位没有变。”② 认清当代中国的基本特点，准确把握当代中国社会所处的发展阶段，对于坚持和发展中国特色社会主义事业具有重要意义。

在新的历史起点上，坚持和发展中国特色社会主义，实现中华民族伟大复兴的中国梦，要对当代中国的基本国情有非常清醒的认识。当代中国最大的基本国情就是中国处于并将长期处于社会主义初级阶段，同时要联系当代中国的改革开放和社会主义现代化建设伟大实践，进一步把握当代中国的基本特点。

一、我国社会主义初级阶段基本国情没有变

社会主义初级阶段理论是邓小平理论的重要组成部分和重要基石之一，不是泛指任何国家进入社会主义都会经历的起始阶段，而是特指我国生产力水平落后、商品经济不发达条件下建设社会主义必然要经历的特定阶段，即从 1956 年社会主义改造基本完成到 21 世纪中叶社会主义现代化基本实现的整个历史阶段。党的十三大明确指出，社会主义初级阶段包括两层含义：第一，我国社会已经是社会主义社会，我们必须坚持而不能离开社会主义；第

① 李庚香：《中国特色社会主义进入新时代的重大意义和基本内涵》，《领导科学》2018 年第 6 期，第 5 页。

② 习近平：《决胜全面建成小康社会　夺取新时代中国特色社会主义伟大胜利——在中国共产党第十九次全国代表大会上的报告》，北京：人民出版社，2017 年，第 12 页。

二，我国的社会主义还在初级阶段，我们必须从这个实际出发，而不能超越这个阶段。前者阐明的是初级阶段的社会性质，后者则阐明了我国现实中社会主义社会的发展程度。就社会性质而言，我国是社会主义国家，人民是国家的主人，国家的一切权力属于人民；就发展程度而言，我国的社会主义还处于初级阶段。中国正处于并将长期处于社会主义初级阶段，集中反映了当代中国的基本特点。在任何情况下都要牢牢把握社会主义初级阶段这个最大国情，推进任何方面的改革与发展都要立足这个最大实际，这既是我们党总结长期历史经验得出的基本结论，也是在新的历史条件下推进中国特色社会主义伟大事业的根本遵循。

国情是指一个国家在一定历史时期内的社会性质及其所处的社会发展阶段，是历史文化传统、自然地理环境、社会经济发展状况以及国际关系等各个方面的总和。正确认识国情是建设中国特色社会主义的首要问题，这既是党的思想路线的根本要求，也是制定和执行正确的路线、方针和政策的基本依据。我国的社会主义制度脱胎于半殖民地半封建社会，生产力水平远远落后于发达资本主义国家，这就决定了我国必须经历一个很长的初级阶段，去实现资本主义发达国家的工业化和现代化。因此，当前中国最大的国情和实际就是处于并将长期处于社会主义初级阶段，这是我国社会主义现代化建设事业不可逾越的历史阶段。

经过40余年的改革开放，随着社会主义市场经济的发展和不断完善，我国在经济、政治、文化、社会和生态建设方面都取得了显著成效，综合国力和国际影响力也显著增强，人民生活水平总体上达到小康，国家面貌发生了历史性的变化，取得了举世瞩目的成就。但从整体来看，我国还没有从根本上摆脱不发达的状态，仍然带有社会主义初级阶段的明显特征，主要表现在以下几个方面：

第一，从人口的数量和质量上看，中国只是人口大国，而非人才强国。中国是世界上人口最多的发展中国家。据国家统计局发布的数据，截至2019年末，全国大陆总人口（包括31个省、自治区、直辖市和中国人民解放军现役军人，不包括香港、澳门特别行政区和台湾省以及海外华侨人数）140005万人；从性别结构看，男性人口71527万人，女性人口68478万人；从年龄构成看，16周岁以上至60周岁以下（不含60周岁）的劳动年龄人口89640万人，占总人口的比重为64.0%，60周岁及以上人口25388万人，占总人口的18.1%，其中65周岁及以上人口17603万人，占总人口的12.6%，老龄人口明显高于联合国传统老龄社会的标准10%。至2019年底，中国的文盲和半文盲人口占15岁以上人口比例约4.08%。同时，我国人口质量相对较低，尤其是在高端人才方面资源匮乏，1901—2011 年的 110 年间，全世界共有 621 位科学家获得诺贝尔奖（不包括和平奖），而我国本土在这期间没有出过一位自然学科的诺贝尔奖获得者。正因如此，早在 2010 年，我国就出台了《国家中长期人才发展规划纲要（2010—2020）》，根据规划，到 2020 年我国人才发展的总体目标是：培养造就规模宏大、结构优化、布局合理、素质优良的人才队伍，确立国家人才竞争比较优势，进入世界人才强国行列，为 21 世纪中叶基本实现社会主义现代化奠定基础。总之，人口问题是中国在社会主义初级阶段长期面临的问题，是关系中国经济社会发展的关键性因素。

第二，从人均国内生产总值看，中国仍排在世界后列。尽管改革开放 40 多年以来，中国经济突飞猛进，取得了巨大的进步，国家统计局发布的数据显示，2010 年中国国内生产总值（GDP）为 40.15 万亿元，经济总量首次超过日本，成为世界第二大经济体。但人均来看，中国排名依然靠后，据国际货币基金组织统计，2014 年末，中国人均 GDP 为 7600 美元左右，按照联合国“人类发展指数”排在全球 100 位左右。2020 年，国家统计局数据显示：2019 年中国经济总量接近 100 万亿元，人均 GDP 突破 1 万美元，但与 G20 国家平均水平仍有很大差距。并且中国经济还存在着科技含量低、区域发展不平衡、产业结构不合理等诸多问题。

第三，从人民生活水平看，中国人民的生活仅在总体上达到小康。据世界银行统计，中国极度贫穷人口的数量从 1987 年的 8.36 亿减至 2010 年的 1.56 亿，2019 年底，中国贫困人口数量下降至 551 万，这一巨大成就的取得与中国的扶贫工作是分不开的。但另一方面，中国的扶贫工作还存在着农村基础设施条件差、持续发展能力较弱的问题。由于自然灾害，如 2020 年新冠疫情与洪涝灾害等原因，甚至出现了“返贫”现象等诸多问题。当前，在全面建成小康社会的关键时期，还需要进一步做好扶贫开发工作。

第四，从自然资源占有情况看，中国人均占有量少。水、矿产、土地、木材等重要资源相对紧缺，面临很大的资源环境压力。我国是一个干旱、缺水严重的国家，淡水资源总量为 28000 亿立方米，占全球水资源的 6%，仅次于巴西、俄罗斯和加拿大，名列世界第四位。但人均水资源占有量只有 2100 立方米左右，仅为世界平均水平的四分之一，是全球人均水资源最贫乏的国家之一。并且我国水资源时空分布不均，总体来看，时间上，夏秋多、冬春少；空间上，南方多、北方少，尤其在宁夏、甘肃、陕西等西北地区，水资源极度匮乏，再加上一些地方的地下水资源污染情况不容乐观，水资源形势严峻。其他如石油、矿产、煤炭、土地等自然资源，随着这些年来经济的快速发展，也被过度开发消耗，还遗留下了环境污染和生态破坏等一系列问题。

第五，从工业化程度看，中国仍低于世界平均水平。工业化是指工业（特别是制造业）或第二产业产值在国民生产总值中的比重不断上升的过程，以及工业就业人数在总就业人数中比重不断上升的过程。经过新中国成立70年来的工业化进程，尤其是改革开放以来，我国工业实现了跨越式发展，工业企业在改革中焕发出巨大的活力，在开放中获得了巨大的成就，总量和结构都跃上了新台阶，初步确立了制造大国的地位。当前，中国经济走向新常态，中国步入工业化后期的阶段，面临着产能过剩、产业结构调整和新工业革命等严峻挑战，产能过剩的行业已经从钢铁、水泥、煤化工、平板玻璃等传统产业扩大到造船、汽车、机械、电解铝等领域，工业化后期的产业结构转型升级任务艰巨，产业政策的有效操作空间将相对有限，例如直接补贴将会更多受限；从世界范围看，中国的工业化后期与发达国家的“再工业化”叠加，我国的比较成本优势则可能会加速弱化，导致制造业重心再次向发达国家偏移。因此，中国的工业化进程任重而道远。

第六，从城市化进程来看，中国低于世界发展水平。城市化也称为城镇化，是指随着一个国家或地区由以农业为主的传统乡村型社会向以工业（第二产业）和服务业（第三产业）等非农产业为主的现代城市型社会逐渐转变的历史过程，其核心在于实现城乡基础设施一体化和公共服务均等化，促进经济社会协调发展。新中国成立后，中国城市和农村发展不均衡，导致了城乡二元分割的社会结构，使得城市化进程长期处于停滞状态。改革开放以来，尤其是进入21世纪之后，我国的城市化进程有了明显提高。2000年，中国的城市化率达到35.8%，远低于世界平均水平的54.86%。2010年，我国城市化率提高到44.9%，仍然低于世界平均水平的57.93%，远远落后于发达国家平均水平的76.77%。根据国家统计局统计，2018年我国城镇人口占总人口比重为59.58%，2019年中国城镇化率为60.6%，仍然落后于发达国家平均水平。可以看出，中国的城市化进程速度快、规模大、涉及的人口多，但同时也暴露出了一些问题，如城市化质量不够高，城市数量不足，功能不够完善，还出现了“大城市病”的问题，同时农民进入城市也有所担忧，如进入城市之后生活压力大、享受不到均等的公共服务，出现待不下去的问题。

二、我国是最大发展中国家的国际地位没有变

发展中国家一般是指一个国家的经济、社会、科学技术、生活水平等方面，与发达国家相比，发展程度较低。经过40余年的改革开放，我国取得了举世瞩目的成就，但与发达国家相比，我国仍然属于发展中国家，我国是世界上最大的发展中国家的国际地位没有变。

第一，经济实力显著增强，经济总量已经稳居世界第二，但生产力总体水平还不高，高消耗、高投入、重数量、轻质量的发展方式不可持续，创新能力不足。改革开放以来，中国经济发展一直保持着较高的增长速度，堪称世界经济发展史上的奇迹。2010 年中国 GDP 的总量达到 401513 亿元，首次超过日本，成为全球第二大经济体。但同时我们也要清醒地认识到，中国经济的快速发展也带来了严重的问题，一方面环境污染严重，另一方面，资源过度消耗。据参考消息网报道，联合国一项研究发现，中国从农业国家向工业强国的转变，资源消耗巨大；联合国环境报告显示，中国已经成为全球最大的资源消耗国；联合国环境规划署在报告中提醒说，中国经济的飞速发展已经付出了巨大的代价——资源的快速枯竭和环境的大范围退化。同时，在创新能力方面，我国的自主创新能力还不强，虽然随着经济的快速发展，我国的专利数量自 2000 年以来出现了井喷式增长，据世界知识产权组织发布的数据，2011 年，我国专利申请数量首次位列世界第一，2014 年，我国专利申请总量达到 83.7 万件。2019 年中国在专利合作条约（PCT）框架下提交了 58990 件专利申请，超过美国成为 PCT 最大用户。2019 年中国专利申请数比 1999 年增长了 200 倍。但中国依然缺乏核心技术和自主知识产权，需要从“专利大国”向“专利强国”转变。

第二，社会主义市场经济体制初步建立，但尚未健全系统完备、科学规范、运行有效的制度体系，还需要进一步改革和完善，还面临很多亟待解决的难题。1993 年 11 月，党的十四届三中全会通过了《中共中央关于建立社会主义市场经济体制若干问题的决定》，勾画出社会主义市场经济体制的基本框架。2001 年 12 月 11 日，中国加入世界贸易组织（WTO）。这些年来，中国政府始终坚持以市场为导向的改革，不断完善社会主义市场经济体制，致力于营造更规范、更稳定的市场经济环境。2013 年 11 月，党的十八届三中全会指出：“经济体制改革是全面深化改革的重点，核心问题是处理好政府和市场的关系，使市场在资源配置中起决定性作用和更好发挥政府作用。”① 更进一步强调了市场在资源配置中的作用。但另一方面，尽管社会主义市场经济体制初步建立，然而影响发展的体制机制障碍依然存在，改革攻坚面临着深层次的矛盾和问题。例如，为了促进新能源汽车的发展，中央政府推出了一系列鼓励性政策，高额的利润让有整车生产资质的客车制造企业加大了新能源客车的生产力度，甚至不少企业铤而走险。2016 年初，工信部、国家发改委、财政部、科技部四部委启动了对新能源汽车财政资金使用管理情况的调查，

① 《十八大以来重要文献选编》上，北京：中央文献出版社，2014 年，第 513 页。

结果显示，作为典型“骗补”的5家企业，共涉及骗取国家新能源汽车补贴金额达10.1亿元。

第三，人民生活总体上达到小康水平，但收入分配差距拉大趋势还未根本扭转，城乡贫困人口和低收入人口仍有相当数量，医疗、养老、住房、交通、教育、收入分配、食品安全、社会治安等方面还有很多需要完善的地方。例如，国际上通常把基尼系数0.4作为收入分配差距的“警戒线”。根据国家统计局公布的数据，我国居民收入的基尼系数2003年为0.479，2008年达到最高点0.491。2003—2017年，15年间中国的基尼系数一直在0.4—0.5之间徘徊，2019年的基尼系数为0.48，均高于国际警戒线。这反映出我国当前的收入分配差距仍然比较大，尤其是城乡居民之间差距更大；医疗、教育作为稀缺资源，农村的医疗、教育条件和城市相比差距较大，存在着不公平现象；大城市也存在着住房压力大、交通堵塞严重、社会治安等方面的问题；食品安全是当前人民群众普遍关心的问题，近些年来虽然有所好转，但还存在着“僵尸肉”“毒豆芽”等食品安全事故，仍需要进一步改进。

第四，协调发展取得显著成绩，但农业基础薄弱、农村发展滞后的局面尚未改变，缩小城乡、区域发展差距和促进经济社会协调发展的任务艰巨。我国经济社会发展不协调，是一个长期存在的问题，突出表现在区域、城乡、经济和社会等关系上，尤其是区域发展不平衡、城乡差距大一直是困扰我国经济社会发展的“短板”。当前，总体来看我国经济发展取得了重大进展，因而协调发展就显得尤为重要。协调是持续健康发展的内在要求，否则“木桶效应”就会愈加显现，一系列社会矛盾就会不断加深，因此我们要在协调发展中拓宽发展空间，在加强薄弱领域中增强发展后劲。党的十八届五中全会将协调与创新、绿色、开放、共享并列为五大发展理念。习近平同志指出，注重发展的统筹和协调，坚持协调发展，必须牢牢把握中国特色社会主义事业总体布局，正确处理发展中的重大关系，推动城乡协调发展，健全城乡发展一体化体制机制，“健全农村基础设施投入长效机制，把社会事业发展重点放在农村和接纳农业转移人口较多的城镇，推动城镇公共服务向农村延伸。提高社会主义新农村建设水平”①。“十三五”时期，经济社会发展必须在优化结构、补齐短板上取得突破性进展，着力提高发展的协调性和平衡性。

第五，社会主义民主和法治建设顺利推进，但民主法治建设与党和国家事业发展要求相比、与人民群众期待相比、与推进国家治理体系和治理能力现代化目标相比，还存在不适应、不符合的问题。人民群众在物质生活条件

① 《十八大以来重要文献选编》中，北京：中央文献出版社，2016年，第802页。

不断改善的同时，民主法治意识、政治参与意识也逐渐增强，对社会公平正义的追求越来越强烈。党的十八大、党的十九大均强调，中国特色社会主义民主和法制建设具有鲜明的特点，是坚持党的领导、人民当家作主、依法治国有机统一，明确提出要全面推进依法治国，进一步扩大社会主义民主，加快建设社会主义法治国家。但各级党政机关依法处理政务的能力与人民群众日益增长的依法治国的需求之间还存在较大距离，现实生活中，有法不依、执法不严、徇私枉法、违法不究、司法不公的现象依然存在，以权压法、以言代法、信访不信法的情况也时有发生。因此，推进我国社会主义民主和法治建设，就必须要以科学立法作为基础，以严格实施作为前提，以公正司法作为保障，以优秀队伍作为导引，以全民守法作为目标，全面推进依法治国，更加注重发挥法治在国家治理和社会管理中的重要作用。

第六，社会主义文化更加繁荣，人民精神文化需求日益旺盛，人们思想活动的独立性、选择性、多变性、差异性明显增强，对发展社会主义先进文化提出了更高要求。党的十八大提出，坚持社会主义文化前进方向，树立高度的文化自觉和文化自信，向着建设社会主义文化强国宏伟目标阔步前进，就必须要加强社会主义核心价值体系建设，全面提高公民道德素质，丰富人民精神文化生活，增强文化整体实力和竞争力；十八届三中全会提出，要“建立健全现代公共文化服务体系”；十八届四中全会提出，要制定《公共文化服务保障法》；十八届五中全会通过的《中共中央关于制定国民经济和社会发展第十三个五年规划的建议》明确提出，要坚定文化自信，增强文化自觉，加快文化改革发展。另一方面，信息通信技术的发展日新月异，在文化基础设施建设、内容生产、传播渠道、运营模式、消费方式等方面极大地丰富了公共文化产品的内容和形式，对公共文化服务体系产生了革命性的影响，但同时也带来了挑战，如网络传播方式与传统服务方式融合的问题、网络暴力和网络舆情监管的问题等。优秀文化产品的创作和人民群众的期待之间仍有一定的差距，增强国家文化软实力、建设文化强国任重道远。

第七，社会活力显著增强，社会结构、社会组织形式、社会利益格局发生深刻变化，社会建设和治理面临诸多新课题。2004 年，党中央明确提出加强社会建设，我国社会建设的理论和实践取得了很多重要成果。十六届四中全会首次明确提出要“加强社会建设和管理，推进社会管理体制创新”，“建立健全党委领导、政府负责、社会协同、公众参与的社会管理格局”。2007 年，党的十七大首次把社会建设纳入中国特色社会主义“四位一体”建设格局中，开创了中国社会建设的新局面，以保障和改善民生为重点的社会建设进入快车道。党的十八大将社会建设纳入全面建成小康社会的目标，强调加强社会建设，必须以保障和改善民生为重点；党的十八届三中全会用“社会治理”代替“社会管理”，把社会治理纳入了国家治理体系和治理能力现代化的总目标；十八届四中全会从全面推进依法治国的高度，提出了法治国家、法治政府、法治社会一体建设的思想。但另一方面，当前我国正处于社会转型发展阶段，社会问题累积多样，社会利益格局复杂多变，社会矛盾易发多发，社会治理难度加剧，社会组织发展势头迅猛，社会参与、权益维护等诉求越来越多，监管治理的难度越来越大，网络安全已成为影响国家安全和社会稳定的突出问题，而现有的防范、打击技术和管理手段明显滞后。因此，新时期加强、创新社会建设和治理，要按照“四个全面”的战略部署，依靠社会公众，创新体制机制，拓展社会协商，发展社会服务，推动政府治理和社会自我调节、居民自治的良性互动，形成多元共治局面。

第八，对外开放日益扩大并不断向广度和深度发展，但面临的国际竞争日趋激烈，发达国家在经济、科技上占优势的压力长期存在，可以预见和难以预见的风险增多，统筹国内发展和对外开放的要求更高。改革开放 40 多年来，不但推动了中国经济崛起，而且也为世界经济带来巨大的发展动力。当前，改革已经迈向深水区，而开放也迎来了更高的起点。中国经济进入新常态之后，中国不断调整经济结构和经济增长方式，逐步由世界分工体系的低端向中高端爬升，而高水平、深层次、宽领域的对外开放则是实现这种“华丽转身”的必然要求。十八届五中全会指出，坚持开放发展，必须顺应我国经济深度融入世界经济的趋势，奉行互利共赢的开放战略，发展更高层次的开放型经济，积极参与全球经济治理和公共产品供给，提高我国在全球经济治理中的制度性话语权，构建广泛的利益共同体。例如，面对竞争日趋激烈的国际环境和国内经济发展方式转变、产业升级调整、产能过剩等形势，我国提出了“一带一路”倡议，涉及沿线 60 多个国家、44 亿人口，有助于我国构建面向全球的价值链、产业链、能源链，有助于保障能源安全、资源安全和经济安全。但另一方面，随着我国参与经济全球化的程度不断加深，我国经济社会发展受到国际影响的程度和范围也逐渐扩大，资本主义国家的金融危机、西方发达国家的资本输入、西方意识形态的渗透等，都是新时期我国对外开放面临的新问题和新挑战。

综上所述，改革开放以来，我国发生了翻天覆地的变化，特别是党的十八大以来，我国取得了历史性成就和变革，但同时也应看到，发展的过程中还存在着不少问题，这些都是社会主义初级阶段基本国情的具体表现，是中国发展过程中矛盾和问题的集中体现。

总的来说，中国正处于并将长期处于社会主义初级阶段的基本国情没有变，中国是世界上最大的发展中国家的国际地位没有变，这是对中国基本国情的科学认识和清醒定位，是我国认识当下、规划未来、制定政策、推进事业的客观基点。“在具有许多新的历史特点的伟大征程中，始终牢牢把握社会主义初级阶段这个最大国情和最大实际，是我们有效应对复杂多变的发展环境并保持正确发展方向的根本保证。只有把握住了这一最大国情，我们才能不断丰富中国特色社会主义的道路特色、理论特色、制度特色、实践特色和时代特色，如期全面建成小康社会和顺利推进中国社会主义现代化伟大事业。”[①] 因此，虽然中国特色社会主义已经进入了新时代，但我们仍然要坚持社会主义初级阶段党的基本路线，即以经济建设为中心，坚持四项基本原则，坚持改革开放，自力更生，艰苦创业，为把我国建设成富强民主文明和谐美丽的社会主义现代化强国而奋斗。

本章思考题

1. 如何理解中国特色社会主义新时代的主要内涵和重大意义？
2. 如何理解我国社会主要矛盾的转化及其影响？
3. 为什么说我国仍处于并将长期处于社会主义初级阶段？

【习语摘编】

中国特色社会主义进入新时代，我国社会主要矛盾已经转化为人民日益增长的美好生活需要和不平衡不充分的发展之间的矛盾。我国稳定解决了十几亿人的温饱问题，总体上实现小康，不久将全面建成小康社会，人民美好生活需要日益广泛，不仅对物质文化生活提出了更高要求，而且在民主、法治、公平、正义、安全、环境等方面的要求日益增长。同时，我国社会生产力水平总体上显著提高，社会生产能力在很多方面进入世界前列，更加突出的问题是发展不平衡不充分，这已经成为满足人民日益增长的美好生活需要的主要制约因素。

——习近平在中国共产党第十九次全国代表大会上的报告（2017 年 10 月 18 日）

必须认识到，我国社会主要矛盾的变化，没有改变我们对我国社会主义所处历史阶段的判断，我国仍处于并将长期处于社会主义初级阶段的基本国

① 魏礼群：《牢牢把握社会主义初级阶段这个最大国情》，《求是》2013 年第 19 期，第 15—16 页。

情没有变，我国是世界最大发展中国家的国际地位没有变。全党要牢牢把握社会主义初级阶段这个基本国情，牢牢立足社会主义初级阶段这个最大实际，牢牢坚持党的基本路线这个党和国家的生命线、人民的幸福线，领导和团结全国各族人民，以经济建设为中心，坚持四项基本原则，坚持改革开放，自力更生，艰苦创业，为把我国建设成为富强民主文明和谐美丽的社会主义现代化强国而奋斗。

——**习近平在中国共产党第十九次全国代表大会上的报告**（2017 年 10 月 18 日）

【教学链接】

江苏邳州呵护舌尖安全　专项整治直饮水食用油

“这饮水机从外观上看着就干净，水喝着也放心。”家住江苏邳州市鑫惠小区的王安业老人，对小区里的直饮水机竖起了大拇指。她说，以前这些直饮水机破旧不堪、锈迹斑斑，也不知水质合格不合格；近期，有一批穿着制服的人对直饮水机进行了检查和改造……

王奶奶说的是江苏邳州市开展的直饮水机专项整治行动。近年来，邳州抓住“舌尖上的安全”做文章，对老百姓关心的小区直饮水、食用油等热点问题进行了专项整治。经过当地市场监管、卫生等部门的合力治理，一批公示信息齐全的安全、合格的直饮水机呈现在市民面前。当地食安办和市场监管部门牵头，从生产、流通、餐饮使用等环节入手，通过严查食用油违法行为、组织企业签订承诺书等措施，真正让邳州“不生产、不销售、不使用”地沟油成为现实。与此同时，食品安全快检亭、方便师生的营养餐配送、小餐饮店的规范提升等，也提升了老百姓在食品安全方面的满意度和获得感。

——参见《人民日报》2018 年 6 月 6 日

第二章　中国特色社会主义政治建设

【教学目标】

通过本章①的学习，了解中国特色社会主义政治理论与制度，理解中国特色社会主义政治发展道路的必然性及其内涵，认识中国特色社会主义民主政治建设的时代要求，明确中国特色社会主义法治道路的核心要义。

【重难点】

重点：坚持党的领导、人民当家作主和依法治国的有机统一。

难点：坚持与完善中国特色社会主义政治制度。

发展社会主义民主政治，建设社会主义政治文明，是中国特色社会主义伟大事业的有机组成部分。改革开放以来，中国共产党坚持从中国国情出发，不断深化对发展中国特色社会主义政治的认识，坚定不移地把社会主义民主政治建设推向前进，中国特色社会主义政治理论和制度不断完善。

第一节　中国共产党对社会主义政治建设的探索

中国共产党对社会主义政治建设的探索过程，就是把马克思主义的政治建设基本原则与中国革命、建设、改革开放的实践相结合的过程；是在实践基础上不断丰富和发展马克思主义政治建设理论，逐步形成中国特色社会主义政治建设理论与制度的过程；是形成中国特色社会主义政治发展道路的过程。

一、马恩关于社会主义政治建设的主要观点

马克思主义政治学说和民主理论是马克思主义理论体系的有机组成部分，

① 本章内容是教育部全国高校优秀中青年思想政治理论课教师择优资助计划项目“党的十九大精神融入‘中特’课的模式构建研究——基于探究性教学视角”（编号：18JDSZK125）的阶段性成果。

也是社会主义国家政治建设的重要指导理论。马克思恩格斯的政治学理论主要集中在《共产党宣言》《1848年至1850年的法兰西阶级斗争》《法兰西内战》《哥达纲领批判》等著作中，“他们论述的政治问题主要集中在：政治的本质、政治与经济和文化的关系、国家的起源与本质、国体与政体的关系，特别是关于阶级、阶级斗争、无产阶级革命、无产阶级专政以及包括无产阶级和劳动人民在内的所有人的人类解放的问题”①。马克思恩格斯关于社会主义政治建设的主要观点包括以下内容：

第一，政治的根源是经济，政治的核心问题是国家政权，人民群众是国家政权的主体。一切政治问题，都可以在经济现象中找到根源，政治集中体现各种经济利益和要求。资本主义社会中资产阶级和无产阶级之间的斗争，首先是为了经济利益，政治权力只是用来实现经济利益的手段。在工人阶级掌握有组织的国家政权、按照新的方式组织社会并进行社会主义建设之后，如何运用好、维护好社会主义的国家政权，就成为马克思主义政党必须高度重视的问题。马克思恩格斯提出，人民群众是社会实践的主体，是历史的创造者，从这一观点出发，人民群众应当是国家政权的真正主体，而国家政权本质上是实现人民权利的工具，社会主义民主政治就是要实现真正的人民当家作主。

第二，民主具有历史性、阶级性和相对性。马克思在对资本主义民主进行批判的基础上，强调民主的经济基础和历史范畴，用阶级观点和阶级分析的方法认识民主问题，揭示出民主的实质是一种阶级统治的方式。首先，马克思恩格斯认为，民主是社会历史发展的产物，作为上层建筑，民主是由经济基础决定的，但同时，民主制度和民主观念，又对经济基础和整个社会生活具有反作用。其次，马克思恩格斯提出，在阶级社会里，民主具有阶级性，不存在超阶级的民主。阶级社会中的民主制度是一种阶级统治的国家制度，是一定阶级用来实现其统治的形式和手段。最后，民主具有相对性，没有放之四海而皆准的民主形式，“同一个国家的民主政治，在不同的发展阶段上其形式和实现程度也会有所不同。一个国家、一种类型的民主采取什么样的具体形式，从根本上讲是由该国所处的历史阶段、面临的历史任务决定的，同时也要受到该国的经济文化发展水平和历史传统、民族特性的制约和影响。”②

---

① 乔耀章：《用发展着的马克思主义政治学理论指导我国新的政治建设实践》，《探索》2004年第6期，第42页。

② 房宁：《中国的民主政治建设要以马克思主义为指导》，《马克思主义研究》2007年第7期，第10页。

第三，在阶级社会，民主与专政是辩证的统一，两者不可分割。这是马克思主义有关民主论述中最具特色的内容，与西方所谓的民主大不相同。马克思恩格斯认为，迄今为止，历史上从来没有出现过所谓的"全民民主"，不存在不具有专政功能的所谓一般的民主。在阶级社会，民主与专政是辩证的统一，即统治阶级内部实行民主，将统治阶级组织起来，同时对被统治阶级实行专政，迫使被统治阶级服从现有的社会秩序，使统治阶级更好地进行统治。民主与专政是民主制国家形态所具有的两种不可分割的功能，这也是马克思恩格斯关于民主本质最重要的观点。

二、列宁关于社会主义政治建设的重要论述

列宁关于社会主义民主政治建设思想是马克思主义的重要组成部分，是列宁在资本主义步入帝国主义时代探索如何实现世界社会主义思想体系的集中体现。列宁的政治学理论主要集中在《国家与革命》《共产主义运动中的"左派"幼稚病》及列宁晚年的"政治遗嘱"等著作中。列宁创造性地继承和发展了马克思恩格斯的政治学说，并把他们的政治理论开始变为现实的社会主义政治。列宁关于社会主义政治建设的重要论述主要有以下几点：

第一，主张社会主义革命和建设必须坚持无产阶级政党的领导。一切革命的根本问题是国家政权问题，列宁十分重视无产阶级领导权的问题，强调无产阶级政党是国家政权的领导核心。列宁指出："对于从资产阶级制度过渡到社会主义制度，对于无产阶级专政，苏维埃（工兵农代表苏维埃）共和国不仅是更高类型的民主机构的形式……而且是能够保证痛苦最少地过渡到社会主义的唯一形式。"① 在社会主义革命和建设中，列宁反复强调坚持党的领导是一条不可动摇的原则，并同党内出现的取消党的领导的错误倾向展开了坚决不妥协的斗争。

第二，主张民众参与国家管理。马克思恩格斯指出，国家的一切政治权力属于人民群众并服务于人民群众；列宁进一步主张，"要让广大劳动人民知晓一切与他们切身利益密切相关的重大事务，国家的重大问题和决策都要经过广大劳动人民的广泛讨论，使广大劳动人民拥有知情权和参与权，只有这样才能充分体现广大劳动人民当家作主的主人翁地位，才能充分发挥广大劳

① 《列宁全集》第三十三卷，北京：人民出版社，2017 年版，第 167 页。

动人民从事社会主义建设的积极性和主动性”①。列宁强调，要让民众参与国家管理，就必须要做到政务公开，以保障广大劳动人民的知情权，公开选举一切公职人员，吸收普通工农群众与知识分子参与苏维埃社会主义国家的重大决策等，充分发挥广大劳动人民在管理公共事务中的主导地位和作用。

第三，强调社会主义民主政治建设。列宁同马克思恩格斯一样，认为民主具有阶级性，指出：“任何民主，和任何政治上层建筑一样（这种上层建筑在阶级消灭之前，在无阶级的社会建立之前，是必然存在的），归根到底是为生产服务的，并且归根到底是由该社会中的生产关系决定的。”②“民主是国家形式，是国家形态的一种。因此，它同任何国家一样，也是有组织有系统地对人们使用暴力，这是一方面。但另一方面，民主意味着在形式上承认公民一律平等，承认大家都有决定国家制度和管理国家的平等权利。”③ 同时，列宁一直坚持和改进党内民主，主张建设高度发达的社会主义民主政治，强调“社会主义民主是人类历史上新型的民主……社会主义民主是绝大多数人当家作主”④。

三、马克思主义社会主义政治建设理论的中国化

新中国成立之后，以毛泽东同志为核心的党中央把马克思恩格斯的政治建设理论和中国国情结合起来，创造性地提出了一整套我国政治建设的新思想、新理论，为探索中国特色社会主义初级阶段的政治建设和政治发展开了先河。毛泽东提出了要建立“劳动大众当家作主的人民政权”的思想，把其作为新中国政治建设的根本价值追求，认为权力必须坚定地依靠、接受人民的制约和监督，要高度重视群众的智慧，走群众路线，“让群众管理他们自己的事情”；毛泽东根据中国革命和建设的实际，创造性地用“人民民主专政”代替经典作家提出的“无产阶级专政”，扩大了民主的范围；毛泽东还“把民主集中制原则贯彻到我国政治体制的方方面面，包括政权组织形式（人民代表大会制度）、国家结构形式（单一制国家）和行政决策机构等，并成为一种政治作风和工作作风，渗透于我国政治生活的各个领域。”⑤

---

① 张五钢：《列宁民主政治建设思想的历史意蕴及当代价值》，《甘肃社会科学》2012 年第 5 期，第 20 页。

② 《列宁选集》第四卷，北京：人民出版社，2012 年，第 405 页。

③ 《列宁选集》第三卷，北京：人民出版社，2012 年，第 201 页。

④ 蔡亚志：《列宁社会主义民主思想与中国特色社会主义民主政治建设》，《科学社会主义》2011 年第 1 期，第 144 页。

⑤ 杨俊：《论毛泽东时代的政治建设：开创、奠基和探索》，《马克思主义研究》2015 年第 6 期，第 34 页。

政治建设思想是邓小平理论体系中一个重要的组成部分，主要围绕着什么是社会主义、怎样建设社会主义，以及民主与社会主义、民主与社会主义现代化的关系问题上展开的，强调我国民主政治建设要中国化、制度化、法律化、渐进化、科学化，丰富和发展了马克思主义的民主政治建设理论。1979 年 3 月，在党的理论工作务虚会上，邓小平指出，“没有民主就没有社会主义，就没有社会主义的现代化”，“社会主义愈发展，民主也愈发展”①。健全民主集中制，不能为了集中而否定或削弱民主。1980 年 8 月，邓小平在《党和国家领导制度改革》的讲话中，系统阐述了我国政治体制改革的指导思想和基本思路，强调政治体制改革是当代中国政治发展的直接动力，“我们政治体制改革总的目标是三条：第一，巩固社会主义制度；第二，发展社会主义社会的生产力；第三，发扬社会主义民主，调动广大人民的积极性”②。他还提出了坚持政治稳定与政治发展辩证统一的宝贵思想，“中国的问题，压倒一切的是需要稳定。没有稳定的环境，什么都搞不成，已经取得的成果也会失掉。”③

江泽民关于社会主义民主政治建设的理论，是十三届四中全会以来我们党进行社会主义民主政治建设的经验总结，也是对邓小平理论的继承、发展和创新，主要表现在以下三个方面：第一，首次提出了社会主义政治文明建设的概念，在党的十六大报告中，江泽民把政治文明确定为全面建设小康社会的重要目标，并提出物质文明、政治文明、精神文明协调发展的思想；第二，在民主政治建设上，江泽民强调要牢牢掌握社会主义民主的旗帜，反对完全照搬西方民主，认为中国特色社会主义民主最根本的就是坚持人民民主专政，坚持人民代表大会制度；第三，1997 年，江泽民在党的十五大报告中，第一次把“依法治国”作为党和国家基本的治国方略提出，强调坚持党的领导、人民当家作主和依法治国的有机统一，发展了邓小平的民主法制思想。

胡锦涛根据世情党情国情的变化，在坚持马克思主义民主政治建设理论的基础上，不断完善和发展我国社会主义政治建设。第一，胡锦涛在党的十八大报告中指出，“积极发展党内民主，增强党的创造活力……以党内民主带动人民民主”④，提出党内民主是发展社会主义民主政治的先导，要尊重党员

① 《邓小平文选》第二卷，北京：人民出版社，1994 年，第 168 页。
② 《邓小平文选》第三卷，北京：人民出版社，1993 年，第 178 页。
③ 《邓小平文选》第三卷，北京：人民出版社，1993 年，第 284 页。
④ 《胡锦涛文选》第三卷，北京：人民出版社，2016 年，第 655 页。

的主体地位，坚持民主集中制，推进党内民主制度建设；第二，胡锦涛提出，人民民主是社会主义的生命，关系到中国特色社会主义事业的成败，对社会主义发展极其重要；第三，胡锦涛强调，要发展社会主义民主政治，就要深化各种制度改革，改革是发展社会主义民主政治的动力；第四，健全社会主义民主政治，需要依法治国作为重要保障，法治建设是发展社会主义民主政治的保障；第五，以人为本是发展社会主义民主政治的落脚点，胡锦涛强调："尊重人民首创精神，保障人民各项权益，不断在实现发展成果由人民共享、促进人的全面发展上取得新成效。"①

2014 年 9 月 5 日，习近平总书记在庆祝全国人民代表大会成立 60 周年大会上发表了重要讲话，"回顾了人民代表大会制度建立和发展的历程，为在新的历史条件下坚持和完善人民代表大会制度、推进社会主义民主政治建设、完善中国特色社会主义政治制度指明了正确方向"②。习近平明确指出，"世界上不存在完全相同的政治制度，也不存在适用于一切国家的政治制度模式"③，政治制度不可能千篇一律、定于一尊，民主政治建设的理论可以吸收和借鉴，但必须立足中国的实践。习近平提出了评价一国政治制度是否民主有效的八个标准，即：国家领导层能否依法有序更替；全体人民能否依法管理国家事务和社会事务、管理经济和文化事业；人民群众能否畅通表达利益要求；社会各方面能否有效参与国家政治生活；国家决策能否实现科学化、民主化；各方面人才能否通过公平竞争进入国家领导和管理体系；执政党能否依照宪法法律规定实现对国家事务的领导；权力运用能否得到有效制约和监督。习近平"从政治竞争的机会公平、政治参与的权利公平以及权力运行的规则公平三个层次反映出现代民主观念的一般规律；在政治现代化的理论和实践层面，以党内民主、协商民主与基层民主的结合扩展和深化了社会主义民主政治形式；以完善民主集中制、巡视制度与人大监督加强了对权力的制约与监督；以清晰阐述宪法与依法治国的关系、党的领导与依法治国的关系推进了民主政治的法治化，指导了中国政治现代化的实践"④，创造性地丰富和发展了中国化的马克思主义政治建设理论。

---

① 《胡锦涛文选》第三卷，北京：人民出版社，2016 年，第 618 页。

② 方涛：《民主政治建设的中国主张》，《人大研究》2014 年第 12 期，第 10 页。

③ 《习近平谈治国理政》第二卷，北京：外文出版社，2017 年，第 286 页。

④ 孙一平：《习近平对中国民主政治建设的丰富和发展》，《马克思主义研究》2015 年第 3 期，第 9 页。

第二节　中国特色社会主义政治理论与制度

中国共产党把马克思主义的政治建设理论，运用于中国特色的社会主义政治实践，中国特色的社会主义政治理论与制度逐步形成，这是“马克思主义政治学说与中国实际相结合取得的成果，是认识中国政治现象、推动中国政治改革和发展的根本思想武器”①。

一、中国特色社会主义政治理论

中国特色社会主义政治理论的主要内容包括以下方面：

一是关于国家政权性质的理论。中华人民共和国是工人阶级领导的、以工农联盟为基础的人民民主专政的国家。国家一切权力属于人民。人民代表大会制度是中国的根本政治制度，是国家政权组织形式，是中国民主政治的集中体现。民主集中制是国家机构的组织活动原则，表现为中共决策、政协参议、人大立法、政府执行。中国的国家结构形式是单一制。中国实行民族区域自治来解决民族问题，对香港、澳门实行“一国两制”和特别行政区制度。

二是关于政治发展道路的理论。坚持党的领导、人民当家作主和依法治国的有机统一，走中国特色社会主义政治发展道路，这是中国共产党人把马克思主义基本原理同中国国情相结合，同时借鉴人类政治文明有益成果，经过长期探索实践形成的发展社会主义民主政治的道路。借鉴人类政治文明成果，绝不意味着照搬西方政治制度模式，绝不能放弃社会主义政治制度。要从发展中国特色社会主义的全局出发，积极推进社会主义民主政治建设，使中国特色社会主义政治发展道路越走越宽广。

三是关于人民民主的理论。民主作为一种国家形态，属于上层建筑，是由社会的经济基础决定的，并最终服务于经济基础。中国的民主是人民民主，其实质是人民当家作主。民主不是装饰品，不是用来做摆设的，而是要用来解决人民要解决的问题。选举民主和协商民主是中国特色社会主义民主的两种形式。人民民主是社会主义的生命，没有民主就没有社会主义，就没有社会主义现代化。人民代表大会制度、中国共产党领导的多党合作和政治协商制度、民族区域自治制度和基层群众自治制度等，是中国民主制度的基本架

① 顾海良：《中国特色社会主义理论与实践研究》，北京：高等教育出版社，2016年，第138页。

构，集中体现了中国社会主义民主政治的特点和优势。

四是关于社会主义法治的理论。社会主义民主和社会主义法治是不可分割的统一整体，民主是法治的基础和前提，法治是民主的体现和保障，是治国理政的基本方式。中国特色社会主义法治道路，核心要义包括三方面，一是坚持党的领导，二是坚持中国特色社会主义制度，三是贯彻中国特色社会主义法治理论。必须坚持依法治国、建设社会主义法治国家，依法治国是社会主义民主政治的基本要求，是党领导人民治理国家的基本方略。宪法和法律是党的主张和人民意志相统一的体现，任何组织和个人都不允许有超越宪法和法律的特权。必须坚持有法可依、有法必依、执法必严、违法必究，坚持法律面前人人平等。

五是关于政治体制改革的理论。政治体制改革是社会主义政治制度的自我完善，是发展社会主义民主政治的必然要求。政治体制改革也是全面深化改革的重要组成部分，对经济社会发展发挥着重要的保障和促进作用。要适应经济基础深刻变化和人民民主意识不断增强的客观要求，坚持正确的政治方向，积极稳妥地推进政治体制改革。要着重加强制度建设，实现社会主义民主政治的制度化、规范化和程序化。

六是关于新时期爱国统一战线的理论。统一战线是凝聚各方面力量，促进政党关系、民族关系、宗教关系、阶层关系、海内外同胞关系的和谐，夺取中国特色社会主义新胜利的重要法宝。统一战线高举爱国主义、社会主义旗帜，牢牢把握大团结大联合的主题。做好新形势下统战工作，必须正确处理一致性和多样性关系，不断巩固共同思想政治基础，同时要充分发扬民主、尊重包容差异，尽可能通过耐心细致的工作找到最大公约数。党外知识分子工作，是统一战线的基础性、战略性工作。要高度重视和做好新经济组织、新社会组织中的知识分子、留学人员及新媒体中的代表性人士的工作。

七是关于坚持“一国两制”和推进祖国统一的理论。“一国两制”是我国的基本国策，也是实现祖国统一的基本方针。邓小平在改革开放初期创造性地提出了“一国两制”伟大构想，并成功解决了香港、澳门问题。2017 年 6 月 30 日，习近平在视察香港特别行政区期间强调，“一国两制”是中国的一个伟大创举，是中国为国际社会解决类似问题提供的一个新思路新方案，是中华民族为世界和平与发展做出的新贡献，凝结了海纳百川、有容乃大的中国智慧。同年 12 月，习近平在会见澳门特别行政区行政长官崔世安时强调，我们要全面准确贯彻“一国两制”“港人治港”“澳人治澳”“高度自治”的方针，严格依照宪法和基本法办事，支持特别行政区政府和行政长官依法施政、积极作为，支持香港、澳门融入国家发展大局，增强香港、澳门同胞的国家意识和爱国精神，维护香港、澳门长期繁荣稳定。2019年1月2日，习近平在《告台湾同胞书》发表40周年纪念会上指出，“新时代是中华民族大发展大作为的时代，也是两岸同胞大发展大作为的时代。前进道路不可能一帆风顺，但只要我们和衷共济、共同奋斗，就一定能够共创中华民族伟大复兴美好未来，就一定能够完成祖国统一大业”[①]。2020年6月30日，香港国安法在香港正式刊宪，开始实施。恢复秩序，变乱为治，正是香港国安法的力量。它展现了中央维护国家安全与坚持“一国两制”方针的决心，是对“一国两制”制度体系的坚持与完善，有助于更好维护国家主权、安全、发展利益，保障香港长治久安和繁荣稳定。

八是关于尊重和保障人权的理论。尊重和保障人权是发展社会主义民主政治、建设社会主义政治文明的内在要求，也是社会主义法治建设的追求。人权是具体的、相对的，不是抽象的、绝对的。实现人权的根本途径是经济发展和社会进步。中国始终高度重视人权问题，尊重国际社会关于人权的普遍性原则，同时根据中国国情，切实保障人民的生存权和发展权，依法保障公民的政治权利。中国的发展进步，使每个人都得到发展自我和服务社会的机会，从而不断提高了人民享有政治、经济、文化、社会权利的水平。

九是关于国防和军队建设的理论。中国奉行防御性的国防政策，加强国防建设的目的是维护国家主权、安全、领土完整，保障国家和平发展。建设与我国国际地位相称、与国家安全和发展利益相适应的巩固国防和强大军队，是我国现代化建设的战略任务。建设一支听党指挥、能打胜仗、作风优良的人民军队，是党在新形势下的强军目标。要铸牢听党指挥这个强军之魂，扭住能打仗、打胜仗这个强军之要，夯实依法治军、从严治军这个强军之基，坚持把从思想上政治上建设和掌握部队摆在突出位置，坚持战斗力这个唯一的根本的标准。必须毫不动摇地坚持党对军队的绝对领导，必须坚决完成各项军事斗争任务，必须按照全面建设的思想努力推进军队的革命化现代化正规化建设。贯彻总体国家安全观，创新发展军事战略，有效履行军队使命，实行新形势下积极防御军事战略方针，构建中国特色现代军事力量体系，增强全民国防观念，提高国防动员和后备力量建设质量。坚持走军民融合式发展道路，巩固和发展军政军民团结。

---

① 习近平：《为实现民族伟大复兴　推进祖国和平统一而共同奋斗——在〈告台湾同胞书〉发表40周年纪念会上的讲话》，北京：人民出版社，2019年，第12页。

二、坚持和完善中国特色社会主义政治制度

坚持和完善中国特色社会主义政治制度，是走中国特色社会主义政治发展道路、发展社会主义民主政治的基本途径。

政治制度是指在特定的社会中，统治阶级通过组织政权以实现其政治统治的原则和规则的总和，是人类出于维护共同体的安全和利益，维持一定的公共秩序和分配方式的目的，对各种政治关系所做的一系列规定。它包括国家政权的组织形式、国家结构形式、政党制度、选举制度等。中国特色社会主义的政治制度既体现了人类政治文明发展的优秀成果，又具有鲜明的中国特色和独特优势，其本质是实现最广大人民群众的根本利益，保障人民当家作主，保持国家长期稳定和发展。

2019 年 10 月，党的十九届四中全会通过的《中共中央关于坚持和完善中国特色社会主义制度、推进国家治理体系和治理能力现代化若干重大问题的决定》强调，我国国家制度和国家治理体系具有显著优势，在政治方面体现在：坚持党的集中统一领导，坚持党的科学理论，保持政治稳定，确保国家始终沿着社会主义方向前进的显著优势；坚持人民当家作主，发展人民民主，密切联系群众，紧紧依靠人民推动国家发展的显著优势；坚持全面依法治国，建设社会主义法治国家，切实保障社会公平正义和人民权利的显著优势；坚持全国一盘棋，调动各方面积极性，集中力量办大事的显著优势；坚持各民族一律平等，铸牢中华民族共同体意识，实现共同团结奋斗、共同繁荣发展的显著优势[①]。坚持和完善中国特色社会主义政治制度，包括以下几方面：

人民民主专政是中国的国体。国体即国家的性质，是国家阶级本质的反映，是民主政治建设的根本问题。中国现阶段的人民民主专政实质上就是无产阶级专政，工人阶级是领导阶级，工农联盟是政权基础，全体人民是国家的主人，是新型民主和新型专政的结合。它是新型民主，因为这种民主具有广泛性，是绝大多数人享有的民主。它是新型专政，因为它是最广大人民对极少数敌对分子实行专政。人民民主专政从根本上规定了中国政党制度的核心价值和制度要素，从而形成了与西方政党制度相区别的中国社会主义政党制度，是中国社会主义政党制度确立和发展的重要保证。

人民代表大会制度是中国的根本政治制度，是支撑中国国家治理体系和治理能力的根本政治制度，是人民当家作主的政权组织形式。全国人民代表大会是最高国家权力机关，人民行使权力的机关是全国人民代表大会和地方

---

① 《中共十九届四中全会在京举行》，《人民日报》2019 年 11 月 1 日。

各级人民代表大会，它们都由民主选举产生，对人民负责，受人民监督；国家行政机关、审判机关、检察机关都由人民代表大会产生，对它负责，受它监督。人民代表大会制度坚持维护宪法法律权威，使民主制度化、法律化，实现国家各项工作法治化，为依法治国提供有效可靠的国家制度依托，保证人民依法实行民主选举、民主决策、民主管理、民主监督，享有宪法和法律规定的广泛的民主、自由和权利。人民代表大会制度是符合中国国情、体现中国社会主义国家性质、保证中国人民当家作主的根本政治制度。它植根于人民群众，具有强大的生命力。中国各族人民通过这一根本政治制度牢牢地把国家和民族的前途命运掌握在自己手里。

中国共产党领导的多党合作和政治协商制度是中国特色社会主义的政党制度，也是中国的一项基本政治制度。中国共产党的领导是前提和基础，多党合作是核心，中国共产党是执政党，各民主党派是参政党。中国共产党与各民主党派合作的基本方针是：长期共存，互相监督，肝胆相照，荣辱与共。“中国共产党领导的多党合作和政治协商制度是中国近现代发展史上、特别是在人民民主革命的斗争历程中逐步形成的，是符合中国国情的，而且从实践上来检验，对中国的生产力发展、对中国的社会进步和政治稳定、对中国扩大社会主义民主，都起到了积极的作用。”[①] 政治协商是中国民主政治的重要形式，宪法和法律是各政党活动的基本准则。中国人民政治协商会议是中国人民爱国统一战线的组织，是中国共产党领导的多党合作和政治协商的重要机构，是我国政治生活中发扬社会主义民主的重要形式，人民政协围绕团结和民主两大主题履行政治协商、民主监督和参政议政的职能。中国共产党领导的多党合作和政治协商制度，既能实现广泛的民主参与，集中各民主党派、各人民团体和各界人士的智慧，促进执政党和各级政府决策的科学化、民主化，又能实现集中统一，统筹兼顾各方面的利益要求。

巩固和发展最广泛的爱国统一战线。坚持大统战工作格局，坚持一致性和多样性统一，完善照顾同盟者利益政策，做好民族工作和宗教工作，健全党外代表人士队伍建设制度，凝聚港澳同胞、台湾同胞、海外侨胞力量，谋求最大公约数，画出最大同心圆，促进政党关系、民族关系、宗教关系、阶层关系、海内外同胞关系和谐。

民族区域自治制度是中国特色社会主义的一项基本政治制度，是中国解决民族问题的基本政策。民族区域自治是指在国家的统一领导下，以少数民

---

① 楚庄：《中国的政党制度是更高、更切实、更广泛的民主政治制度》，《中央社会主义学院学报》2001 年第 4 期，第 12 页。

族聚居区为基础，建立相应的民族自治地方，设立民族自治机关，行使宪法和法律规定的自治权的制度。1949 年《中国人民政治协商会议共同纲领》中明确规定："各少数民族聚居的地区，应实行民族的区域自治，按照民族聚居的人口多少和区域大小，分别建立各种民族自治机关。"① 民族区域自治制度，使中国少数民族依法自主地管理本民族事务，民主地参与国家和社会事务的管理，保证了中国各民族不论大小都享有平等的经济、政治、社会和文化权利，共同维护国家统一和民族团结，建设相互支持、相互帮助、共同团结奋斗、共同繁荣发展的和谐民族关系。实践证明，实行民族区域自治既符合历史的发展，又符合现实情况，有很大的优越性，一方面有利于维护国家的统一和安全，另一方面也有利于保障少数民族人民当家作主的权利得以实现，促进少数民族的发展和繁荣。

基层群众自治制度是中国的一项基本政治制度。它是依照宪法和法律的规定，由居民（村民）选举的成员组成居民（村民）委员会，实行自我管理、自我教育、自我服务、自我监督的制度。党的十七大将"基层群众自治制度"确立为我国社会主义民主政治的基本政治制度，把坚持和完善基层群众自治制度作为坚持中国特色社会主义政治发展道路的重要内容。基层群众自治是人民依法直接行使民主权利的制度保障，是人民群众直接参与社会主义民主政治建设的主阵地和重要平台，是人民当家作主最有效、最广泛的途径。基层群众自治制度的成功实践，是中国共产党领导亿万基层群众发展中国特色社会主义民主政治的伟大创举。实施这一制度，扩大基层民主，实行基层群众自治，有助于激发广大人民群众当家作主的积极性、创造性和责任感。

第三节　坚持和发展人民民主

"中国共产党为争得民主，领导人民取得了革命的胜利，依靠人民建立起了人民民主政权和制度，又在改革开放的环境中，开辟了中国特色社会主义民主政治发展道路。中国式民主既要保障人民当家作主，又要运用民主的方法有效地治理国家，这是崭新的实践，是前无古人的伟大事业。"② 发展社会主义民主政治的关键，就是要发展更加广泛、更加充分、更加健全的人民民主，完善社会主义法治，保障人民权益，最大限度地发挥人民的积极性、主

---

① 《建国以来重要文献选编》第一册，北京：中央文献出版社，1992 年，第 12 页。

② 尹汉宁：《论人民民主的中国道路》，《红旗文稿》2013 年第 20 期，第 4 页。

动性、创造性。

一、健全民主制度，丰富民主形式

发展社会主义民主，必须从我国国情出发，充分考虑我国的社会历史背景、经济发展状况、文化发展水平等重要因素，在发展中国特色社会主义的进程中不断加以推动。

一是健全民主制度。十六大指出，发展社会主义民主政治，建设社会主义政治文明，是全面建设小康社会的重要目标。加强民主制度建设是发展社会主义民主的重要路径。坚持和完善社会主义民主制度，是充分调动人民群众的积极性创造性，最广泛地动员和组织人民群众依法管理国家和社会事务的切实保证。要推进社会主义民主政治制度化、规范化、程序化，进一步把社会主义政治制度的优越性发挥出来，为党和国家兴旺发达、长治久安提供政治和法律制度保障。

二是丰富民主形式。人民民主不仅体现在国家的政治制度上，而且是通过各种各样的民主形式体现出来的。世界上不存在普遍适用的制度，民主形式的选择必须重视国情。实行人民民主，保证人民当家作主，实现形式是丰富多样的，不能拘泥于刻板的模式。要探索多种实现人民民主的形式和扩大公民有序参与政治的方式，从各个层次、各个领域扩大公民有序政治参与，保证人民依法实行民主选举、民主决策、民主管理、民主监督。选举民主与协商民主是我国社会主义民主的两种基本形式。除了需要加强各自的制度建设，还需要探索如何完善两种民主形式的关系，让两种民主形式相互补充、相得益彰。随着民主政治建设的进一步深入，我国的民主形式会更加丰富。

三是拓宽民主渠道。要通过民主选举、信息公开、社会公示、听证制度、协商对话、舆论监督等途径保障人民的民主权利，使广大人民群众依照宪法和法律规定，积极参与管理国家事务。“特别是在互联网高度发达的时代，要充分利用新媒体，拓宽信息发布渠道，广泛听取群众意见和建议”①。

四是保障人民的知情权、参与权、表达权、监督权。发展民主就是要尊重人民基本权利。要畅通群众知情渠道，方便群众参与监督，参与首先必须知情，知情权是群众参与监督的前提，暗箱操作群众是无法进行监督的。要畅通群众监督渠道，组织群众参与监督，反腐倡廉工作能否真正发挥作用，关键就是群众的民主权利能否充分行使。要畅通群众诉求渠道，鼓励群众参与监督，进一步拓宽群众直接信访举报的渠道，健全举报网络，探索建立反

① 顾海良：《中国特色社会主义理论与实践研究》，北京：高等教育出版社，2016 年，第 156 页。

腐败信访举报受理情况的网络监视统计系统。保障人民群众各方面的民主权利，是人民民主在社会政治生活中的具体体现，是保证人民赋予政府的权力始终用来为人民谋利益的前提。

五是以党内民主带动人民民主。十七大报告中鲜明地提出“以扩大党内民主带动人民民主”，党内民主是增强中国共产党的创新活力、巩固党的团结统一的重要保证，是中国共产党不断改革和完善、不断与时俱进的途径，扩大党内民主可以进一步提高中国共产党的执政能力和加强党组织的凝聚力。党内民主不仅关系到党的领导水平与执政能力，而且关系到人民民主的实践和发展。要通过加强党内民主制度建设，使党内民主意识普遍增强、党内民主制度不断健全、党的创新活力充分发挥，同时推动和发展人民民主。

二、健全社会主义协商民主制度

协商民主是在中国共产党领导下，人民内部各方面围绕改革发展稳定重大问题和涉及群众切身利益的实际问题，在决策之前和决策实施之中开展广泛协商，努力达成共识的重要民主形式。社会主义协商民主是中国社会主义民主政治的特有形式和独特优势，是中国共产党的群众路线在政治领域的重要体现。社会主义协商民主具有鲜明的特点和独特的优势，以人民利益根本一致为最大政治基础，以团结、尊重、和谐为出发点和落脚点，以制度化、规范化和程序化为重要保证；既坚持了中国共产党的领导，又发挥了各方面的积极作用；既坚持了人民主体地位，又贯彻了民主集中制的领导制度和组织原则；既坚持了人民民主的原则，又贯彻了团结和谐的要求。中国社会主义协商民主丰富了民主的形式、拓展了民主的渠道、加深了民主的内涵，是对人类政治文明发展的新贡献。

协商民主制度在中国的确立与发展是人民民主实践的产物，体现的是人民民主的本质要求。社会主义协商民主是中国共产党和中国人民的伟大创造，源自中华民族长期形成的天下为公、兼容并蓄、求同存异等优秀政治文化，源自近代以后中国政治发展的现实进程，源自中国共产党领导人民进行革命、建设、改革的长期实践，源自新中国成立后各党派、各团体、各民族、各阶层、各界人士在政治制度上共同实现的伟大创造，源自改革开放以来中国在政治体制上的不断创新，具有深厚的文化基础、理论基础、实践基础、制度基础。协商能够较好地体现人民民主的内容和实质，有利于体现参与各方的良性互动，有利于科学决策。

中国民主政治的丰富性和当代社会的差异性，决定了我国社会主义协商民主形式和类型的多样性，主要有以下几种形式：

一是政党协商。政党协商是中国共产党领导的多党合作和政治协商制度的重要内容，是社会主义协商民主体系的重要组成部分，是中国共产党提高执政能力的重要途径。发挥中国特色社会主义政党制度优势，坚持长期共存、互相监督、肝胆相照、荣辱与共的基本方针，加强中国共产党同民主党派的政治协商，搞好合作共事，巩固和发展和谐政党关系。加强政党协商，就需要继续探索规范政党协商形式，完善民主党派中央直接向中共中央提出建议制度，加强政党协商保障机制建设。

二是人大协商。加强协商民主建设，积极开展人大协商，体现了坚持与完善、继承与发展、巩固与提高的辩证统一，为人大制度和人大工作的完善发展赋予了新内涵、开辟了新领域。人民代表大会制度是保证人民当家作主的根本政治制度。各级人大要依法行使职权，同时在重大决策之前根据需要进行充分协商，更好汇聚民智、听取民意，支持和保证人民通过人民代表大会行使国家权力。积极开展人大协商，需要进一步深入开展立法工作中的协商，注重发挥好人大代表在协商民主中的作用。

三是政府协商。政府协商是政府与社会、政府与人民之间的直接对话，是对关系人们日常生活的基本公共产品供给的协商，主要围绕有效推进科学民主依法决策加强政府协商，增强决策透明度和公众参与度，解决好人民最关心最直接最现实的利益问题，推进政府职能转变，提高政府治理能力和水平。政府协商侧重于具体政策制定与执行阶段，是对政党协商所提出的政治纲领的具体化，同时也是对政协协商所提出的经济社会问题的一种回应，成为沟通政党协商与政协协商间的重要一环。推动政府协商要把握好协商民主与依法行政相结合、发挥中央和地方两个积极性、全面推进与重点突出相结合三个基本原则。

四是政协协商。政协协商是一种社会各界别间的交流，侧重于从社会层面对重大经济社会问题进行磋商。要充分发挥人民政协作为协商民主重要渠道和专门协商机构的作用，坚持团结和民主两大主题，推进政治协商、民主监督、参政议政制度建设，加强政协协商与党委和政府工作的有效衔接，规范协商议题提出机制，健全知情明政制度，党委召开的有关重要工作会议可安排政协领导同志参加，完善协商成果采纳、落实和反馈机制，不断提高人民政协协商民主制度化、规范化、程序化水平。

五是人民团体协商。人民团体具有广泛联系群众、紧密贴近群众、直接服务群众的特点和优势，围绕做好新形势下党的群众工作开展协商，更好组织和代表所联系群众参与公共事务，有效反映群众意愿和利益诉求。人民团体协商在推进国家治理体系和治理能力现代化进程中，在反映群众呼声、表达群众诉求、保障公民权利、化解社会矛盾、促进社会公平、维护社会稳定等方面起着桥梁和纽带作用。开展人民团体协商，最重要的任务就是组织引导所联系群众开展协商，要引导广大群众有序参与，正确行使民主权利，以制度化方式依法理性表达利益诉求，积极为群众参与协商拓宽渠道、搭建平台。

六是基层协商。基层协商民主因直接关涉人民群众权益，主要发生在基层，成为社会主义协商民主实践的基础和重点。要按照协商于民、协商为民的要求，建立健全基层协商民主建设协调联动机制，稳步开展基层协商，更好解决人民群众的实际困难和问题，及时化解矛盾纠纷，促进社会和谐稳定。习近平总书记在庆祝人民政协成立65周年大会上的讲话中强调："涉及人民群众利益的大量决策和工作，主要发生在基层。要按照协商于民、协商为民的要求，大力发展基层协商民主，重点在基层群众中开展协商。凡是涉及群众切身利益的决策都要充分听取群众意见，通过各种方式、在各个层级、各个方面同群众进行协商。"①

七是社会组织协商。社会组织是具有非政府性、非营利性、自治性、志愿性、公益性或互益性等基本特征的组织。逐步探索社会组织协商，是党的群众路线在社会组织领域的重要体现，是激发社会组织活力、加快形成现代社会组织体制的内在要求。要坚持党的领导和政府依法管理，健全与相关社会组织联系的工作机制和沟通渠道，引导社会组织有序开展协商，更好地为社会服务。

社会主义协商民主是以人民广泛多层次参与为基础，通过公平、公开和规范的沟通与协商，创造有序公共生活的民主政治形式，是我国人民民主的重要实现形式，也呈现出中国特色，主要表现在：社会主义协商民主以中国共产党为核心主体，以宪法为最高权威，参与成为社会整合的重要动力，社会治理趋向多元共治等。习近平指出："发展社会主义协商民主，扩大人民群众有序政治参与，保证人民广泛参加国家治理和社会治理，形成生动活泼、安定团结的政治局面。"② 社会主义协商民主制度作为一套制度体系当然还需要进一步健全，但它在长期探索和实践中已融入我国民主制度与民主生活的方方面面，成为我国民主建设和发展的战略性基础平台。

---

① 《习近平谈治国理政》第二卷，北京：外文出版社，2017年，第297页。

② 《习近平谈治国理政》第二卷，北京：外文出版社，2017年，第41页。

三、积极稳妥推进政治体制改革

政治体制改革是我国当前全面深化改革的重要组成部分，也是中国社会主义改革的重要组成部分，对我国经济社会发展发挥着重要的保障和促进作用。不断推进政治体制改革，是中国共产党总结历史经验做出的重要决策，是立足中国特色社会主义全局做出的重大部署。党的十八大以来，以习近平同志为核心的党中央在全面深化改革过程中，积极稳妥推进政治体制改革，以保证人民当家作主为根本，以增强党和国家活力、调动人民积极性为目标，深入推进社会主义政治文明建设，开辟了中国特色社会主义政治发展新境界。

（一）中国政治体制改革的重要性和必要性

政治体制是一个国家政治制度得以运行和发挥功能的体制安排，涉及政治制度运行的组织体系、功能结构、工作机制和程序安排。中国的政治体制改革，是中国政治制度的自我完善和发展，是政治发展的推动力量，是发展中国特色社会主义民主政治的必然要求。

政治体制改革是完善我国社会主义制度的需要。新中国成立 70 年来，尤其是改革开放 40 多年发展的辉煌成就充分证明，我国的政治体制与社会主义政治制度总体上是相适应的，是符合我国国情的，这有利于坚持党的领导，有利于保证人民当家作主，有利于解放和发展社会生产力，有利于维护国家统一、民族团结和社会和谐稳定，为党和国家事业发展提供了重要的政治制度保障，得到了全国各族人民的认同和拥护。同时，我们也应当清醒地认识到，同我国经济社会发展的新形势相比，同坚持以人为本、维护社会公平正义的新要求相比，我国政治体制还存在一些不适应、不符合的问题，民主政治具体制度方面还存在不完善、不健全的地方，在保障人民民主权利、发挥人民创造精神方面还存在不足。早在 1979 年，邓小平同志就明确指出："我们要在大幅度提高社会生产力的同时，改革和完善社会主义的经济制度和政治制度，发展高度的社会主义民主和完备的社会主义法制。"[①] 只有积极稳妥推进政治体制改革，才能增强党和国家的活力，发挥社会主义政治制度的特点和优势；才能更好地扩大人民民主，充分调动人民群众的积极性和创造性；才能切实维护国家统一、民族团结和社会稳定，促进经济发展和社会全面进步。

政治体制改革是全面深化改革的重要内容和必然要求。任何国家的政治

① 《邓小平文选》第二卷，北京：人民出版社，1994 年，第 208 页。

制度的确立、运行和巩固都是一个发展变化的过程，都有赖于不断改革和完善政治体制。首先，政治体制改革是深化经济体制改革的需要，经济与社会的发展必然对政治制度的功能和运行提出新的、更高的要求，政治制度必须不断适应这些要求而进行改革和完善；其次，要实现司法独立、社会公平正义，推进国家治理现代化，就是要使包括政治体制在内的各方面制度更加科学、更加完善；最后，政治体制改革还是当今社会反腐倡廉的需要。政治体制改革决不是要根本改变中国特色社会主义政治制度，而是要通过优化运行机制和实际功能，健全和完善国家政治制度，增强其组织国家、治理社会、推动发展的能力。

总之，政治体制改革事关党和国家工作全局，事关最广大人民根本利益，政治体制改革必须同经济社会发展的总进程相协调、同步伐。这就决定了我国的政治体制改革是一个不断深化的过程，要随经济社会发展和全面改革的推进而不断推进。当前，我国政治体制改革在不断深化：坚定不移走中国特色社会主义政治发展道路，国家治理体系和治理能力逐步提升；坚持和完善人民代表大会制度，根本政治制度理论创新和实践创新不断推进；中国共产党领导的多党合作和政治协商水平不断提高，基本政治制度焕发出蓬勃生机；司法体制改革积极稳妥推进，法治社会建设取得显著成效；权力运行制约和监督体系不断强化，反腐败斗争压倒性态势正在形成。

（二）中国政治体制改革的成就和主要任务

改革开放以来，中国不仅经济体制改革成就斐然，令人瞩目，而且政治体制改革始终贯穿于政治发展的历史进程中，稳步有序推进，是同经济体制、文化体制、社会体制以及其他方面的体制改革相辅相成、相互促进、不断深化的。改革开放 40 多年来，中国的政治体制改革取得了重大成就，积累了丰富的经验。主要体现在以下几个方面：

一是民主政治的制度化水平大大提高，民主制度和民主机制不断健全完善，进一步丰富了人民当家作主的内涵与形式。选举制度、政治协商、民主监督、参政议政等制度逐步发展和完善，农村村民委员会、城镇居民委员会、企业职工代表大会等民主制度逐步发展，人民直接监督、人民代表大会监督、舆论监督等制度和机制更加健全，中国政治体制改革的重要目标就是要通过制度的完善和机制的健全，进一步将人民民主权利落到实处，保障人民参与管理国家、经济、文化、社会事务。

二是社会主义法治更加完善。中国用 30 年左右的时间完成了西方一些国家用几百年才建成法律体系的任务，基本形成了中国特色社会主义法律体系。到 2014 年年底，中国已制定现行有效法律 240 多部、行政法规 730 多部、地方性法规8500多部；党的十五大第一次把“依法治国”确立为党领导人民治理国家的基本方略；1999年，“依法治国，建设社会主义法治国家”被写入宪法，把“依法执政”确定为党治国理政的基本方式，法治政府建设稳步推进，司法体制不断完善，全社会法治观念明显增强。

三是行政管理体制与机构改革成效明显，初步建立起适应市场经济发展的行政体制。随着行政管理科学化、民主化、法制化要求的提高，中国分别在1982年、1988年、1993年、1998年、2003年、2008年、2013年进行了7次大的机构改革，政府职能转变迈出重要步伐，社会管理和公共服务得到加强，政府组织机构逐步优化，科学民主决策水平不断提高，初步形成了中国特色的行政管理体制。为了适应社会主义市场经济的需求，大力转变政府职能，政府职能逐步转向宏观调控。进入21世纪后，党和国家及时提出了建设服务型政府的战略目标，包括以人为本的政府服务理念、集中统一的行政事务处理系统、信息公开等。

四是干部人事制度改革成果丰硕，为改革发展稳定提供了重要组织保障。中国革命、建设和改革事业不断取得胜利的重要原因，就在于我们党和国家有一支过硬的干部队伍。我们党逐步深化干部人事制度改革，废除了事实上存在的领导干部职务终身制，全面推行职务任期制和领导干部退休制；建立了国家公务员制度，通过国家公务员考试制度，采用公平、公正、公开的方式考核录用，提高了公务员队伍的素质，增强了党和国家机关的活力，建立了比较完备的干部选拔任用和监督管理机制。十八届三中全会通过的《中共中央关于全面深化改革若干重大问题的决定》指出，坚持党管干部原则，深化干部人事制度改革，构建有效管用、简便易行的选人用人机制，使各方面优秀干部充分涌现。

五是人权得到更加全面、真实和充分的尊重与保障。世界上没有放之四海皆准的人权发展道路，各国有权根据本国国情，从实际出发，从人民的需求出发，推进人权事业发展。我国以宪法为依据，制定了一系列保障人权的法律，建立了较为完备的保障人权的法律制度，人民的生存权和发展权，公民权利和政治权利，经济、社会、文化权利，妇女、老年人、未成年人等特殊群体和残疾人等弱势群体的合法权利，少数民族权利等均得到更好的保障，中国人权事业的发展进入依法、有计划、有步骤、持续和快速推进的新时期。我们努力让每个人都能发展自我和奉献社会，共同享有人生出彩的机会，共同享有梦想成真的机会，共同享有平等参与、平等发展的机会。

中国政治体制改革虽然取得了重大成就，但今后改革的任务依然艰巨。今后一个时期的主要任务有以下几个方面：

一是支持和保证人民通过人民代表大会行使国家权力。人民代表大会制度是符合中国国情、体现中国社会主义国家性质、能够保证我国人民当家作主的根本政治制度。今后要继续推动人民代表大会制度与时俱进，健全立法起草、论证、协调、审议机制，健全“一府两院”由人大产生、对人大负责、受人大监督制度，健全人大讨论、决定重大事项制度。各级人大要充分发挥权力机关和人大代表作用，完善代表联系群众制度，充分发挥人民代表大会制度的根本政治制度作用。

二是健全社会主义协商民主制度。社会主义协商民主是我国人民民主的重要形式，要推进协商民主广泛多层制度化发展，在党的领导下，以经济社会发展重大问题和涉及群众切身利益的实际问题为内容，在全社会开展广泛协商，并坚持协商于决策之前和决策实施之中，为全面建成小康社会广泛凝聚智慧和力量。实践中健全社会主义民主协商制度，在政党层面上，中国共产党和各个政党之间的协商要制度化；在国家政权层面上，政府决策要通过协商；在政协层面上，各个政党、各个界别，也要通过协商解决问题；在社会层面、基层阶层，一些问题也都要经过协商①。

三是完善基层民主制度。要健全基层选举、议事、公开、述职、问责等机制，促进群众在城乡社区治理、基层公共事务和公益事业中实现依法自我管理、自我服务、自我教育、自我监督。健全基层民主制度，要健全基层党组织领导的充满活力的基层群众自治机制，全心全意依靠工人阶级，健全以职工代表大会为基本形式的企事业单位民主管理制度，保障职工参与管理和监督的民主权利。发挥基层各类组织协同作用，实现政府管理和基层民主有机结合，切实保障人民享有更多更切实的民主权利。

四是深化行政体制改革。要深入推进政企分开、政资分开、政事分开，建设职能科学、结构优化、廉洁高效、人民满意的服务型政府。以简政放权为“先手棋”，以深化行政审批制度改革为“突破口”，持续发力推进简政放权、放管结合、优化服务。转变政府职能是深化行政体制改革的核心。政府职能转变，关键是解决“越位、缺位、错位”的问题，核心是权力的正确行使，重点是进一步规范权力运行，减少对微观经济活动的直接干预，政府职能转变是对政府提出的更高要求，创造良好发展环境、提供优质公共服务、维护社会公平正义，是转变政府职能的总方向，使政府真正成为经济社会运行规则的制定者、经济社会生活秩序的维护者和社会公平正义的守望者。

五是建立健全权力运行制约和监督体系。要建立决策科学、执行坚决、

① 李君如：《健全社会主义协商民主制度四大层面》，人民网，2013 年 3 月 12 日。

监督有力的权力运行体系，扎紧制度笼子，严防“牛栏关猫”，使权力运行守边界、有约束、受监督。习近平在十八届中央纪律检查委员会第二次全体会议上指出：“要加强对权力运行的制约和监督，把权力关进制度的笼子里，形成不敢腐的惩戒机制、不能腐的防范机制、不易腐的保障机制。”[1] 加强对权力运行的制约和监督，必须坚持以制度制约权力，确保权力在制度的范围内良性运行；必须坚持以权力制约权力，严密防范权力的主体既是决策者，又是组织实施者，还是监督管理者；必须坚持以监督制约权力，强化监督意识，建立健全多维的监督体系；必须坚持以权利制约权力，增强人民的权利意识，提高人民依法行使知情权、参与权、表达权和监督权的能力。

六是巩固和发展最广泛的爱国统一战线。坚持长期共存、互相监督、肝胆相照、荣辱与共的方针，加强同民主党派和无党派人士团结合作。全面正确贯彻落实党的民族政策，坚持和完善民族区域自治制度，巩固和发展平等团结、互助和谐的社会主义民族关系，促进各民族和睦相处、和衷共济、和谐发展。全面贯彻党的宗教信仰自由政策，依法管理宗教事务，坚持独立自主自办原则，积极引导宗教与社会主义社会相适应，引导宗教努力为促进经济发展、社会和谐、文化繁荣、民族团结、祖国统一服务。鼓励和引导新的社会阶层人士为中国特色社会主义事业做出更大贡献。支持海外侨胞、归侨侨眷关心和参与祖国现代化建设与和平统一大业。2015 年 5 月，习近平在中央统战工作会议上强调，要扎扎实实做好统一战线各方面工作，“巩固和发展最广泛的爱国统一战线，为推进‘四个全面’战略布局，为实现‘两个一百年’奋斗目标、实现中华民族伟大复兴的中国梦，提供广泛力量支持”[2]。

（三）不照搬西方政治制度

政治制度本身是植根于民族和国家历史渊源的土壤之中的，是国家经济、社会、文化发展的集中表现形式。世界上没有完全相同的政治模式，没有也不可能有一种放之四海而皆准的政治发展道路。一个国家实行什么样的政治制度，走什么样的政治发展道路，必须与这个国家的国情和性质相适应，“不能割断历史，不能想象突然就搬来一座政治制度上的‘飞来峰’”[3]。人类政治制度的发展有其规律性，西方政治制度是在一定社会发展阶段和特定历史条件下解决特定政治问题的产物，既不是人类政治制度发展的终点，也不构成

---

① 《习近平谈治国理政》，北京：外文出版社，2014 年，第 388 页。

② 《习近平关于协调推进“四个全面”战略布局论述摘编》，北京：中央文献出版社，2015 年，第 164 页。

③ 《习近平关于全面建成小康社会论述摘编》，北京：中央文献出版社，2016 年，第 86 页。

其他国家政治制度发展变迁的唯一标杆。习近平反复强调，“政治制度不能脱离特定社会政治条件和历史文化传统来抽象评判，不能定于一尊，不能生搬硬套外国政治制度模式”①。

“鞋子合不合脚，自己穿了才知道。”一个国家的政治体制合不合适，只有这个国家的人民才最有发言权。对于我们这样一个人口众多的发展中大国来说，始终坚持正确的政治发展道路，更是关系根本、关系全局的重大问题。胡锦涛在十八大报告中强调，“要把制度建设摆在突出位置，充分发挥我国社会主义政治制度优越性，积极借鉴人类政治文明有益成果，绝不照搬西方政治制度模式”②。

设计和发展国家政治制度，必须注重历史和现实、理论和实践、形式和内容的有机统一。要坚持从国情出发、从实际出发，既要把握长期形成的历史传承，又要把握走过的发展道路、积累的政治经验、形成的政治原则，还要把握现实要求、着眼解决现实问题。改革开放以来，中国共产党从实际出发，成功开辟和坚持了中国特色社会主义政治发展道路，找到了适合本国“沃土”的政治制度，并不断发展完善，有效推动了我国经济社会持续健康发展，为实现最广泛的人民民主确立了正确方向。发展和完善我国社会主义政治制度，需要借鉴国外政治文明有益成果，但绝不能放弃中国政治制度的根本。习近平总书记明确指出：“在政治制度上，看到别的国家有而我们没有就简单认为有欠缺，要搬过来；或者，看到我们有而别的国家没有就简单认为是多余的，要去除掉。这两种观点都是简单化的、片面的，因而都是不正确的。”③ 这凸显了我们党将坚定不移地走中国特色社会主义政治发展道路，彰显了党中央清醒的战略定力和高度的政治自信。中国的国情决定了不能照搬西方政治制度模式，也不能搞“三权鼎立”和多党轮流执政。

“三权鼎立”主要是指立法权、行政权和司法权分别由不同的国家机关掌握，相互独立、互相制衡。它是西方资本主义国家政治制度的建制原则，在一定程度上可以避免某一集团独揽权力，便于资产阶级统治集团内部实现“民主”，实际上是不同利益集团之间的博弈和制衡，是实行资产阶级专政、维护资本主义统治的工具。中国作为社会主义国家，国体是人民民主专政，国家的一切权力属于人民，人民的权利具有至上性、不可分割性；人民代表

---

① 习近平：《决胜全面建成小康社会　夺取新时代中国特色社会主义伟大胜利——在中国共产党第十九次全国代表大会上的报告》，北京：人民出版社，2017 年，第 36 页。

② 《胡锦涛文选》第三卷，北京：人民出版社，2016 年，第 633 页。

③ 《习近平谈治国理政》第二卷，北京：外文出版社，2017 年，第 286 页。

大会制度是中国共产党带领全国各族人民经过长期奋斗和实践探索而建立和发展起来的国家根本政治制度，这是历史的选择、人民的选择，体现了国家一切权力属于人民，体现了中国共产党的领导地位和执政地位，体现了中国社会主义国家性质，必须毫不动摇地坚持。中国坚持公有制为主体、多种所有制经济共同发展的基本经济制度，工人阶级和全体人民对生产资料的共同占有具有不可分割性，广大人民的根本利益是一致的，不存在根本利益不同的利益集团。因此，在中国，既没有搞“三权鼎立”的政治基础，也没有搞“三权鼎立”的经济基础。

西方国家实行的两党或多党轮流执政是在资本主义社会产生和发展过程中各种政治力量相互角逐下逐渐形成的，反映了其社会不同利益群体特别是垄断资本集团分割国家权力的需要；西方国家的政党都是各个利益集团的工具，所关心的也是各自集团的利益，这样就缺乏政策的连贯性和持续性。中国近代历史上的多党制曾带来了社会动荡和内乱，当今中国也不存在搞多党制的社会条件。“一些原社会主义国家的历史教训证明，放弃党的领导，社会主义社会的性质就会改变，人民当家作主的地位就会改变”[①]。中国共产党领导的多党合作和政治协商制度是近代以来中国历史发展的必然结果，体现了社会主义制度的本质要求，同中国经济、政治、文化、社会状况相符合，也同中国疆域广大、人口众多、民族众多等实际状况相适应，是符合中国国情的新型政党制度。

总之，由于每个国家的具体国情不同，民主的发展道路及民主模式也可能不尽相同。中国在长期的探索中找到了适合本国国情的中国特色社会主义政治发展道路，建立了相关的政治制度，我们可以借鉴人类文明的一切优秀政治成果，但绝不能生搬硬套，也不能盲目地简单比较；必须要毫不动摇地走中国特色社会主义政治道路，坚持中国共产党领导的多党合作和政治协商制度，积极稳妥地推进我国政治体制改革，不断完善和健全各项政治制度。

第四节　全面依法治国

依法治国，是坚持和发展中国特色社会主义的本质要求和重要保障，是实现国家治理体系和治理能力现代化的必然要求，事关党执政兴国，事关人民幸福安康，事关党和国家长治久安。2014 年 10 月，十八届四中全会通过

① 顾海良：《中国特色社会主义理论与实践研究》，北京：高等教育出版社，2016 年，第 175 页。

《中共中央关于全面推进依法治国若干重大问题的决定》。习近平指出："全面推进依法治国，是解决党和国家事业发展面临的一系列重大问题，解放和增强社会活力、促进社会公平正义、维护社会和谐稳定、确保党和国家长治久安的根本要求。要推动我国经济社会持续健康发展，不断开拓中国特色社会主义事业更加广阔的发展前景，就必须全面推进社会主义法治国家建设。"①2018 年 3 月，中共中央印发了《深化党和国家机构改革方案》。方案称：全面依法治国是中国特色社会主义的本质要求和重要保障。为加强党中央对法治中国建设的集中统一领导，健全党领导全面依法治国的制度和工作机制，更好落实全面依法治国基本方略，组建中央全面依法治国委员会，负责全面依法治国的顶层设计、总体布局、统筹协调、整体推进、督促落实，作为党中央决策议事协调机构②。2020 年 5 月 28 日，十三届全国人大三次会议表决通过了《中华人民共和国民法典》。这是新中国成立以来第一部以"法典"命名的法律，是一部具有中国特色、体现时代特点、反映人民意愿的《民法典》。《民法典》的颁布实施有利于推进全面依法治国，促进国家治理体系完善、国家治理能力提升。

一、中国特色社会主义法治道路和体系

党的十八届四中全会明确提出，要坚定不移走中国特色社会主义法治道路。中国特色社会主义法治道路，是中国特色社会主义道路及其政治发展道路的有机组成部分，本质上是中国特色社会主义道路在法治领域的具体体现，是中国共产党人坚持把马克思主义法治思想的基本原理与中国具体法制实践相结合，在建设中国特色社会主义法治的伟大实践中，走出的一条符合中国国情的法治发展道路。习近平总书记指出："全面推进依法治国，必须走对路。如果路走错了，南辕北辙了，那再提什么要求和举措也都没有意义了。"③每个国家的法治道路，都是与各自历史文化传统、社会条件等因素密切相关的。中国是一个有着 5000 年历史的文明古国，又是发展中的社会主义大国，具有独特的法治传统、独特的国情、独特的现实问题，这就决定了我们的法治道路必定要走自己的路。中国特色社会主义法治道路，是社会主义法治建设成就和经验的集中体现，是建设社会主义法治国家的唯一正确道路。

中国特色社会主义法治道路的核心要义是：坚持党的领导，坚持中国特

---

① 《习近平关于全面依法治国论述摘编》，第 6 页，北京：中央文献出版社，2015 年。

② 参见《中共中央印发〈深化党和国家机构改革方案〉》，《人民日报》2018 年 3 月 22 日。

③ 《习近平谈治国理政》第二卷，北京：外文出版社，2017 年，第 113 页。

色社会主义制度，贯彻中国特色社会主义法治理论。这也是中国特色社会主义法治道路的鲜明时代特征。

坚持党的领导是社会主义法治的根本要求。中国共产党的领导是中国特色社会主义最本质的特征，是社会主义法治最根本的政治保证，是全面推进依法治国的题中应有之义。2018 年，党中央决定组建中央全面依法治国委员会，这是我们党历史上第一次设立这样的机构。这既是贯彻落实党的十九大精神，加强党对全面依法治国集中统一领导的需要，又是研究解决依法治国重大事项、重大问题，协调推进中国特色社会主义法治体系和社会主义法治国家建设的需要，也是推动实现“两个一百年”奋斗目标，为实现中华民族伟大复兴的中国梦提供法治保障的需要；目的在于加强党对全面依法治国的集中统一领导，统筹推进全面依法治国工作。在中国特色社会主义法治发展的进程中，中国共产党始终总揽法治发展的全局并且主导着这场法律革命的发展方向。党的领导和社会主义法治是一致的，不是对立的关系，也不是谁大谁小的关系，而是根本一致、内在统一的关系。社会主义法治必须坚持党的领导，党的领导必须依靠社会主义法治，坚持人民主体地位、保证人民当家作主、维护人民合法权益，这既体现中国共产党的根本宗旨，也是社会主义法治建设的根本目的。党领导人民实现现代化，包括实现国家治理体系和治理能力现代化，而法治建设也是实现国家治理体系和治理能力现代化的重要内容。

中国特色社会主义制度是中国特色社会主义法治体系的根本制度基础，是全面推进依法治国的根本制度保障。法律制度与政治制度紧密相连，有什么样的政治制度，就必须实行与之相适应的法律制度。现代法治国家无不通过法治道路巩固和完善自己的社会制度、国家制度。以宪法为核心的中国特色社会主义法律体系，就是对以中国共产党的领导为核心的中国特色社会主义制度法律化、法制化。中国特色社会主义制度是我国社会主义法治的根本制度基础，只有适应巩固和发展中国特色社会主义制度的要求，法治才能发挥应有作用，才能走稳走好法治道路。坚持、完善和发展中国特色社会主义制度，是对社会主义法治建设的根本要求，是关系全面推进依法治国这件大事能否办好、关系国家长治久安和兴旺发达能否实现的一个关键所在。

中国特色社会主义法治理论是全面依法治国的行动指南。坚定不移走中国特色社会主义法治道路离不开科学理论的指引。中国特色社会主义法治理论，科学回答了中国要不要搞法治、搞什么样的法治、怎样搞法治等一系列基本问题，是中国特色社会主义法治体系的理论指导和学理支撑，是指引我国法治建设始终沿着正确方向前进的指南针和导航仪。十八届四中全会通过的《中共中央关于全面推进依法治国若干重大问题的决定》指出：发展符合中国实际、具有中国特色、体现社会发展规律的社会主义法治理论，为依法治国提供理论指导和学理支撑；既要坚持马克思主义法学思想的指导，又要立足我国国情，坚持从实际出发，与时俱进、体现时代精神，汲取中华法律文化精华；既要借鉴国外法治有益经验，但又决不照搬外国法治理念和模式。这是对中国特色社会主义法治理论的系统总结和科学提升，是指导中国特色社会主义法治道路的纲领性文献。

党的领导、中国特色社会主义制度和中国特色社会主义法治理论，三者紧密联系，构成一个有机整体。一方面明确了中国特色社会主义法治道路的领导力量、制度基础与制度保障、理论指导和学理支撑这三个方面的核心要义，规定和确保了中国特色社会主义法治体系的制度属性和前进方向，这也是中国特色社会主义法治道路与其他国家法治道路的本质区别；另一方面也科学阐明了中国特色社会主义法治道路的本质特征，彰显了我们党的道路自信、理论自信、制度自信。

全面依法治国涉及很多方面，在实际工作中必须有一个总揽全局、牵引各方的总抓手，这个总抓手就是建设中国特色社会主义法治体系，具体包括“五大法治体系”：完备的法律规范体系、高效的法治实施体系、严密的法治监督体系、有力的法治保障体系和完善的党内法规体系。这个总抓手体现在立法、执法、司法、守法以及从严治党等各个层面、各个环节中，是中国特色社会主义法治体系的有力支撑。

二、科学立法、严格执法、公正司法、全民守法

全面依法治国是国家治理领域一场广泛而深刻的革命，必须从目前法治工作基本格局出发，加强宪法实施与监督，扎实有序推进科学立法、严格执法、公正司法、全民守法等重点任务。

宪法是党和人民意志的集中体现，是国家通过科学民主程序形成的根本法。坚持依法治国首先要坚持依宪治国，坚持依法执政首先要坚持依宪执政。2012 年 12 月 4 日，习近平在首都各届纪念现行宪法公布实施 30 周年大会上指出，“宪法的根基在于人民发自内心的拥护，宪法的伟力在于人民出自真诚的信仰”①，“全面贯彻实施宪法，是建设社会主义法治国家的首要任务和基础

---

① 《习近平谈治国理政》，北京：外文出版社，2014 年，第 140 页。

性工作”[①]。党的十八届四中全会决定，完善全国人大及其常委会宪法监督制度，健全宪法解释程序机制；加强备案审查制度和能力建设，依法撤销和纠正违宪违法的规范性文件；将每年的12月4日定为国家宪法日，以此为契机，在全社会普遍开展宪法教育，弘扬宪法精神；建立宪法宣誓制度等。这些措施有利于彰显宪法权威，增强全社会的宪法观念和意识。但宪法又不是一成不变的，必须随着中国特色社会主义实践的发展而不断完善。2018年3月，十三届全国人大一次会议通过了《中华人民共和国宪法修正案》，对宪法做了部分修改，保证宪法在新时代更好地发挥作用。

立法是国家有权制定、修改、废止法律、法规的活动，推进科学立法，关键是完善立法体制，深入推进科学立法、民主立法，抓住提高立法质量这个关键，发挥立法的引领和推动作用。立法体制是关于立法权、立法权载体等方面的体系和制度所构成的有机整体，立法权的配置是其中最核心的构成，要优化立法职权配置，发挥人大及其常委会在立法工作中的主导作用，健全立法起草、论证、协调、审议机制，完善法律草案表决程序，增强法律法规的及时性、系统性、针对性、有效性，提高法律法规的可执行性、可操作性。要明确立法权力边界，从体制机制和工作程序上有效防止部门利益和地方保护主义法律化。同时要加强重点领域立法，及时反映党和国家事业发展要求、人民群众关切期待，对涉及全面深化改革、推动经济发展、完善社会治理、保障人民生活、维护国家安全的法律抓紧制定、及时修改。科学立法是依法治国、建设法治中国的前提和基础。

法律的生命力在于实施，法律的权威也在于实施。推进严格执法，重点是解决执法不规范、不严格、不透明、不文明，以及不作为、乱作为等突出问题。天下之事，不难于立法，而难于法之必行。要以建设法治政府为目标，建立行政机关内部重大决策合法性审查机制，积极推行政府法律顾问制度，依法全面履行政府职能，完善行政组织和行政程序法规制度，依法进行机构设置、职责配置和编制核定，明确行政权力运行的原则、流程、方式、时限和责任。要切实加强公正文明执法，强化对行政权力的制约和监督，全面推进政务公开，坚持推进权力运行和办事公开，建立权责统一、权威高效的依法行政体制。要严格执法资质，完善执法程序，建立健全行政裁量权基准制度，确保法律公正、有效实施。

司法是维护社会公平正义的最后一道防线。公平公正是法治的生命线，也是司法的灵魂，法治的公平正义，首先就体现在法律面前人人平等，不能

① 《习近平谈治国理政》，北京：外文出版社，2014年，第138页。

例外，更不能偏私。司法公正对社会公正具有重要引领作用，司法不公对社会公正具有致命性的破坏作用。从近年来的司法实践来看，尤其是从聂树斌案、赵作海案等焦点案件中可以看出，人们不仅要求实体公正，而且要求程序公正，同时也要求及时的公正，不要“迟来的正义”。推进公正司法，要以优化司法职权配置为重点，健全司法权力分工负责、相互配合、相互制约的制度安排。要坚持以公开促公正、树公信，构建开放、动态、透明、便民的阳光司法机制，杜绝暗箱操作，坚决遏制司法腐败。习近平强调，要“进一步提高政法工作亲和力和公信力，努力让人民群众在每一个司法案件中都能感受到公平正义”①。

法律权威源自人民的内心拥护和真诚信仰。人民权益要靠法律保障，法律权威要靠人民维护。胡锦涛在十七大报告中强调，“加强宪法和法律实施，坚持公民在法律面前一律平等，维护社会公平正义，维护社会主义法制的统一、尊严、权威”②。维护法律权威要坚持把全民普法和守法作为依法治国的长期基础性工作，采取有力措施加强法制宣传教育，让每一个公民切实感受到法律的公平正义；要坚持法治教育从娃娃抓起，把法治教育纳入国民教育体系和精神文明创建内容，由易到难、循序渐进，不断增强青少年的规则意识；还要健全公民和组织守法信用记录，完善守法诚信褒奖机制和违法失信行为惩戒机制，形成守法光荣、违法可耻的社会氛围，使遵法守法成为全体人民的共同追求和自觉行动。

党的十九届四中全会指出，要坚持和完善中国特色社会主义法治体系，提高党依法治国、依法执政能力。建设中国特色社会主义法治体系、建设社会主义法治国家是坚持和发展中国特色社会主义的内在要求。必须坚定不移走中国特色社会主义法治道路，全面推进依法治国，坚持依法治国、依法执政、依法行政共同推进，坚持法治国家、法治政府、法治社会一体建设，加快形成完备的法律规范体系、高效的法治实施体系、严密的法治监督体系、有力的法治保障体系，加快形成完善的党内法规体系，全面推进科学立法、严格执法、公正司法、全民守法，推进法治中国建设③。

同时，我们也要认识到，依法治国是一项十分庞大和复杂的综合性系统工程，要在较短时间内全面落实依法治国基本方略，任务艰巨而繁重，正如邓小平同志所说：“旧中国留给我们的，封建专制传统比较多，民主法制传统

① 《习近平关于全面依法治国论述摘编》，北京：中央文献出版社，2015 年，第 95 页。

② 《胡锦涛文选》第二卷，北京：人民出版社，2016 年，第 636—637 页。

③ 《中共十九届四中全会在京举行》，《人民日报》2019 年 11 月 1 日。

很少。解放以后，我们也没有自觉地、系统地建立保障人民民主权利的各项制度，法制很不完备，也很不受重视，特权现象有时受到限制、批评和打击，有时又重新滋长。”① 因此需要我们以更强的决心、更大的勇气、更高的智慧谋划推进全面依法治国。

本章思考题

1. 结合我国民主政治的发展历程，谈谈你对人民当家作主是社会主义民主政治的本质和核心的理解。

2. 结合中国共产党领导的多党合作和政治协商制度发展的历史进程，谈谈你对健全社会主义协商民主制度意义的认识。

3. 如何认识党的领导和依法治国的关系？

4. 为什么说中国既没有搞“三权鼎立”的政治基础，也没有搞“三权鼎立”的经济基础？

【习语摘编】

积极发展社会主义民主政治，推进全面依法治国，党的领导、人民当家作主、依法治国有机统一的制度建设全面加强，党的领导体制机制不断完善，社会主义民主不断发展，党内民主更加广泛，社会主义协商民主全面展开，爱国统一战线巩固发展，民族宗教工作创新推进。科学立法、严格执法、公正司法、全民守法深入推进，法治国家、法治政府、法治社会建设相互促进，中国特色社会主义法治体系日益完善，全社会法治观念明显增强。国家监察体制改革试点取得实效，行政体制改革、司法体制改革、权力运行制约和监督体系建设有效实施。

——习近平在中国共产党第十九次全国代表大会上的报告（2017 年 10 月 18 日）

【教学链接】

中央全面依法治国委员会第二次会议

2019 年 2 月 25 日下午，中共中央总书记、国家主席、中央军委主席、中央全面依法治国委员会主任习近平主持召开中央全面依法治国委员会第二次

① 《邓小平文选》第二卷，北京：人民出版社，1994 年，第 332 页。

会议，中共中央政治局常委、中央全面依法治国委员会副主任李克强、栗战书、王沪宁出席会议。

会议强调，法治建设规划，事关全面依法治国工作全局。党的十八届四中全会专题研究了全面推进依法治国重大问题。党的十九大描绘了2035年基本建成法治国家、法治政府、法治社会的宏伟蓝图。要贯彻中国特色社会主义法治理论，贯彻新发展理念，同我国发展的战略目标相适应，同全面建成小康社会、全面深化改革、全面从严治党相协同，扎扎实实把全面依法治国推向前进，确保制度设计行得通、真管用，发挥法治固根本、稳预期、利长远的保障作用。

会议指出，发展要高质量，立法也要高质量。要积极推进重点领域立法，深入推进科学立法、民主立法、依法立法，提高立法质量和效率，不断完善以宪法为核心的中国特色社会主义法律体系，推动形成比较完善的党内法规制度体系。

会议强调，法治是最好的营商环境。要把平等保护贯彻到立法、执法、司法、守法等各个环节，依法平等保护各类市场主体产权和合法权益。要用法治来规范政府和市场的边界，尊重市场经济规律，通过市场化手段，在法治框架内调整各类市场主体的利益关系。要把工作重点放在完善制度环境上，健全法规制度、标准体系，加强社会信用体系建设，加强普法工作。

——参见《人民日报》2019年2月26日

第三章　中国特色社会主义经济建设

【教学目标】

通过本章的学习，了解中国特色社会主义经济理论与制度，把握建设现代化经济体系的内涵与主要任务，认识深化供给侧结构性改革的主要内容和重要意义，明确完善社会主义市场经济体制的重点和难点，理解推动形成对外开放新格局的重要性和主要内容，了解社会主义经济建设道路的探索和思考。

【重难点】

重点：供给侧结构性改革的主要内容和重要意义。

难点：完善社会主义市场经济体制的重点和难点。

中国特色社会主义经济建设在中国特色社会主义建设的总体布局中具有非常重要的基础性地位和支撑性作用。把握中国特色社会主义经济建设的基本内涵和基本经验，深刻认识中国经济发展新常态，牢固树立和贯彻落实创新、协调、绿色、开放、共享发展新理念，建设现代化经济体系，推进供给侧结构性改革，实现高质量发展，对于夺取全面建成小康社会决胜阶段伟大胜利，建设社会主义现代化强国具有重要意义。

第一节　中国共产党对社会主义经济建设的探索

社会主义经济发展模式具有多样性。在中国这样一个人口众多、经济文化落后、各地区发展极不平衡的东方大国，如何向社会主义过渡，如何巩固和建设社会主义，是中国共产党必须认真回答的重大理论和实际问题。

一、毛泽东对社会主义经济建设的探索

早在新民主主义革命时期，毛泽东在科学分析中国社会形态的基础上明确指出：由于外国资本主义的入侵，近代中国逐步演变为一个“微弱的资本

主义经济和严重的半封建经济同时存在"[①] 的半封建社会。依据马克思主义关于生产力发展的观点，毛泽东提出了新民主主义革命的三大经济纲领和新民主主义社会的经济构想。1947 年 12 月，毛泽东在《目前形势和我们的任务》中指出："没收封建阶级的土地归农民所有，没收蒋介石、宋子文、孔祥熙、陈立夫为首的垄断资本归新民主主义的国家所有，保护民族工商业。这就是新民主主义革命的三大经济纲领。"[②] 三大经济纲领的提出是毛泽东新民主主义经济思想经过长期发展走向成熟的集中表现。同时，毛泽东还提出了新民主主义经济结构的特征是多种经济成分并存的构想。新民主主义经济理论在实践中充分展开，形成了内容丰富的根据地经济建设思想。根据地新民主主义经济建设的思想和实践，对革命战争的胜利做出了重大贡献，并为革命胜利后的经济建设提供了宝贵的经验和启示。

新中国成立之后，如何进行社会主义经济建设，毛泽东有过系统的思考。根据马克思主义的基本观点，在无产阶级取得政权之后，只有经过一个过渡时期，即资本主义与社会主义之间的"革命转变时期"，才能建立起社会主义制度。毛泽东认为，中国革命胜利后建立的是新民主主义社会，必须完成由新民主主义社会过渡到社会主义的任务。在 1953 年 6 月的中央政治局会议上，毛泽东正式提出了过渡时期总路线：从中华人民共和国成立，到社会主义改造基本完成，这是一个过渡时期。党在这个过渡时期的总路线和总任务，是要在一个相当长的时期内，逐步实现国家的社会主义工业化，并逐步实现国家对农业、对手工业和对资本主义工商业的社会主义改造[③]。这条总路线的中心内容被概括为"一化三改"。社会主义工业化对建立社会主义基本制度起着决定性的作用，"三大改造"则对社会主义工业化起到了推进作用。

1956 年对生产资料私有制的社会主义改造基本完成，标志着一种新的社会制度的建立和一条新的社会发展道路的开启。1956 年 9 月召开的中国共产党第八次全国代表大会，确立了社会主义经济建设的基本方针。大会关于发展国民经济第二个五年计划的建议指出："必须把各项计划指标放在既积极而又稳妥可靠的基础上，既要充分估计到各种有利条件，反对那种看不到各种潜在力量、低估群众社会主义积极性的右倾保守的偏向；又要充分估计到各种不利的因素和可能发生的困难，反对那种缺乏实际根据、不考虑可能条件、

① 《毛泽东选集》第一卷，北京：人民出版社，1991 年，第 188 页。
② 《毛泽东选集》第四卷，北京：人民出版社，1991 年，第 1253 页。
③ 《毛泽东文集》第六卷，北京：人民出版社，1999 年，第 316 页。

不注意国民经济有计划、按比例发展的急躁冒进的偏向。”[①] 在刘少奇所做的政治报告里，还提出了应当在三个五年计划的时期内，基本上建成一个完整的工业体系的工业化建设目标。八大还对改革经济管理体制提出了若干重要的、富有远见的设想。1957 年下半年以后，在纠正和反思反右斗争和“大跃进”急躁冒进的错误中，中国共产党人继续思考社会主义经济建设问题，逐渐形成了关于社会主义经济建设的重要思想和认识成果。

第一，寻求适合中国国情的社会主义工业化道路。毛泽东在 1957 年《关于正确处理人民内部矛盾的问题》一文中明确提出要寻找中国自己的工业化道路。正确处理重工业、轻工业、农业之间的关系是中国工业化道路的核心问题，1956 年 4 月，毛泽东发表《论十大关系》，总结苏联的经验教训，对社会主义改造基本完成后社会基本矛盾和复杂经济关系进行分析，提出以农、轻、重为序安排国民经济的思想，同时提出要处理好其他的一些关系，包括沿海与内地关系，经济建设与国防关系，国家、生产单位和生产者个人的关系，中央与地方的关系等。

第二，对社会主义经济体制改革的初步思考。1956 年，随着社会主义改造的完成，社会主义公有制经济已经居于绝对统治地位。在当时生产力不发达的情况下，有没有必要保持单一的所有制结构？可不可以有限度地保留一部分有益于国计民生的个体经济和私营经济？八大上，陈云提出了“三个主体，三个补充”的重要思想[②]。毛泽东主张允许多种所有制存在，继续实行一段“新经济政策”，提出“可以消灭了资本主义，又搞资本主义”[③]。

第三，要利用商品生产、商品交换和价值法则为社会主义服务；社会主义经济建设要注意搞好综合平衡；在系统总结经济建设经验教训的基础上，制定各行各业的工作条例，初步形成了适合中国情况的社会主义建设的各项具体政策，等等。

以毛泽东为核心的党的第一代领导集体对社会主义经济建设探索具有重要的历史意义，“在探索过程中，虽然经历了严重曲折，但党在社会主义建设中取得的独创性理论成果和巨大成就，为新的历史时期开创中国特色社会主义提供了宝贵经验、理论准备、物质基础。”[④]

① 《建国以来重要文献选编》第九册，北京：中央文献出版社，1994 年，第 379 页。

② 参见《陈云文选》第三卷，北京：人民出版社，1995 年，第 13 页。

③ 《毛泽东文集》第七卷，北京：人民出版社，1999 年，第 170 页。

④ 《胡锦涛文选》第三卷，北京：人民出版社，2016 年，第 620 页。

二、开创中国特色社会主义经济发展道路

党的十一届三中全会以来，中国共产党在新的历史条件下，坚持马克思主义与中国实际相结合，继承和发展了毛泽东的经济思想，以社会主义初级阶段为出发点，以更加自觉的态度探索中国的经济发展模式，经过40多年的实践探索，逐渐形成了中国特色社会主义经济建设道路。中国特色社会主义经济建设的核心内容主要包括三个方面：建立和完善社会主义市场经济体制，坚持和完善社会主义基本经济制度，推动国民经济持续健康发展。

（一）建立和完善社会主义市场经济体制

建立和完善社会主义市场经济体制是一次真正的理论创新，是社会主义经济体制的一次真正变革、一个伟大创举。

1. 社会主义市场经济体制的提出

建立社会主义市场经济体制，既是十一届三中全会以来理论探索的重要成果，也是中国改革开放40年实践的必然结果。建立和完善社会主义市场经济体制是我国全面深化改革的重点内容。

1978年，以十一届三中全会的召开为标志，党把工作重心转移到经济建设上来，从此中国走上了改革开放的道路。1979年，党领导制定和实施的经济改革方针政策的实践，实际上是以市场经济为取向的改革。在党的解放思想、实事求是的思想路线指导下，坚持实践是检验真理的唯一标准，从社会主义初级阶段实际出发，认真总结国内外改革和发展的经验教训，大胆突破传统理论观点的束缚，中国共产党逐步提出和丰富了社会主义市场经济理论。1981年，十一届六中全会通过的《关于建国以来党的若干历史问题的决议》，提出了“以计划经济为主，市场调节为辅”的理论。按照尊重和利用价值规律的要求来进行经济活动已开始成为人们的共识，现实经济活动也逐步纳入了真正意义上的商品经济发展轨道。1982年，党的十二大正式提出经济建设要“以计划经济为主、市场经济为辅”。1984年，十二届三中全会通过的《关于经济体制改革的决定》，正式提出社会主义经济是公有制基础上的有计划的商品经济，标志着关于计划与市场关系的探索取得实质性进展，这是社会主义经济理论和经济体制改革指导思想的一次大进步。1987年，党的十三大报告在充分肯定市场对社会主义有计划商品经济调节作用的基础上，确认“新的经济运行机制，总体上来说应当是国家调节市场，市场引导企业的机制”，明确提出，社会主义有计划商品经济体制，是计划与市场内在统一的体制。

邓小平同志从1979年提出“社会主义也可以搞市场经济”[①]，到1992年提出“计划多一点还是市场多一点，不是社会主义与资本主义的本质区别。计划经济不等于社会主义，资本主义也有计划；市场经济不等于资本主义，社会主义也有市场”[②] 等重要论断，从根本上破除了计划经济姓“社”、市场经济姓“资”的传统观念，丰富和发展了马克思主义理论，为社会主义市场经济理论的提出和社会主义市场经济体制的建立指明了方向。经过10多年的理论探索和实践，1992年10月，党的十四大报告正式提出：“我国经济体制改革的目标是建立社会主义市场经济体制，以利于进一步解放和发展生产力。”[③] 从此，中国经济体制改革进入了一个新的发展阶段。

2. 社会主义市场经济体制的完善

在党的十四大正式确定我国经济体制改革是建立社会主义市场经济体制的方向后，1993年，党的十四届三中全会做出了《关于建立社会主义市场经济体制若干问题的决定》，设计了社会主义市场经济体制的基本框架，确立了社会主义市场经济体制改革的各项任务。之后，经过10年的改革发展实践，初步建立起了社会主义市场经济体制。2013年，党的十八届三中全会通过的《中共中央关于全面深化改革若干重大问题的决定》强调：“紧紧围绕使市场在资源配置中起决定性作用深化经济体制改革，坚持和完善基本经济制度，加快完善现代市场体系、宏观调控体系、开放型经济体系，加快转变经济发展方式，加快建设创新型国家，推动经济更有效率、更加公平、更可持续发展。”[④] 为进一步完善社会主义市场经济体制指明了方向和目标。社会主义市场经济是与社会主义基本经济制度结合在一起，市场在国家宏观调控下对资源配置起决定性作用的经济，既可以实现资源的优化配置，又可以发挥社会主义制度的优越性。社会主义市场经济理论，是中国特色社会主义理论体系中极具创新意义的组成部分，是马克思主义中国化的最新成果。建立和完善社会主义市场经济体制，实现由计划经济体制向市场经济体制的飞跃，开创了中国特色社会主义经济建设发展新路径。

（二）坚持和完善社会主义基本经济制度

改革开放40多年来，确立、不断发展和完善社会主义初级阶段的基本经济制度，无疑是一项重大的理论创新和实践创造。基本经济制度是巩固和发

① 《邓小平文选》第二卷，北京：人民出版社，1994年，第236页。
② 《邓小平文选》第三卷，北京：人民出版社，1993年，第373页。
③ 《十四大以来重要文献选编》上，北京：人民出版社，1996年，第18—19页。
④ 《十八大以来重要文献选编》上，北京：中央文献出版社，2014年，第512页。

展中国社会主义制度的重要支柱，不断发展和完善社会主义基本经济制度，对坚持和发展中国特色社会主义，推动我国经济社会健康发展具有重要意义。

社会主义初级阶段基本经济制度，是在十一届三中全会以后，快速发展生产力和解放生产力的需求、不断调整所有制结构、不断进行理论创新、推进改革过程中确立的。1978 年，党的十一届三中全会做出把党和国家工作重心转移到经济建设上来、实行改革开放的历史性决策，提出“社员自留地、家庭副业和集市贸易是社会主义经济的必要补充部分”①，这为个体经济发展提供了依据，为调整所有制结构打开了缺口。党的十三大报告肯定了私营经济的存在和发展，并对其积极作用进行了论述。1997 年，党的十五大报告正式提出“公有制为主体、多种所有制经济共同发展，是我国社会主义初级阶段的一项基本经济制度。”②

从党的十五大到党的十六大，对非公有制经济的认识做出了新的基本判断：一是确认“个体、私营等非公有制经济是促进我国社会生产力发展的重要力量”；二是确认“个体、私营等各种形式的非公有制经济是社会主义市场经济的重要组成部分”；三是明确宣告国有经济、集体经济、个体私营经济和外资经济等“各种所有制经济完全可以在市场竞争中发挥各自优势，相互促进，共同发展”；四是明确宣告“在社会变革中出现的民营科技企业的创业人员和技术人员、受聘于外资企业的管理技术人员、个体户、私营企业主、中介组织的从业人员、自由职业人员等社会阶层，都是中国特色社会主义事业的建设者”。同时，明确提出了坚持“两个毫不动摇”的基本方针：第一，必须毫不动摇地巩固和发展公有制经济；第二，必须毫不动摇地鼓励、支持和引导非公有制经济发展，并要求“要正确处理坚持公有制为主体和促进非公有制经济发展的关系”，“使两者在社会主义现代化建设进程中相互促进、共同发展”，要“坚持公有制为主体，促进非公有制经济发展，统一于社会主义现代化建设的进程中”。党的十七大更是明确要“坚持平等保护物权，形成各种所有制经济平等竞争、相互促进新格局”；“推进公平准入，破除体制障碍，促进个体、私营经济和中小企业发展”。党的十八大进一步强调，要毫不动摇鼓励、支持、引导非公有制经济发展，保证各种所有制经济依法平等使用生产要素、公平参与市场竞争、同等受到法律保护。这一系列的变化与发展，彻底改变了传统社会主义所有制观念，形成了中国特色社会主义所有制的新观念。

---

① 《改革开放三十年重要文献选编》上，北京：人民出版社，2008 年，第 17 页。

② 《江泽民文选》第二卷，北京：人民出版社，2006 年，第 19 页。

党的十八届三中全会通过的《中共中央关于全面深化改革若干重大问题的决定》指出："国有资本、集体资本、非公有资本等交叉持股、相互融合的混合所有制经济，是基本经济制度的重要实现形式，有利于国有资本放大功能、保值增值、提高竞争力，有利于各种所有制资本取长补短，相互促进，共同发展。"[①] 这是我们党对我国基本经济制度认识的进一步深化。2019 年 10 月，党的十九届四中全会对社会主义基本经济制度做出了新概括，将公有制为主体、多种所有制经济共同发展，按劳分配为主体、多种分配方式并存，社会主义市场经济体制等三项制度并列，都作为社会主义基本经济制度，对社会主义基本经济制度的内涵做出了重要发展和深化，这是党和人民的伟大创造。

（三）推动国民经济持续健康发展

党的十一届三中全会做出把党和国家的工作重心转移到经济建设上来的战略决策，拉开了改革开放的序幕。以经济建设为中心，是党在社会主义初级阶段基本路线的核心，是建设中国特色社会主义的重点，是执政兴国的第一要务，是党和国家兴旺发达和长治久安的根本要求。坚持以经济建设为中心关系到全面建成小康社会和中华民族伟大复兴，关系到中国社会主义现代化的成败，关系到社会主义的前途和命运。

发展是硬道理，把经济建设搞上去，是实现"两个一百年"奋斗目标的重要基础，也是国家繁荣、社会稳定、人民幸福的重要基础。"全面建成小康社会，实现社会主义现代化，实现中华民族伟大复兴，最根本最紧迫的任务还是进一步解放和发展社会生产力。"[②] 我们要立足国情，加快转变经济发展方式，加快调整经济结构，加快全面深化改革步伐，牢牢把握我国发展机遇期和发展主动权，准确把握改革发展稳定的平衡点，准确把握近期目标和长期发展的平衡点，准确把握改革发展的着力点，准确把握经济社会发展和改善人民生活的结合点，转方式、调结构、控风险、保民生、推动中国经济可持续高质量发展。

改革开放 40 多年，中国特色社会主义经济建设成就辉煌，举世瞩目，为实现全面建成小康社会，建成富强民主文明和谐美丽的社会主义现代化强国，实现中华民族伟大复兴中国梦积累了 5 个方面的宝贵经验，即坚持以经济建设为中心不动摇；坚持正确处理改革发展稳定的关系；坚持以人民为中心，

---

① 《十八大以来重要文献选编》上，北京：中央文献出版社，2014 年，第 515 页。

② 《习近平谈治国理政》，北京：外文出版社，2014 年，第 92 页。

统筹经济社会发展；坚持市场化改革方向和对外开放的基本国策；坚持走共同富裕的社会主义道路①。

第二节　中国特色社会主义经济理论与制度

改革开放以来，特别是党的十八大以来，中国共产党团结带领全国各族人民大力推进社会主义经济建设，创造性地提出了关于中国经济发展的一系列重大理论观点，形成了中国特色社会主义经济理论，建立了中国特色社会主义经济制度，为中国经济发展提供了根本遵循和制度保障。

一、中国特色社会主义经济理论

中国特色社会主义经济理论，是马克思主义政治经济学基本原理与中国经济建设实际相结合的产物。早在社会主义建设初期的探索中，中国共产党就提出了发展社会主义经济的一系列独创性理论观点。在改革开放新的伟大实践中，党创造性地提出了关于社会主义本质的理论、关于经济体制改革的理论、关于社会主义初级阶段基本经济制度的理论、关于社会主义基本分配制度的理论、关于社会主义市场经济的理论、关于对外开放的理论等许多重要理论成果，有力地指导了我国的经济社会发展，丰富和发展了马克思主义政治经济学。

党的十八大以来，我们党紧密结合时代和实践的要求，围绕发展中国特色社会主义经济，观大势、谋全局，自觉认识和遵循经济发展规律，提出了一系列新的重大战略思想和重要理论观点，形成了以新发展理念为主要内容的习近平新时代中国特色社会主义经济思想。这一思想是中国特色社会主义政治经济学的最新成果，是具有中国特色、中国风格、中国气派的21世纪马克思主义政治经济学，开辟了马克思主义政治经济学发展的新境界，为引领中国经济向高质量发展阶段迈进提供了根本遵循。

一是关于加强党对经济工作的集中统一领导的理论。经济工作是中国特色社会主义建设的中心工作，党的领导要在中心工作中得到充分体现。在经济工作中坚持党的集中统一领导，有利于集思广益、凝聚共识，有利于调动各方面积极性，形成合力，为更好开展其他方面工作提供支持和保障。改革开放40多年来，我国经济社会发展之所以能够取得举世瞩目的巨大成就，是

① 曹新：《中国特色社会主义经济建设的理论与实践》，《行政管理改革》2018年第9期。

同我们坚定不移地坚持党对经济工作的集中统一领导、充分发挥各级党组织和全体党员作用分不开的。面对风云变幻的世界经济大潮，中国共产党要团结带领13亿多人民全面建成小康社会，必须在经济工作中毫不动摇、百折不挠地贯彻落实党中央决策部署，必须创新党领导经济社会发展的观念、体制、方式方法，提高党把握方向、谋划全局、提出战略、制定政策、推进改革的能力，为发展航船定好向、掌好舵。

二是关于坚持以人民为中心的发展的理论。人民性是马克思主义最鲜明的品格。发展为了人民，是马克思主义政治经济学的根本立场。“生产将以所有的人富裕为目的”①，“所有人共同享受大家创造出来的福利”②。以人民为中心的发展思想，体现了党全心全意为人民服务的根本宗旨，体现了人民是推动发展的根本力量的唯物史观。践行以人民为中心的发展思想，要求在部署经济工作、制定经济政策、推动经济发展时，把增进人民福祉、促进人的全面发展、朝着共同富裕方向稳步前进作为经济发展的出发点和落脚点。

三是关于用新发展理念统领发展全局的理论。理念是行动的先导，一定的发展实践都是由一定的发展理念来引领的。创新、协调、绿色、开放、共享的新发展理念，是在深刻总结国内外发展经验教训的基础上形成的，集中反映了党对经济发展规律的新认识，同马克思主义政治经济学的基本观点相通。坚持创新发展、协调发展、绿色发展、开放发展、共享发展，是当前和今后一个时期我国发展的总要求和大趋势，是关系我国发展全局的一场深刻变革。

四是关于经济发展新常态的理论。党的十八大以来，我国经济从高速增长转为中高速增长，经济结构不断优化升级，经济增长动力从要素驱动、投资驱动转向创新驱动，经济呈现出新常态。经济新常态是一个客观状态，并没有好坏之分。经济发展进入新常态，是我国经济发展阶段性特征的必然反映，是我国经济向形态更高级、分工更优化、结构更合理的阶段演进的必经过程，既没有改变我国发展仍处于可以大有作为的重要战略机遇期的判断，也没有改变我国经济发展总体向好的基本面。认识新常态，适应新常态，引领新常态，是当前和今后一个时期我国经济发展的大逻辑。

五是关于社会主义市场经济改革的理论。社会主义市场经济是社会主义基本制度和市场经济的有机结合。社会主义的制度优势为市场经济健康发展开辟了广阔空间，市场经济的发展也推动着社会主义制度进一步趋于完善和

① 《马克思恩格斯选集》第二卷，北京：人民出版社，2012年，第787页。
② 《马克思恩格斯选集》第一卷，北京：人民出版社，2012年，第308页。

巩固。坚持社会主义市场经济改革方向，不仅是经济体制改革的基本遵循，也是全面深化改革的重要依托，其核心问题是处理好政府和市场的关系，使市场在资源配置中起决定性作用和更好发挥政府作用。市场起决定性作用，是从总体上讲的，不能盲目绝对地讲市场起决定性作用，而是要讲辩证法、两点论。“看不见的手”和“看得见的手”都要用好，关键是加快转变政府职能，该放给市场和社会的权一定要放足、放到位，该政府管的事一定要管好、管到位。

六是关于供给侧结构性改革的理论。我国经济发展虽然面临周期性、总量性问题，但最突出的是结构性问题，矛盾的主要方面在供给侧。坚持适应我国经济发展主要矛盾变化，完善宏观调控，就要坚持以供给侧结构性改革为主线，努力实现供求关系新的动态均衡。供给侧和需求侧是管理和调控宏观经济的两个基本手段，二者不是非此即彼、一去一存的替代关系，而是要相互配合、协调推进。纵观世界经济发展史，经济政策以供给侧为重点还是以需求侧为重点，要依据一国宏观经济形势做出抉择。我国经济运行面临突出矛盾和问题的根源是重大结构性失衡，这就决定了必须把推进供给侧结构性改革作为经济工作的主线。从政治经济学的角度看，供给侧结构性改革的根本，是使我国供给能力更好满足广大人民日益增长、不断升级和个性化的物质文化和生态环境需要，从而实现社会主义生产目的。

七是关于经济发展战略的理论。改革开放以来，我国经济在快速发展并取得巨大成就的同时，区域和城乡发展不平衡、经济发展和生态保护不协调、科技创新发展不充分等问题也逐渐凸显。坚持问题导向，制定实施经济发展战略，既是保持经济持续健康发展的要求，也是处理好新时代我国社会主要矛盾的要求。国际经济竞争是综合国力竞争，说到底就是创新能力的竞争。抢占科技和产业制高点，推动我国从经济大国走向经济强国，要坚定不移实施科教兴国战略、人才强国战略和创新驱动发展战略。实现区域协调发展、城乡协调发展、经济可持续发展，必须坚定不移实施乡村振兴战略、区域协调发展战略和可持续发展战略。统筹经济建设和国防建设，实现强军目标，必须坚定不移实施军民融合战略。

八是关于坚持正确工作策略和方法的理论。做好经济工作，既要满怀干事创业热情，又要讲究工作方法策略。稳中求进工作总基调是治国理政的重要原则，也是做好经济工作的方法论。“稳”和“进”相互促进，经济社会才会平衡，才能为调整经济结构和深化改革开放创造稳定宏观经济环境。要坚持底线思维，既要充分肯定我国经济社会发展取得的成绩，看到我国经济社会发展基本面长期趋好的态势，也要看到国际国内各种不利因素的长期性、复杂性、曲折性，不回避矛盾，不掩盖问题，从坏处准备，争取最好的结果，牢牢把握主动权。

二、中国特色社会主义经济制度

经济制度体现一定社会形态中最基本、最本质的经济关系。经济体制主要指在经济制度基础上经济运行的具体形式。经济制度和经济体制是内容和形式的关系。经济制度是经济体制建立的前提和基础，经济体制反作用于经济制度。经济制度的选择取决于一国生产力发展水平和具体的社会经济条件。

基本经济制度是经济制度体系中具有长期性和稳定性的部分，对经济制度属性和经济发展方式具有决定性影响。中国特色社会主义经济制度主要以中国特色社会主义基本经济制度为核心内容。

改革开放以来，中国共产党对中国特色社会主义基本经济制度的认识有一个不断深化丰富、走向成熟定型，从对单一的所有制形式的规定，逐渐发展为所有制形式、分配方式、经济体制三位一体的基本经济制度体系，对中国特色社会主义基本经济制度做出了更加完整的科学阐释。党的十五大报告提出，坚持和完善社会主义公有制为主体、多种所有制经济共同发展的基本经济制度，是社会主义初级阶段的一项基本经济制度；同时要求，完善分配结构和分配方式，坚持按劳分配为主体、多种分配方式并存的制度，强调把按劳分配和按生产要素分配结合起来的分配制度。党的十八届三中全会强调，以公有制为主体、多种所有制经济共同发展的基本经济制度，是中国特色社会主义制度的重要支柱，也是社会主义市场经济体制的根基。党的十九届四中全会把“按劳分配为主体、多种分配方式并存”和“社会主义市场经济体制”作为基本经济制度的重要内涵之一。

把分配方式作为社会主义基本经济制度内涵之一，更好地适应了我国社会主义初级阶段的基本国情，具有历史的合理性；更好地适应了当前我国社会主要矛盾发生的变化，提高了最广大人民的获得感、幸福感、安全感，具有现实的针对性。十九届四中全会强调，要提高劳动报酬在初次分配中的比重，可以说是对按劳分配思想的一个实质性的注解，更加符合马克思主义“按劳分配”的原则。社会主义市场经济体制是实现“公有制为主体、多种所有制经济共同发展，按劳分配为主体、多种分配方式并存”这一所有制形式和分配形式的重大制度保障①。

① 杨英杰：《正确理解“社会主义基本经济制度”的深刻内涵》，《学习时报》2019 年 11 月 20 日。

新时代推动经济高质量发展，建设现代化经济体系，实现强国目标，必须坚持和完善社会主义基本经济制度，主要有5个方面内容。

第一，毫不动摇巩固和发展公有制经济，毫不动摇鼓励、支持、引导非公有制经济发展。探索公有制多种实现形式，推进国有经济布局优化和结构调整，发展混合所有制经济，增强国有经济竞争力、创新力、控制力、影响力、抗风险能力，做强做优做大国有资本。深化国有企业改革，完善中国特色现代企业制度。形成以管资本为主的国有资产监管体制，有效发挥国有资本投资、运营公司功能作用。健全支持民营经济、外商投资企业发展的法治环境，完善构建亲、清政商关系的政策体系，健全支持中小企业发展制度，促进非公有制经济健康发展和非公有制经济人士健康成长。营造各种所有制主体依法平等使用资源要素、公开公平公正参与竞争、同等受到法律保护的市场环境。深化农村集体产权制度改革，发展农村集体经济，完善农村基本经营制度。

第二，坚持按劳分配为主体、多种分配方式并存。坚持多劳多得，着重保护劳动所得，增加劳动者特别是一线劳动者劳动报酬，提高劳动报酬在初次分配中的比重。健全劳动、资本、土地、知识、技术、管理、数据等生产要素由市场评价贡献、按贡献决定报酬的机制。健全以税收、社会保障、转移支付等为主要手段的再分配调节机制，强化税收调节，完善直接税制度并逐步提高其比重。完善相关制度和政策，合理调节城乡、区域、不同群体间分配关系。重视发挥第三次分配作用，发展慈善等社会公益事业。鼓励勤劳致富，保护合法收入，增加低收入者收入，扩大中等收入群体，调节过高收入，清理规范隐性收入，取缔非法收入。

第三，加快完善社会主义市场经济体制。建设高标准市场体系，完善公平竞争制度，全面实施市场准入负面清单制度，改革生产许可制度，健全破产制度。强化竞争政策基础地位，落实公平竞争审查制度，加强和改进反垄断和反不正当竞争执法。健全以公平为原则的产权保护制度，建立知识产权侵权惩罚性赔偿制度，加强企业商业秘密保护。推进要素市场制度建设，实现要素价格市场决定、流动自主有序、配置高效公平。强化消费者权益保护，探索建立集体诉讼制度。加强资本市场基础制度建设，健全具有高度适应性、竞争力、普惠性的现代金融体系，有效防范化解金融风险。优化经济治理基础数据库。健全推动发展先进制造业、振兴实体经济的体制机制。实施乡村振兴战略，完善农业农村优先发展和保障国家粮食安全的制度政策，健全城乡融合发展体制机制。构建区域协调发展新机制，形成主体功能明显、优势互补、高质量发展的区域经济布局。

第四，完善科技创新体制机制。弘扬科学精神和工匠精神，加快建设创新型国家，强化国家战略科技力量，健全国家实验室体系，构建社会主义市场经济条件下关键核心技术攻关新型举国体制。加大基础研究投入，健全鼓励支持基础研究、原始创新的体制机制。建立以企业为主体、市场为导向、产学研深度融合的技术创新体系，支持大中小企业和各类主体融通创新，创新促进科技成果转化机制，积极发展新动能，强化标准引领，提升产业基础能力和产业链现代化水平。完善科技人才发现、培养、激励机制，健全符合科研规律的科技管理体制和政策体系，改进科技评价体系，健全科技伦理治理体制。

第五，建设更高水平开放型经济新体制。实施更大范围、更宽领域、更深层次的全面开放，推动制造业、服务业、农业扩大开放，保护外资合法权益，促进内外资企业公平竞争，拓展对外贸易多元化，稳步推进人民币国际化。健全外商投资准入前国民待遇加负面清单管理制度，推动规则、规制、管理、标准等制度型开放。健全促进对外投资政策和服务体系。加快自由贸易试验区、自由贸易港等对外开放高地建设。推动建立国际宏观经济政策协调机制。健全外商投资国家安全审查、反垄断审查、国家技术安全清单管理、不可靠实体清单等制度。完善涉外经贸法律和规则体系①。

第三节　建设现代化经济体系

建设现代化经济体系是适应我国经济由高速增长阶段转向高质量发展阶段的必然要求，是我国发展的战略目标。建设现代化经济体系，必须用新发展理念统领发展全局，坚持质量第一、效益优先，以供给侧结构性改革为主线，推动经济发展质量变革、效率变革、动力变革，提高全要素生产率，一体建设、一体推进产业体系、市场体系等，不断增强我国经济创新力和竞争力。

一、我国经济转向高质量发展阶段

改革开放以来，我国经济增长迅速，生产能力居于世界前列，但在产品质量、技术水平等方面仍然和发达国家存在较大的差距，在经济结构、收入

① 《党的十九届四中全会〈决定〉学习辅导百问》，北京：党建读物出版社、学习出版社，2019年，第14—16页。

分配、生活环境等方面还存在一些问题，尚不能完全满足人民群众日益增长的美好生活需要。党的十八大以来，伴随新发展理念的提出和落实，深化供给侧结构性改革、转变经济发展方式的不断推进，我国经济整体平稳健康发展，经济结构不断优化，全面深化改革取得重大突破，生态文明建设成效显著，对外开放不断深入，人民获得感、幸福感明显增强。这些变化表明，我国经济已由高速增长阶段转向高质量发展阶段。

经济转向高质量发展阶段，是新时代我国经济发展的基本特征，主要体现在：一是经济结构不断优化。根据国家统计局数据，1978 年，我国第一产业增加值占国内生产总值的比例约为 27.7%，第二产业约为 47.7%，第三产业约为 24.6%。改革开放之后，我国的产业结构不断优化。2015 年，第三产业占比及其对经济增长的贡献率首次超过 50%。2019 年底，第一产业增加值占国内生产总值的比例约为 7.1%，第三产业约为 53.9%。二是城乡差距不断缩小。2019 年，农村居民人均可支配收入为 16021 元，城镇居民人均可支配收入为 42359 元，相比 2012 年之前的数据，城乡差距明显缩小。三是贫困人口数量大幅下降。2017 年，全国农村贫困人口约为 3046 万人，比 2016 年减少 1289 万。2019 年底，贫困人口为 551 万，贫困发生率降至 0.6%。四是生态环境不断改善。2017 年，全国 338 个地级及以上城市可吸入颗粒物（PM10）平均浓度比 2013 年下降 22.7%。2018 年，全国 338 个城市的空气质量延续了过去 5 年的改善势头，平均达标天数比例由 78%升至 79.3%，193 个城市的优良天数比例大于 80%，同比增加 18 个城市；共 121 个城市实现六项空气污染物年均浓度全部达标，同比增加 22 个城市。蓝天保卫战成效显著。五是经济增长从要素驱动、投资驱动转向创新驱动。2017 年，我国新设市场主体 1924.9 万户，同比增长 16.6%。2019 年，全国新设市场主体 2179 万户，市场活力进一步增强。

推动高质量发展是适应我国社会主要矛盾变化的必然要求。人民对美好生活的向往，不再是简单地追求较高的物质生活水平，还包括民主、法治、公平、正义、安全、环境等方面的更高要求。这些变化体现在经济方面，主要有：一是在资源约束趋紧、环境承载能力已达到或接近上限的同时，人民群众对良好的生态环境的期待日益提高。这意味着高消耗、高污染、高排放的粗放发展模式难以为继，企业必须提高资源使用效率，减少污染排放。二是劳动力数量和成本优势逐步减弱，劳动力质量不断提高，人民群众要求在经济活动中有更多的参与感和获得感。这意味着要通过体制机制改革，释放市场主体的活力和创造力，推动资源在不同领域合理流动，缩小城乡差距和地区差距，提升经济发展的质量和效率。三是随着生活水平不断提高，人民群众的需要呈现多样化、多层次、多方面的特点，需要供给方面优化升级，提供更高质量、更加专业化的产品和服务。

推动高质量发展是遵循经济发展规律、保持经济持续健康发展的必然要求，主要体现在：一是经济发展是一个螺旋式上升的过程，上升不是线性的，量积累到一定阶段，必然转向质的发展，我国经济发展也要遵循这一规律。二是经济进入中高速增长阶段，是新时代经济发展的一个阶段性特征，客观上要求经济工作从经济增长速度转移到经济发展质量上来。三是传统行业供给不足问题已基本解决，部分行业甚至出现产能过剩的情况，但个性化产品、高质量产品的种类和数量还不能满足人民的需要。因此，产业结构必须不断优化升级，创新企业生产经营和经济管理方式，发挥新兴产业、服务业、小微企业的作用，推进产品质量升级，加快建设制造强国。四是随着经济增速下调，经济中各类隐性风险逐步显性化，防范化解重大风险成为全面建成小康社会决胜期的一个重要任务。因此，党和政府要全面把握经济发展阶段的新变化，优化经济结构，建立健全化解各类风险的体制机制，提高抗击风险的能力。

二、用新发展理念统领发展全局

理念是行动的先导和引领，从根本上决定发展的成败和成效。面对当前经济社会发展新趋势、新机遇、新矛盾和新挑战，党坚持以人民为中心的发展思想，提出创新、协调、绿色、开放、共享的新发展理念，全力推进经济实现高质量发展。

新发展理念集中体现了我国的发展思路、发展方向和发展着力点，具有很强的战略性、纲领性和引领性。

第一，创新是引领发展的第一动力。坚持创新发展，是分析近代以来世界发展历程特别是总结我国改革开放成功实践得出的结论，是应对发展环境变化、增强发展动力、把握发展主动权，更好引领新常态的根本之策。树立创新发展理念，必须把创新摆在国家发展全局的核心位置，不断推进理论创新、制度创新、科技创新、文化创新等各方面创新，让创新贯穿党和国家的一切工作，让创新在全社会蔚然成风。

第二，协调是持续健康发展的内在要求。树立协调发展理念，必须牢牢把握中国特色社会主义事业总体布局，正确处理发展中的重大关系，重点促进城乡区域协调发展，促进新型工业化、信息化、城镇化和农业现代化同步发展，在增强国家硬实力的同时注重提升国家软实力，不断增强发展整体性。

第三，绿色是永续发展的必要条件和人民对美好生活追求的重要体现。树立绿色发展理念，必须坚持节约资源和保护环境的基本国策，坚持可持续发展，坚定走生产发展、生活富裕、生态良好的文明发展道路，加快建设资源节约型、环境友好型社会，形成人与自然和谐发展现代化建设新格局，推进美丽中国建设，为全球生态安全做出新贡献。

第四，开放是国家繁荣发展的必由之路。树立开放发展理念，必须顺应我国经济深度融入世界经济的趋势，奉行互利共赢的开放战略，坚持内外需协调、进出口平衡、引进来和走出去并重、引资和引技引智并举，发展更高层次的开放型经济，积极参与全球经济治理和公共产品供给，提高我国在全球经济治理中的制度性话语权，构建广泛的利益共同体。

第五，共享是中国特色社会主义的本质要求。树立共享发展理念，必须坚持发展为了人民、发展依靠人民、发展成果由人民共享，做出更有效的制度安排，使全体人民在共建共享发展中有更多获得感，增强发展动力，增进人民团结，朝着共同富裕方向稳步前进。

贯彻新发展理念是关系全局的一场深刻变革。新发展理念要落地生根，关键在于认识和行动。

第一，增强贯彻落实新发展理念的本领。要深学笃用、增强自信，把新发展理念贯穿党领导经济活动全过程；要用好辩证法，坚持系统的观点，依照新发展理念的整体性和关联性进行系统设计；要创新手段，发挥改革的推动作用和法治的保障作用；要守住底线，积极主动、未雨绸缪，及时化解矛盾风险。

第二，把新发展理念融入建设现代化经济体系中。要以新发展理念为指引，突出发展的创新性、整体性、协调性、可持续性、内外联动性和包容性、普惠性。

第三，加快形成落实新发展理念的体制机制。贯彻落实新发展理念，涉及思维方式、行为方式、工作方式的变革，涉及社会关系、利益关系、工作关系的调整，必须全面创新发展体制、重塑发展生态，确保改革举措落地生根。

三、建设现代化经济体系的内涵和主要任务

建设现代化经济体系是我国经济高质量发展的战略目标，是落实新发展理念的客观要求，是转变经济发展方式、优化经济结构、转换经济增长动力的迫切需要。国家强，经济体系必须强。只有形成现代化经济体系，才能更好顺应现代化发展潮流和赢得国际竞争主动，也才能为其他领域的现代化提

供有力支撑。

现代化经济体系是由社会经济活动各个环节、各个层面、各个领域的相互关系和内在联系构成的有机整体。建设现代化经济体系的主要内涵包括：

一是建设创新引领、协同发展的产业体系，实现实体经济、科技创新、现代金融、人力资源协同发展，使科技创新在实体经济发展中的贡献份额不断提高，现代金融服务实体经济的能力不断增强，人力资源支撑实体经济发展的作用不断优化。

二是建设统一开放、竞争有序的市场体系，实现市场准入畅通、市场开放有序、市场竞争充分、市场秩序规范，加快形成企业自主经营公平竞争、消费者自由选择自主消费、商品和要素自由流动平等交换的现代市场体系。

三是建设体现效率、促进公平的收入分配体系，实现收入分配合理、社会公平正义、全体人民共同富裕，推进基本公共服务均等化，逐步缩小收入分配差距。

四是建设彰显优势、协调联动的城乡区域发展体系，实现区域良性互动、城乡融合发展、陆海统筹整体优化，培育和发挥区域比较优势，加强区域优势互补，塑造区域协调发展新格局。

五是建设资源节约、环境友好的绿色发展体系，实现绿色循环低碳发展、人与自然和谐共生，牢固树立和践行绿水青山就是金山银山理念，形成人与自然和谐发展的现代化建设新格局。

六是建设多元平衡、安全高效的全面开放体系，发展更高层次开放型经济，推动开放朝着优化结构、拓展深度、提高效益方向转变。

七是建设充分发挥市场作用、更好发挥政府作用的经济体制，实现市场机制有效、微观主体有活力、宏观调控有度。

建设现代化经济体系，既是一个重大理论命题，更是个重大实践课题；既要借鉴发达国家的有益做法，更要符合中国国情、具有中国特色。当前，建设现代化经济体系，要突出抓好大力发展实体经济、加快实施创新驱动发展战略、实施乡村振兴战略、积极推动城乡区域协调发展、着力发展开放型经济、深化经济体制改革六项主要任务。

建设现代化经济体系各项工作的一个目的，就是实现更加平衡更加充分的发展。当前经济不平衡不充分的重要表现之一，就是脱贫攻坚任务艰巨，城乡区域发展和收入分配差距依然较大。解决这些问题，离不开实施乡村振兴战略和区域协调发展战略。

实施乡村振兴战略，是决胜全面建成小康社会、全面建设社会主义现代化国家的重大历史任务，是新时代做好三农工作的总抓手。统筹谋划，科学推进乡村振兴战略，需做好以下工作：

一是推动乡村产业振兴，把产业发展落到促进农民增收上来，全力以赴消除农村贫困，推动乡村生活富裕。

二是发展现代农业，确保国家粮食安全，提高农业创新力、竞争力、全要素生产率。

三是推动乡村人才振兴，把人力资本开发放在首要位置，激励各类人才在农村广阔天地大施所能、大展才华、大显身手，打造一支强大的乡村振兴人才队伍。

四是推动乡村文化振兴，加强农村思想道德建设和公共文化建设，提高乡村社会文明程度，焕发乡村文明新气象。

五是推动乡村生态振兴，坚持绿色发展，加强农村突出环境问题综合治理，完善农村生活设施，打造农民安居乐业的美丽家园，让良好生态成为乡村振兴支撑点。

六是推动乡村组织振兴，建立健全党委领导、政府负责、社会协同、公众参与、法治保障的现代乡村社会治理体制，确保乡村社会充满活力、安定有序。

实施区域协调发展战略，是缩小收入差距、实现共享发展的重要途径：

一是加大力度支持革命老区、民族地区、边疆地区、贫困地区加快发展，推进西部大开发、东北老工业基地振兴和中部地区崛起，实现东部地区优化发展。

二是以城市群为主体构建大中小城市和小城镇协调发展的城镇格局，加快农业转移人口市民化。

三是以疏解北京非首都功能为“牛鼻子”推动京津冀协同发展，高起点规划、高标准建设雄安新区。

四是加大力度实施长江经济带发展战略。必须从中华民族长远利益考虑，把修复长江生态环境摆在压倒性位置，共抓大保护、不搞大开发，努力把长江经济带建设成为生态更优美、交通更顺畅、经济更协调、市场更统一、机制更科学的黄金经济带，探索出一条生态优先、绿色发展新路子。

五是加快边疆发展，确保边疆巩固、边境安全。加强民族团结，反对民族分裂，维护祖国统一。坚决打击恐怖主义，维护社会安全稳定。坚持党的领导，积极创造条件，加快民族地区发展，实现边疆跨越式发展。

六是坚持陆海统筹，坚持走依海富国、以海强国、人海和谐、合作共赢的发展道路，通过和平、发展、合作、共赢方式，扎实推进海洋强国建设。

七是健全城乡一体化体制机制。提高城乡发展一体化水平，要把解放和发展农村社会生产力、改善和提高广大农民群众生活水平作为根本的政策取向，加快形成以工促农、以城带乡、工农互惠、城乡一体的新型工农城乡关系。

第四节　深化供给侧结构性改革

深化供给侧结构性改革是当前和今后一个时期我国经济发展的重要任务，是我国在经济发展的重要阶段做出的重大战略选择，符合国际发展大势和我国发展阶段性要求。

一、深化供给侧结构性改革的内涵

深化供给侧结构性改革，是适应国际金融危机发生后综合国力竞争新形势的主动选择，是适应和引领经济发展新常态的重大创新和必然要求，是推动我国经济实现高质量发展的必然要求。贯彻新发展理念、建设现代化经济体系，要以供给侧结构性改革为主线。

推进供给侧结构性改革，要正确处理供给和需求的关系。供给和需求是市场经济内在关系的两个方面，二者是对立统一的关系，相互依存、互为条件、缺一不可。新的需求可以催生新的供给，新的供给可以创造新的需求。当前和未来一段时期，我国经济发展面临的问题，供给和需求两侧都有，但矛盾的主要方面在供给侧。我国不是需求不足，或者没有需求，而是需求变了，但供给的产品没有变，质量、服务跟不上。解决这些结构性问题，必须从供给侧发力，实现我国经济由低水平供需平衡向高水平供需平衡跃升。供给侧结构性改革的根本目的，就是要使我国供给能力更好满足广大人民日益增长的美好生活需要。

供给侧结构性改革的重点，是解放和发展生产力，用改革的方法推进经济结构调整，减少无效和低端供给，扩大有效和中高端供给，增强供给结构对需求变化的适应性和灵活性，提高全要素生产率。要把提高供给体系质量作为主攻方向，着力去产能、去库存、去杠杆、降成本、补短板；要立足优势、挖掘潜力、扬长补短，构建多元发展、多极支撑的现代产业新体系，形成优势突出、结构合理、创新驱动、区域协调、城乡一体的发展新格局；要大力培育新产业、新动能、新增长极，发展现代装备制造业，发展新兴产业，发展现代服务业，发展军民融合产业，优化资源要素配置和生产力空间布局，走集中集聚集约发展的路子，形成有竞争力的增长极。

二、把发展经济的着力点放在实体经济上

实体经济是一国经济中提供商品和服务、用于满足人们生活和生产需要的经济组成部分，是一国经济的立身之本，是财富创造的根本源泉，是国家强盛的重要支柱。实体经济对于经济发展、就业和人民实际生活水平有着重要影响。推进供给侧结构性改革，必须把提高供给体系质量作为主攻方向，把发展经济的着力点放在实体经济上。这是党中央立足全局、面向未来的重大战略决策，对于我国抓住新一轮科技革命和产业变革机遇、打造国际竞争新优势，具有十分重大的意义。

深刻认识实体经济发展环境新变化。首先，制造业重新成为全球经济竞争的焦点。国际金融危机发生后，主要发达国家集中发力高端制造领域，一些新兴经济体依靠低成本优势致力于打造新的世界工厂。我国必须把发展实体经济摆在突出重要的战略地位，扭转资本“脱实向虚”的趋势，促进我国产业加快迈向全球产业价值链中高端，才能有效应对双重挤压的局面。其次，新工业革命对制造业发展带来深刻变化。以信息网络技术加速创新与渗透融合为主要特征的新一轮工业革命正在全球范围内孕育兴起，数字经济正成为全球经济增长的重要驱动力。新产品、新模式、新业态、新产业层出不穷，数据正在成为这个时代最宝贵的资源。因此，我国必须做好信息化与工业化深度融合，抢占新一轮产业竞争制高点。最后，我国制造业提质升级任务日益紧迫。经过改革开放以来的高速发展，我国已成为世界制造业第一大国。但与主要工业发达国家制造业发展水平和制造强国建设目标相比，我国在技术创新、质量品牌、环境友好等方面还存在很大差距，结构性供需失衡问题日益凸显。

优化实体经济的发展环境。首先，切实降低实体经济企业成本。针对造成实体经济企业成本居高不下的关键因素，制定可操作、可落地、可检查的系统性政策措施。其次，着力构建国家制造业创新体系。创新是制造业发展的原动力和主引擎。实施国家制造业创新中心建设工程，通过突破重点领域共性关键技术，加速科技成果商业化和产业化，优化制造业创新生态环境，显著提升国家制造业创新能力。再次，强化金融服务实体经济的功能。金融是实体经济的血脉，为实体经济服务是金融的天职，是金融的宗旨，也是防范金融风险的根本举措。金融要把为实体经济服务作为出发点和落脚点，全面提升服务效率和水平，把更多金融资源配置到经济社会发展的重点领域和薄弱环节，更好满足人民群众和实体经济多样化的金

融需求。最后，加快建设多层次制造业人才队伍。深入实施人才强国战略，落实新时期产业工人队伍建设改革方案和制造业人才发展规划指南。深化校企合作，培养大批具有创新精神和国际视野的企业家人才、各行业各领域技术创新的专家型人才和高级经营管理人才，建设知识型、技能型、创新型劳动者大军。

三、加快建设制造强国

制造业是国民经济的主体，是科技创新的主战场，是立国之本、兴国之器、强国之基。打造具有国际竞争力的制造业，是我国提升综合国力、保障国家安全、建设世界强国的必由之路。

加快建设制造强国，是对我国制造业整体形势正确判断的结果。我国是制造大国和出口大国，但目前主要是低端产品和技术，科技含量高、质量高、附加值高的产品并不多。我国总体上产能很大，但其中一部分产能是无效供给，而高质量、高水平的有效供给又不足。我们既要着力扩大需求，也要注重提高供给质量和水平。

坚持创新驱动、质量为先、绿色发展、结构优化、人才为本。坚持把创新摆在制造业发展全局的核心位置，走创新驱动的发展道路。坚持把质量作为建设制造强国的生命线，走以质取胜的发展道路。坚持把可持续发展作为建设制造强国的重要着力点，走生态文明的发展道路。坚持把结构调整作为建设制造强国的关键环节，走提质增效的发展道路。坚持把人才作为建设制造强国的根本，走人才引领的发展道路。

加快建设制造强国的主要任务，主要包含以下几点：

一是培育壮大新兴产业，推动重点领域率先突破。新兴产业是经济体系中最有活力、最具增长潜力的部分，是我国抢占未来竞争制高点、实现引领型发展的关键。

二是提升装备制造业竞争力。装备制造业是一个国家制造业的脊梁，目前我国装备制造业还有许多短板，要加大投入、加强研发、加快发展，努力占领世界制高点、掌控技术话语权，使我国成为现代装备制造业大国。

三是加快发展现代服务业，促进制造与服务协同发展。现代服务业是实体经济和制造业发展的重要支撑，特别是生产性服务业，对于提高制造业附加值和竞争力具有重要意义。

四是大力推进智能制造，促进信息化与工业化深度融合。信息化与工业化融合将带来巨大市场空间，是大国产业博弈的重要阵地。

五是培育世界级先进制造业集群，促进大中小企业融通发展。产业集群是中小企业发展的重要组织形式和载体，对推动企业专业化分工协作、有效配置生产要素、降低创新创业成本、节约社会资源、促进区域经济社会发展都具有重要意义。

四、支持传统产业优化升级

传统产业是稳定经济增长、改善民生福祉的主体力量，也是当前和今后一个时期我国工业结构调整的重点。要通过引入新技术、新管理、新模式，使传统产业焕发巨大生机和活力。要坚决打好去产能攻坚战，更多运用市场机制和经济手段减少无效低效产能，促进先进产能发展。实施制造业重大技术改造升级工程，支持企业瞄准国际同行业标杆，全面提高产品技术、工艺装备、能效环保、质量效益和本质安全水平。开展质量提升行动，推进消费品工业增品种、提品质、创品牌，打造更多百年老店。

促进传统优势产业提质增效。实施企业技术改造提升行动计划，鼓励传统产业设施装备智能化改造，推动生产方式向数字化、精细化、柔性化转变；推进传统制造业绿色化改造，推行生态设计，加强产品全生命周期绿色管理。支持制造业由生产型向生产服务型转变，引导制造企业延伸产业链条、增加服务环节。

加快发展生产性服务业。生产性服务业涉及农业、工业等产业的多个环节，具有专业性强、创新活跃、产业融合度高、带动作用显著等特点，是全球产业竞争的战略制高点。以产业转型升级需求为导向，进一步加快生产性服务业发展，促进我国产业逐步由生产制造型向生产服务型转变。

加快发展生活性服务业。生活性服务业领域宽、范围广，涉及人民群众生活的方方面面，与经济社会发展密切相关。加快发展生活性服务业，是推动经济增长动力转换的重要途径，实现经济提质增效升级的重要举措，保障和改善民生的重要手段。围绕人民群众对生活性服务业的普遍关注和迫切期待，着力解决供给、需求、质量方面存在的突出矛盾和问题，推动生活性服务业便利化、精细化、品质化发展。

积极发挥新消费引领作用，加快培育形成新供给新动力。消费是最终需求，积极顺应和把握消费升级大趋势，以消费升级引领产业升级，以制度创新、技术创新、产品创新满足并创造消费需求，有利于提高发展质量、增进民生福祉、推动经济结构优化升级、激活经济增长内生动力，实现持续健康高效协调发展。只有围绕消费市场的变化趋势进行投资、创新和生产，才能最大限度地提高投资和创新有效性，优化产业结构，提升产业竞争力和附加值，实现更有质量和效益的增长。

第五节 完善社会主义市场经济体制

1992年，党的十四大提出了我国经济体制改革的目标是建立社会主义市场经济体制。经过20多年实践，我国社会主义市场经济体制已经初步建立，但仍存在市场秩序不规范、生产要素市场发展滞后、市场规则不统一、市场竞争不充分等问题，仍然需要不断改革和完善。经济体制改革的核心是处理好政府和市场的关系，要使市场在资源配置中起决定性作用，同时更好发挥政府作用。完善社会主义市场经济体制，是全面深化改革的重要内容，是贯彻新发展理念、建设现代化经济体系的重要任务。

一、深化国有企业改革

国有企业属于全民所有，是公有制经济的重要载体，在关系国家安全和国民经济命脉的主要行业和关键领域占据支配地位，在中国共产党执政和我国社会主义国家政权的经济基础中起支柱作用，是推进国家现代化、保障人民共同利益的重要力量。深化国有企业改革，坚定不移地把国有企业做强做优做大，是坚持和发展中国特色社会主义的必然要求，也是完善社会主义市场经济体制的重要内容。

坚持和完善基本经济制度，是深化国有企业改革必须把握的根本要求。必须毫不动摇巩固和发展公有制经济，毫不动摇鼓励、支持、引导非公有制经济发展。坚持公有制主体地位，发挥国有经济主导作用，积极促进国有资本、集体资本、非公有资本等交叉持股、相互融合，建立现代企业制度，推动各种所有制资本取长补短、相互促进、共同发展。

坚持增强活力和强化监管相结合，是深化国有企业改革必须把握的重要关系。增强活力是搞好国有企业的本质要求，加强监管是搞好国有企业的重要保障，要切实做到两者的有机统一。继续推进简政放权，依法落实企业法人财产权和经营自主权，进一步激发企业活力、创造力和市场竞争力。深化国有企业改革，要有利于国有资产保值增值，有利于提高国有经济竞争力，有利于放大国有资本功能。

坚持和加强党对国有企业的领导，是深化国有企业改革坚持正确方向的根本保证。坚持党的领导，加强党的建设，是我国国有企业的光荣传统，是国有企业的根和魂，是我国国有企业的独特优势。坚持党对国有企业的领导是重大政治原则，必须一以贯之。要贯彻全面从严治党方针，充分发挥企业党组织领导核心和政治核心作用，坚持党组织对国有企业选人用人的领导和把关作用，以企业改革发展成果检验党组织的工作和战斗力。要加强企业领导班子建设，创新基层党建工作，深入开展党风廉政建设，坚持全心全意依靠工人阶级，维护职工合法权益，为国有企业改革发展提供坚强有力的政治保证、组织保证和人才支撑。

新时代深化国有企业改革的主要任务有以下几点：

一是要完善各类国有资产管理体制。建立健全各类国有资产监督法律法规体系，改革国有资本授权经营体制，以管资本为主深化国有资产监管机构职能转变，创新监管方式和手段，深化国有资本投资运营公司综合性改革。

二是要加快国有经济布局优化、结构调整、战略性重组。推动国有经济向关系国家安全、国民经济命脉和国计民生的重要行业和关键领域、重点基础设施集中，推动国有资本形态转换和结构调整，推动国有企业战略性重组。

三是要发展混合所有制经济。积极推进主业处于充分竞争行业和领域的商业类国有企业混合所有制改革，大力推动国有企业改制上市，在取得经验基础上稳妥有序开展国有控股混合所有制企业员工持股，鼓励包括民营企业在内的非国有资本投资主体通过多种方式参与国有企业改制重组，鼓励国有资本以多种方式入股非国有企业，建立健全混合所有制企业治理机制。

四是要形成有效制衡的公司法人治理结构和灵活高效的市场化经营机制。在全面完成公司制改革的基础上积极推进股份制改革，全面推进规范董事会建设，持续深化企业内部各项制度改革。

五是要加强监管，有效防止国有资产流失。以国有资产保值增值、防止流失为目标，加快形成全面覆盖、分工明确、协同配合、制约有力的国有资产监督体系。

六是要培育具有全球竞争力的世界一流企业。支持国有企业深入开展国际化经营，形成一批引领全球行业技术发展、在全球产业发展中具有话语权和影响力的领军企业。

二、激发市场主体活力

市场主体的质量和活力关系到宏观经济整体的质量和活力。激发公有制经济、非公有制经济等各类市场主体活力，平等保护各类市场主体的合法权益，加强对市场主体的服务和监管，维护市场正常秩序、促进市场公平竞争，有利于充分发挥市场在资源配置中的决定性作用，有利于促进经济社会持续健康发展。

转变政府职能，积极简政放权，更好发挥政府作用。转变政府职能的总方向，是创造良好发展环境、提供优质公共服务、维护社会公平正义。要深化行政审批制度改革，推进简政放权，深化权力清单、责任清单管理，同时要强化事中事后监管。要创新政府配置资源特别是公共资源的方式，遵循价值规律，发挥市场机制作用，体现政府配置资源的引导作用，实现政府与市场作用的有效结合，既要“有效的市场”，也要“有为的政府”。

完善产权保护制度，深化产权制度改革。产权制度是社会主义市场经济的基石，保护产权是坚持社会主义基本经济制度的必然要求，经济主体财产权的有效保障和实现是经济社会持续健康发展的基础。健全以公平为核心原则的产权保护制度，公有制经济财产权不可侵犯，非公有制经济财产权同样不可侵犯。加强对各种所有制经济组织和自然人财产权的保护，清理有违公平的法律法规条款。创新适应公有制多种实现形式的产权保护制度，加强对国有及集体资产所有权、经营权和各类企业法人财产权的保护。国家保护各种所有制经济产权和合法利益，保证各种所有制经济依法平等使用生产要素、公开公平公正参与市场竞争、同等受到法律保护，依法监管各种所有制经济。

全面实施市场准入负面清单制度，清理废除妨碍统一市场和公平竞争的各种规定和做法。市场准入负面清单制度是指政府以清单方式明确列出在我国境内禁止和限制投资经营的行业、领域、业务等，各级政府依法采取相应管理措施的一系列制度安排。实行市场准入负面清单制度，是发挥市场在资源配置中决定性作用的重要基础，是更好发挥政府作用的内在要求，也是构建开放型经济新体制的必要措施。

完善主要由市场决定价格的机制，加快要素价格市场化改革，使市场在资源要素配置中起决定性作用。价格机制是市场机制的核心，市场决定价格是市场在资源配置中起决定性作用的关键。凡是能由市场形成价格的都交给市场，政府不进行不当干预。政府定价领域，必须严格规范政府定价行为，坚决管细管好管到位。经营者自主定价领域，要通过健全规则、加强执法来维护市场秩序，保障和促进公平竞争，推进现代市场体系建设。

三、创新和完善宏观调控

科学的宏观调控，有效的政府治理，是发挥社会主义市场经济体制优势的内在要求。创新和完善宏观调控，发挥国家发展规划的战略导向作用，健全财政、货币、产业、区域等经济政策协调机制，是新时代我国宏观调控的新要求。宏观调控工作要坚持稳中求进工作总基调，坚持以新发展理念统领发展，坚持以供给侧结构性改革为主线，适度扩大总需求，紧紧围绕加快建设现代化经济体系，不断创新思路，完善方式方法，为努力实现更高质量、更有效率、更加公平、更可持续的发展发挥作用。

发挥国家发展规划的战略导向作用。国家发展规划是宏观调控的重要载体，集中体现党和国家的战略意图和中长期发展目标，必须举全党全社会之力推进。一是强化规划约束引导。增强国家政策措施的宏观引导、统筹协调功能，提高规划的引领性、指导性和约束性。二是健全规划体系。加强规划统筹管理，构建层次分明、功能清晰、相互协调的发展规划体系，提升规划的系统性。三是创新规划实施机制。在中长期规划纲要中期评估和终结评估的基础上，组织开展年度监测报告，强化国家战略在各个层面的统一落实，确保一张蓝图干到底。

健全宏观调控政策体系。宏观调控的主要任务是保持经济总量平衡，促进重大经济结构协调和生产力布局优化，减缓经济周期波动影响，防范区域性、系统性风险，稳定市场预期，实现经济持续健康发展。一是更好发挥财政政策对平衡发展的积极作用。加快建立现代财政制度，加大财政支出优化整合力度。二是提升政策的适应性和灵活性。深化金融体制改革，增强金融服务实体经济能力，健全金融监管体系。三是优化促进消费转型升级的政策组合。把握消费转型升级的趋势，完善促进消费的体制机制，更好激发消费潜能，增强消费对经济发展的基础性作用。四是强化投融资政策对优化供给结构的关键作用。深化投融资体制改革，发挥好政府资金的撬动作用，推进政银企社结合，扩大有效投资，提高资金使用效率和增量资本产出率。五是精准实施产业政策。围绕构建现代产业体系、推动产业迈向中高端水平，大力实施创新驱动战略。六是创新完善区域政策。以实施“一带一路”建设、京津冀协同发展、长江经济带发展三大战略为引领，持续推进西部开发、东北振兴、中部崛起、东部率先发展四大板块和城乡协调协同发展，深入推进以人为核心的新型城镇化，发挥国家级新区等创新发展龙头的引领示范效应，拓展经济发展新空间。

完善宏观经济政策的协调机制。一是部门层面的协调。强化宏观经济政策统筹，提高政策的协同性，并协同形成调控合力。二是中央和地方层面的协调。中央要搞好顶层设计，充分考虑地方实际，最大限度调动地方积极性；地方层面要强化对宏观经济政策的理解、执行和传导，引导市场主体积极响应和实现宏观政策意图。三是国际层面的沟通协调。以更加宽广的全球视野，积极主动参与国际宏观经济政策沟通协调及国际经济规则调整和构建，防范系统性风险，力争营造良好的外部经济环境。

注重引导市场行为和社会预期。一是加强风险防范和应对处置。强化底线思维，建立安全识别和监测预警体系，重点提高财政、金融、房地产、能源资源、生态环境等方面的风险防控能力，坚决守住不发生系统性区域性风险的底线。二是提升服务监督水平。密切关注新技术、新产业、新业态、新模式发展，主动优化服务、创新监管，明规矩于前、寓严管于中、施重惩于后、存包容于严，为新兴生产力成长开辟更大空间。三是强化社会预期管理。把预期管理作为宏观调控的重要内容，提高政策透明度和可预期性，用稳定的宏观经济政策稳住市场预期，用重大改革举措落地增强发展信心。

第六节　推动形成全面开放新格局

对外开放是我国的基本国策，是推动我国经济社会发展的重要动力。2008 年国际金融危机爆发以来，经济全球化呈现出一系列新形势和新特征，也给我国的对外开放带来了新机遇和新挑战。新形势下，要实施更加主动积极的开放战略，全面提升开放型经济水平，推动形成全面开放新格局。

一、中国开放的大门只会越开越大

世界正处于大发展、大变革、大调整时期，我国经济也正处在转变发展方式、优化经济结构、转换增长动力的攻关期，机遇前所未有，挑战前所未有，机遇大于挑战。面临新形势，中国开放的大门不会关闭，只会越开越大。

坚定不移扩大开放，是实现中华民族繁荣富强的必由之路。开放带来进步，封闭导致落后，这已为我国的发展实践所证明。以开放促改革、促发展，成为我国现代化建设不断取得新成就的重要法宝。当前，我国已经成为世界第二大经济体，跨境投资位居世界前列，对世界经济增长贡献率超过 30%，成为世界经济增长的主要稳定器和动力源。坚持打开国门搞建设，既立足国内，充分运用我国资源、市场、制度等优势，又重视国内国际经济联动效应，积极应对外部环境变化，更好利用两个市场、两种资源，推动互利共赢、共同发展，已经成为中华民族伟大复兴历史进程的必然选择。

坚定不移扩大对外开放，是适应经济全球化新趋势的必然要求。2008 年国际金融危机爆发以来，世界经济复苏之路艰难曲折，全球贸易增速连续多年低于世界经济增速，跨国投资还未完全恢复到危机前水平。以互联网、大数据、人工智能等为代表的新一轮科技革命和产业革命，逐渐成为推动经济增长的新动力。与此同时，在世界经济疲弱的大环境下，发展失衡、治理困境、公平赤字等问题更加突出，“逆全球化”思潮涌动，保护主义倾向上升。在瞬息万变的国际经济形势下，抓住新旧动能转换的关键，推动经济全球化向着更加开放、包容、普惠、平衡、共赢的方向发展，只能一往无前，进一步扩大对外开放水平。

坚定不移扩大开放，是顺应新时代国内改革发展新要求的应有之举。当前，我国经济发展进入新常态，劳动力成本持续攀升，资源约束日益趋紧，环境承载力接近上限，开放型经济传统竞争优势受到削弱，传统发展模式遭遇瓶颈。但同时，我国人力资源丰富、市场规模庞大、基础设施比较完善、产业配套齐全，创新发展的制度环境和政策环境不断完善，开放型经济仍然具备综合竞争优势。在严峻复杂的国内外环境倒逼下，我国加工贸易转型升级，服务贸易持续快速发展，外贸新产品、新业态、新模式不断涌现，企业国际化经营能力明显增强，在国际分工中的地位逐步提升。因势利导、乘势而上，进一步完善开放布局、创新开放体制、提高对外开放水平，才能妥善应对新常态下经济社会发展面临的困难和挑战，既为自身发展赢得更大空间，也为建设开放型世界经济做出积极贡献。

二、推动“一带一路”建设

党的十九大报告指出：“要以‘一带一路’建设为重点，坚持引进来和走出去并重，遵循共商共建共享原则，加强创新能力开放合作，形成陆海内外联动、东西双向互济的开放格局。”①

深刻认识“一带一路”建设的重大意义。首先，“一带一路”建设是我国扩大对外开放的重大举措和经济外交的顶层设计。“一带一路”建设，是将我国发展置于更广阔的国际空间来谋划的主动开放之举，标志着党的开放理论实现了从指导我国开放到推动世界各国共同开放的伟大历史转变。其次，“一带一路”建设是为破解人类发展难题提供的中国智慧和中国方案。“一带一路”致力于缩小发展鸿沟，从根本上化解造成各种冲突和矛盾的根源，致力于破解全球发展难题。再次，“一带一路”建设是探索全球经济治理新模式、构建人类命运共同体的新平台。“一带一路”强调求同存异、兼容并蓄，给予各国平等参与全球事务的权利，推动现有国际秩序、国际规则增量改革，为完善全球经济治理体系提供了新思路新方案。最后，“一带一路”建设是新时代中国特色社会主义的伟大开放实践。“一带一路”倡议提出以来，全球多个国家和国际组织积极支持和参与。实践证明，“一带一路”建设开创了中国特色社会主义伟大新实践，丰富和发展了党治国理政的新理念。

---

① 习近平：《决胜全面建成小康社会　夺取新时代中国特色社会主义伟大胜利——在中国共产党第十九次全国代表大会上的报告》，北京：人民出版社，2017年，第34—35页。

牢牢把握“一带一路”建设的总体方向。首先，以共商、共建、共享为基本原则。共商、共建、共享是“一带一路”建设的重要遵循。新形势下，遵循共商、共建、共享原则，要充分考虑各国差异，共同探讨符合各国国情的合作模式，增强各参与方的获得感，充分调动各方面积极性。其次，以深化“五通”交流合作为关键支撑。政策沟通、设施联通、贸易畅通、资金融通和民心相通是“一带一路”建设的核心内容。最后，以构建全面开放新格局为努力方向。新形势下推进“一带一路”建设，就是要助推内陆沿边地区成为开放前沿，实现开放空间逐步从沿海、沿江向内陆、沿边延伸。要加强“一带一路”建设同京津冀协同发展、长江经济带发展等国家战略的对接，同西部开发、东北振兴、中部崛起、东部率先发展、沿边开发开放的结合，带动形成陆海内外联动、东西双向互济的开放格局。

党的十九大着眼于统筹国内国际两个大局，明确了今后一个时期促进“一带一路”国际合作的重点任务主要有以下几方面：

其一，坚持引进来和走出去并重，深化双向投资合作。新形势下，坚持引进来与走出去并重，就是要进一步挖掘双向投资潜力，促进要素自由流动、资源高效配置和市场深度融合，为发展开放型世界经济注入新动能。

其二，促进基础设施互联互通，突破沿线发展瓶颈。基础设施互联互通是“一带一路”建设的领先领域。要完善基础设施联通网络，协调政策规则标准联通，创新设施联通融资渠道。

其三，加强创新能力开放合作，增强发展新动力。新形势下，加强创新能力开放合作，要推动“一带一路”沿线国家创新资源共享、创新优势互补，共同实现创新引领和驱动发展。

其四，推动开放合作，完善全球治理体系。加强“一带一路”建设，要致力于建设开放型世界经济，推动形成更加公正合理的国际经济秩序。

其五，构筑多层次人文交流平台，促进包容发展。“一带一路”建设是我国为世界搭建的具有广泛包容性的发展合作平台。新形势下，要努力开辟更多合作渠道，推动各国政府、企业、社会机构、民间团体积极参与，共同打造多主体、全方位、跨领域的互利合作新平台。

三、实施高水平对外开放

实施高水平对外开放，既要求开放范围扩大、领域拓宽、层次加深，也要求开放方式创新、布局优化、质量提升。

坚持主动开放，把开放作为发展的内在要求，更加积极主动地扩大对外开放。开放发展的核心是解决内外联动问题，目标是提高对外开放质量、发展更高层次的开放型经济。以开放促改革、促发展、促创新，以对外开放的主动赢得经济发展的主动。主动处理好对外开放和维护经济安全之间的关系，坚持底线思维，注重风险防控和评估，在扩大开放中动态地谋求更高层次的总体安全。

坚持双向开放，把引进来与走出去更好结合起来，拓展经济发展空间。要坚持引进来和走出去并重，更好统筹国际国内两个市场、两种资源、两类规则。在引进来方面，着力提高引资质量，注重吸收国际投资搭载的技术创新能力、先进管理经验，吸引高素质人才。在走出去方面，支持我国企业扩大对外投资，推动装备、技术、标准、服务走出去，提升在全球价值链中的位置。

坚持全面开放，推动形成陆海内外联动、东西双向互济的开放格局。全面开放体现在开放空间上，就是优化区域开放布局，加大西部开放力度，逐步形成沿海内陆沿边分工协作、互动发展的全方位开放新格局。体现在开放举措上，就是推进“一带一路”建设，坚持自主开放与对等开放，加强走出去战略谋划，统筹多、双边和区域开放合作，加快实施自由贸易区战略等。体现在开放内容上，就是大幅度放宽市场准入，进一步放开一般制造业，有序扩大服务业对外开放，扩大金融业双向开放，促进基础设施互联互通。推进全面开放，还要求协同推进战略互信、经贸合作、人文交流。

坚持公平开放，构建公平竞争的内外资发展环境。公平开放要求改变过去依靠土地、税收等优惠政策招商引资的做法，通过加强法治建设，为外资企业提供公平、透明、可预期的市场环境，实现各类企业依法平等使用生产要素、公平参与市场竞争、同等受到法律保护。

坚持共赢开放，推动经济全球化朝着普惠共赢方向发展。中国对外开放，不是要营造自己的后花园，而是要建设各国共享的百花园。中国坚定不移地奉行互利共赢的开放策略，坚定不移地发展全球自由贸易和投资，在开放中推动贸易和投资自由化、便利化，促进形成各国合作共赢的新格局，旗帜鲜明地反对保护主义。

坚持包容开放，探索求同存异、包容共生的国际发展合作新途径。当今世界，开放包容、多元互鉴是主基调。中国的对外开放，秉持的是共商、共建、共享原则，不是封闭的、排他的，而是开放的、包容的；不是中国一家独奏，而是世界各国的合唱。

本章思考题

1. 如何理解建设现代化经济体系的内涵及其重要意义？

2. 为什么要把发展经济的着力点放在实体经济上？

3. 完善社会主义市场经济体制的重点内容是什么？

4. 如何理解“一带一路”建设对推动形成全面开放格局的意义？

【习语摘编】

形成全国统一开放、竞争有序的商品和要素市场。要实施全国统一的市场准入负面清单制度，消除歧视性、隐蔽性的区域市场壁垒，打破行政性垄断，坚决破除地方保护主义。除中央已有明确政策规定之外，全面放宽城市落户条件，完善配套政策，打破阻碍劳动力流动的不合理壁垒，促进人力资源优化配置。要健全市场一体化发展机制，深化区域合作机制，加强区域间基础设施、环保、产业等方面的合作。

——习近平在中央财经委员会第五次会议上的讲话（2019 年 8 月 26 日）

把创新摆在第一位，是因为创新是引领发展的第一动力。发展动力决定发展速度、效能、可持续性。对我国这么大体量的经济体来讲，如果动力问题解决不好，要实现经济持续健康发展和“两个翻番”是难以做到的。当然，协调发展、绿色发展、开放发展、共享发展都有利于增强发展动力，但核心在创新。抓住了创新，就抓住了牵动经济社会发展全局的“牛鼻子”

——习近平在省部级主要领导干部学习贯彻党的十八届五中全会精神专题研讨班上的讲话（2016 年 1 月 18 日）

要把乡村振兴战略这篇大文章做好，必须走城乡融合发展之路。我们一开始就没有提城市化，而是提城镇化，目的就是促进城乡融合。要向改革要动力，加快建立健全城乡融合发展体制机制和政策体系。要健全多元投入保障机制，增加对农业农村基础设施建设投入，加快城乡基础设施互联互通，推动人才、土地、资本等要素在城乡间双向流动。要建立健全城乡基本公共服务均等化的体制机制，推动公共服务向农村延伸、社会事业向农村覆盖。要深化户籍制度改革，强化常住人口基本公共服务，维护进城落户农民的土地承包权、宅基地使用权、集体收益分配权，加快农业转移人口市民化。

——习近平在十九届中央政治局第八次集体学习时的讲话（2018 年 9 月 21 日）

【教学链接】

世界经济开放合作的“中国方案”

2019年6月27日至29日，国家主席习近平应邀赴日本大阪出席二十国集团领导人第十四次峰会。这是一次在国际局势变乱交织的历史关口举行的峰会。国内外舆论高度评价习近平主席此访成果，认为习近平主席致力于凝聚共识、增进理解、推动合作、传递信心，为峰会成功做出重要贡献，为世界和平发展增添稳定预期。

6月27日到29日，两天时间里，习近平主席接连出席20多场活动。行程结束之际，国务委员兼外交部部长王毅向随行记者介绍此访情况。王毅说：习近平主席此访统筹多边和双边、兼顾大国和周边、涵盖发达国家和新兴市场及发展中国家，是中国全方位外交又一次成功实践。

6月29日是此次行程的最后一天。这天，习近平主席应约同美国总统特朗普举行会晤。这场中美元首会晤，备受世界瞩目。

会晤开始，习近平主席提到了中美外交史上“小球转动大球”的一段佳话——48年前发生在日本名古屋的中美“乒乓外交”。

1979年中美建交，40年来，中美双边贸易从不足25亿美元到超过6300亿美元，每天平均1.4万人乘坐航班往返于太平洋两岸……历史和事实证明，中美利益高度交融，合作领域广阔，不应该落入所谓冲突对抗的陷阱。然而，近一段时间以来，由于美方采取一系列单边和保护主义行径，损害了中方的正当合法权益，中方不得不做出必要反制，两国关系的复杂性明显上升。

此次中美元首会晤中，习近平主席总结中美建交40年来的经验启示，指出中美合则两利、斗则俱伤，合作比摩擦好，对话比对抗好，两国利益高度交融、合作领域广阔，应避免落入所谓冲突对抗的陷阱，实现相互促进、共同发展。

关于中美经贸摩擦，习近平主席强调，中美经贸合作的本质是互利双赢，双方的分歧终归要通过平等对话磋商，找到双方都接受的解决办法。特朗普总统对此赞同，表示应妥善处理双方在经贸等领域的分歧，美方不再对中国产品加征新的关税。王毅说，两国元首会晤达成的最重要共识是：双方同意继续推进以协调、合作、稳定为基调的中美关系。双方宣布将在平等和相互尊重基础上重启经贸磋商。这些重要共识向国际社会和全球市场发出积极和正面信号。

当前，单边主义和保护主义持续蔓延，侵蚀各国互信协作，冲击国际规则秩序，拖累全球经济增长。世界比以往任何时候都更需要坚持和倡导多边主义。习近平主席参加G20峰会全体会议期间，秉持多边主义精神，引导对话讨论朝着合作、包容、共赢的方向发展，汇聚多边主义的广泛共识。

封闭还是开放，前进还是倒退，世界应该何去何从？6 月 28 日，习近平主席在二十国集团领导人峰会上，就世界经济形势和贸易问题发表重要讲话。习近平说，要把握发展大势。古往今来，人类从闭塞走向开放、从隔绝走向融合是不可阻挡的时代潮流。我们要以更大的开放拥抱发展机遇，以更好的合作谋求互利共赢，引导经济全球化朝正确方向发展。

习近平主席出席金砖国家领导人会晤、中俄印领导人会晤、中非领导人会晤等“小多边”活动，呼吁各方坚持共商、共建、共享全球治理观，维护以联合国为核心、以国际法为基础的国际体系，维护以世界贸易组织为核心、以规则为基础的多边贸易体制，共同促进多边主义和自由贸易，推动国际关系民主化，建设开放型世界经济，在会场内外得到广泛响应。

6 月 29 日，二十国集团领导人第十四次峰会在日本大阪闭幕。在各方共同努力下，G20 大阪峰会发出支持多边主义的主流声音，为国际形势发展注入稳定性和正能量。倡导和践行多边主义，已成为世界上绝大多数国家的共识和心声。

王毅说，在世界经济前行的十字路口，在国际体系变革的关键阶段，G20 加强政策协调与合作的重要性和迫切性有增无减。习近平主席着眼时代发展要求，倡导各方尊重客观规律，把握发展大势，胸怀共同未来。两天来，习主席出席了峰会四个阶段的全体会议和数字经济的特别会议，发表了一系列的重要讲话，积极引导峰会讨论基调，为峰会的成功做出了重要贡献，引领 G20 合作的正确方向。

二十国集团中既有发达国家，也有发展中国家和新兴经济体，代表性强、国际影响力大，是讨论世贸组织改革的合适平台。习近平主席强调，要维护世贸组织核心价值和基本原则，坚持“特殊与差别待遇”，并以协商一致方式推进，使世贸组织更加有效践行开放市场、促进发展的宗旨。

在大阪峰会期间，习近平主席还介绍了中国发展的前景。习主席强调，当前，中国经济稳中向好。中国将进一步推出若干重大举措，加快形成对外开放新局面，努力实现高质量发展。进一步开放市场；主动扩大进口；持续改善营商环境；全面实施平等待遇；大力推动经贸谈判——这一系列举措，也获得了各方的广泛关注。

结合 G20 峰会有关议题，习近平主席介绍高质量共建“一带一路”理念，欢迎所有感兴趣的合作伙伴共同参与，延续放大了第二届“一带一路”国际合作高峰论坛的积极效应。

在出席 G20 大阪峰会的两天时间里，习近平主席接连出席 20 多场活动，从构建新型国际关系和人类命运共同体的高度，为世界经济和全球治理明确方向，为大国关系和国际合作把脉开方，展现了中国领导人的远见卓识，发挥了负责任大国的作用担当。今年 6 月以来，习近平主席接连四次出访，创造了新中国外交史上的纪录。这四次重要外交活动紧密衔接、协调推进，实现了中国国际影响的再提升、外交总体布局的再完善、战略运筹空间的再拓展。

——中央电视台 2019 年 7 月 1 日《焦点访谈》

第四章　中国特色社会主义文化建设

【教学目标】

通过本章的学习，了解中国特色社会主义文化理论与制度，认识巩固和发展社会主义意识形态工作的重要性，明确培育和践行社会主义核心价值观的基本要求，理解推动中国特色社会主义文化繁荣兴盛的重要意义。

【重难点】

重点：坚持和完善社会主义先进文化制度。

难点：建设具有强大凝聚力和引领力的社会主义意识形态。

文化是一个国家、一个民族的灵魂，是人民的精神家园，也是一个政党的精神旗帜。我们要坚定不移地走中国特色社会主义文化发展道路，坚定文化自信，推动社会主义文化繁荣兴盛，建设社会主义文化强国，为实现中华民族伟大复兴提供精神支撑、智力支持和思想保证。中国共产党在领导中国革命、建设和改革的伟大实践中，坚持从我国的基本国情出发，不断深化对中国特色社会主义文化建设规律的认识，坚定不移地把中国特色社会主义文化建设向前推进，推动了中国特色社会主义文化理论及制度不断完善和发展。

第一节　中国共产党对社会主义文化建设的探索

中国共产党是重视先进文化建设的政党。中国共产党自成立以来，根据不同阶段社会主义革命和建设实践要求，以马克思列宁主义的文化建设思想为指导，对文化建设进行实践探索和理论总结，逐渐形成了中国特色社会主义文化建设理论和制度，丰富和发展了马克思列宁主义。

一、中国特色社会主义文化建设的理论基础

马克思恩格斯的文化建设思想是中国特色社会主义文化建设的理论基础。马克思恩格斯虽然没有一部专门论述文化的著作和文章，但是在他们的许多

著作中都有关于“文明”“思想”“精神生产”等与文化相关的论述，可以说他们关于文化的思想贯穿于马克思主义理论体系形成和发展的始终。马克思恩格斯关于文化的论述主要集中体现在《1844年经济学哲学手稿》《德意志意识形态》《共产党宣言》《〈政治经济学批判〉导言》《人类学笔记》《哥达纲领批判》等著作中。马克思恩格斯关于文化建设的思想主要包括以下方面：

第一，经济是政治、文化的基础，政治、文化又反作用于经济。马克思指出：“政治、法、哲学、宗教、文学、艺术等等的发展是以经济发展为基础的。但是，它们又都互相作用并对经济基础发生作用。”① 马克思强调，政治、经济、文化三个方面之间的关系是相互联系、相辅相成，是一个不可分割的有机整体。

第二，文化也是一种生产力，其过程和产品具有和物质生产不同的特殊性②。马克思恩格斯在对文化深入研究的基础上，提出了精神生产力论。精神生产是人的自由自觉活动的一部分，是社会物质生产的一部分。同时，他们又强调“宗教、家庭、国家、法、道德、科学、艺术等等，都不过是生产的一些特殊的方式，并且受生产的普遍规律的支配”③。在这里，马克思恩格斯指出了文化也是一种生产力，是一种特殊的生产力。

第三，文化发展的最终目的是促进人的自由而全面的发展。马克思主义唯物史观认为历史是人民大众创造的，强调文化发展是以人为中心的，文化是人类本质力量的一种体现，将人作为文化的主体和创造者。马克思指出，“培养社会的人的一切属性，并且把他作为具有尽可能丰富的属性和联系的人，因而具有尽可能广泛需要的人生产出来——把他作为尽可能完整的和全面的社会产品生产出来”④。马克思认为，人民群众是文化的创造主体，实现人的自由而全面的发展是文化发展的根本目标。

列宁关于社会主义文化建设的重要论述成为中国特色社会主义文化建设的直接思想来源。俄国十月革命胜利后，列宁在建设社会主义过程中非常重视文化建设，提出了一系列关于文化建设的论述，形成了自己的文化思想。列宁的文化建设思想是对马克思恩格斯文化思想的继承和发展。列宁关于文化建设的论述主要集中在《论俄国革命》《论资产阶级文化》《论合作制》《宁肯少些，但要好些》等著作中。列宁关于文化建设的思想主要包括以下方面：

---

① 《马克思恩格斯文集》第十卷，北京：人民出版社，2009年，第668页。

② 尹德树：《中国特色社会主义文化观是对马克思主义文化观的历史传承与创新》，《探索》2013年第2期，第113页。

③ 《马克思恩格斯文集》第一卷，北京：人民出版社，2009年，第186页。

④ 《马克思恩格斯选集》第二卷，北京：人民出版社，2012年，第715页。

第一，阐述了文化建设的地位和作用。列宁认为，在进行社会主义政治、经济革命之后必须进行一场文化革命。文化革命的首要任务是扫除文盲。基于当时的俄国存在着较多文盲的情况，列宁认为，文盲无法开展社会主义建设，只有具备一定的文化素质和文化水平的无产阶级才能更好地建设社会主义。

第二，加强党对文化建设的领导。在社会主义文化建设中，列宁十分重视党对社会主义文化建设的领导。他说，俄国的全部历史经验证明，党领导文化“这个事业十分重要，……首先应该公开承认共产党的政治领导”①。同时，列宁认为，加强党对文化建设的领导，要坚持以马克思主义指导文化建设。

第三，注重对无产阶级进行文化教育。列宁“特别关注俄国无产阶级——工人、农民的教育状况和文化水平，因为这是俄国社会民主党和俄国共产党的群众基础和基本的革命力量，也是未来社会主义建设的主力军，他们的文化水平决定着俄国无产阶级革命和社会事业的成败”②。列宁还非常重视对资产阶级旧知识分子的教育改造工作。

二、中国共产党对社会主义文化建设的认识和深化

早在新民主主义革命时期，中国共产党就提出了建设新文化的奋斗目标。毛泽东多次强调要建设民族的、科学的、大众的中华民族的新文化。1940 年，他说：“我们不但要把一个政治上受压迫、经济上受剥削的中国，变为一个政治上自由和经济上繁荣的中国，而且要把一个被旧文化统治因而愚昧落后的中国，变为一个被新文化统治因而文明先进的中国。”③

新中国成立后，在社会主义建设初期的探索中，毛泽东结合我国的具体国情，阐述了社会主义文化建设的指导思想、基本方针、重要地位；在指导思想和领导问题上，确立了马克思主义的核心指导地位，指出中国共产党是坚持马克思主义的、有理想、有组织的政党，应该领导新中国的文化建设事业；在文化建设的方向和方针上，强调要坚持“为人民服务，为社会主义服务”的方向，坚持“百家争鸣，百花齐放”和“古为今用，洋为中用”的宗旨；在文化建设的根本目的上，就是要努力提高中国人民的思想道德素质和科学文化知识。毛泽东还强调，要把社会主义教育放在国家战略的首要位置，

① 《列宁选集》第四卷，北京：人民出版社，2012 年，第 304 页。

② 陈树林：《列宁的文化观及其当代价值》，《马克思主义与现实》2012 年第 6 期，第 47 页。

③ 《毛泽东选集》第二卷，北京：人民出版社，1991 年，第 663 页。

团结、教育和发挥知识分子在社会主义文化建设中的作用，为社会主义文化建设事业服务。由此开辟了社会主义文化发展的道路。

改革开放时期，邓小平根据社会主义建设的实际，深入思考社会主义文化建设问题，初步构建了中国特色社会主义文化建设的基本框架。这一时期，他提出要着力建设社会主义精神文明和发展教育的新思想，为改革开放的文化建设开创了新局面，主要内容有三个方面：第一，充分认识到文化建设在中国特色社会主义现代化建设中的重要地位，强调必须把文化建设放到关系中国特色社会主义事业发展成败的地位来看待；第二，社会主义精神文明是社会主义社会的重要特征，物质文明和精神文明都搞好，才是中国特色的社会主义，因此要高度重视教育和科技在社会主义建设中的重要地位；第三，“坚持‘双百’方针，正确对待传统文化与外来文化；强调文化建设要遵循规律，有步骤、有重点地推进，不断取得文化建设的新成就；尊重文化建设规律，体现文化发展的人民性”①。

进入 20 世纪 90 年代以后，中国共产党审时度势，突出强调了先进文化在建设中国特色社会主义事业中的重要地位和作用。江泽民同志指出：“当今世界，文化与经济和政治相互交融，在综合国力竞争中的地位和作用越来越突出。文化的力量，深深熔铸在民族的生命力、创造力和凝聚力之中。”② 这一时期形成了一些新认识：第一，把始终代表中国先进文化的前进方向作为“三个代表”重要思想的核心内容，强调大力发展社会主义先进文化，必须牢牢把握先进文化的前进方向；第二，建设社会主义精神文明，不断满足人民群众日益增长的精神文化需求，不断丰富人民的精神世界，增强人民的精神力量；第三，发展社会主义先进文化，就是要发展面向现代化、面向世界、面向未来的，民族的科学的大众的社会主义文化；第四，把加强社会主义思想道德建设，作为发展社会主义先进文化的重要内容和中心环节等。

党的十六大以后，中国共产党人不断完善和发展我国社会主义文化建设，提出了符合新时期要求的文化建设理念，改革和完善文化建设制度。党的十七届六中全会提出了“坚持中国特色社会主义文化发展道路，努力建设社会主义文化强国”的战略目标。这一时期形成的文化建设理念的主要内容有：第一，国家富强、民族振兴、人民生活幸福安康，需要强大的文化力量，没有社会主义文化繁荣发展，就没有社会主义现代化；第二，在党的十六届六中全会上首次提出“社会主义核心价值体系”这一命题，强调社会主义核心

---

① 张志芳：《邓小平文化建设思想的现实启迪》，《前进》2013 年第 10 期，第 47 页。

② 《江泽民文选》第三卷，北京：人民出版社，2006 年，第 558 页。

价值体系是兴国之魂，决定着中国特色社会主义发展方向；第三，要树立高度的文化自觉和文化自信，推动社会主义文化大发展大繁荣，提高国家文化软实力，建设世界文化强国；第四，加强和改善党对文化建设的领导；第五，深入推进文化体制改革，推进文化事业和文化产业发展，让人民共享文化发展成果。

党的十八大以来，以习近平同志为核心的党中央高度重视社会主义文化建设，将文化建设的作用提升到国家和民族兴衰的高度。党的十九大报告指出："文化是一个国家、一个民族的灵魂。文化兴国运兴，文化强民族强。没有高度的文化自信，没有文化的繁荣兴盛，就没有中华民族伟大复兴。"① 确立了文化建设在中国特色社会主义建设总体布局中的定位，提出了新时代文化建设的目标、着力点和基本要求，形成了全面系统的社会主义文化建设思想，其内容主要包括：建设具有强大的凝聚力和引领力的社会主义意识形态，牢牢掌握意识形态工作的领导权、管理权、话语权；坚定中国特色社会主义文化自信，推动社会主义文化繁荣兴盛，建设社会主义文化强国；积极培育和践行社会主义核心价值观；加快构建中国特色哲学社会科学；进行无愧于时代的文艺创造；推动中华优秀传统文化创造性转化、创新性发展；提高国家文化软实力。党的十九届四中全会对中国特色社会主义文化制度建设进行了全面系统的设计，这既是对中国共产党成立以来文化制度建设历史经验的总结，又包含着文化制度的创新，是习近平新时代中国特色社会主义思想的有机组成部分。

第二节　中国特色社会主义文化理论与制度

中国特色社会主义文化理论内容丰富，包括文化自信、文化发展、文化的本质，文化发展的目的、文化发展战略、文化发展规律等多方面内容。中国特色社会主义文化制度则包括文化事业的体制机制、文化产业管理体制机制、意识形态工作的体制机制等方面内容。

一、中国特色社会主义文化理论

中国特色社会主义文化理论，是马克思主义文化理论与中国实际相结合

① 习近平：《决胜全面建成小康社会　夺取新时代中国特色社会主义伟大胜利——在中国共产党第十九次全国代表大会上的报告》，北京：人民出版社，2017 年，第 40—41 页。

的产物，体现了对中国特色社会主义文化建设的规律性认识，是中国特色社会主义理论体系的重要内容，是推动社会主义文化繁荣兴盛、建设社会主义文化强国的基本遵循。中国特色社会主义文化理论主要包括以下内容：

一是关于坚定中国特色社会主义文化自信的理论。文化自信是更基础、更广泛、更深厚的自信，是更基本、更深沉、更持久的力量。坚定文化自信是事关国运兴衰、事关文化安全、事关民族精神独立性的大问题。文化自信是建设社会主义文化强国的动力之源。坚定中国特色社会主义道路自信、理论自信、制度自信，最根本的是坚定中国特色社会主义文化自信。站在新的历史方位上，更要坚定中国特色社会主义文化自信，从而为新时代坚持和发展中国特色社会主义、实现中华民族伟大复兴的中国梦注入更为强大的精神动力。

二是关于发展中国特色社会主义文化的理论。发展中国特色社会主义文化，必须坚持以马克思主义为指导，要立足于当代中国的文化发展实际，秉承中国的文化价值理念，坚持中国的文化立场，结合当今时代条件，将坚持马克思主义与传承弘扬中华优秀传统文化、借鉴吸收世界优秀文化成果结合起来，更好地发展面向现代化、面向世界、面向未来的，民族的科学的大众的社会主义文化。文化发展的核心就是满足人的精神需求，而满足文化需求是满足人民日益增长的美好生活需要的重要内容。要坚持为人民服务、为社会主义服务，坚持百花齐放、百家争鸣，坚持创造性转化、创新性发展的基本要求，不断铸就中华文化新辉煌。

三是关于建设社会主义文化强国的理论。当今时代，文化越来越成为民族凝聚力和创造力的重要源泉，成为综合国力竞争的重要因素，成为经济社会发展的重要支撑，丰富的精神文化生活越来越成为人民群众的美好生活需要。推动中国特色社会主义文化繁荣兴盛、建设社会主义文化强国，是新时代坚持和发展中国特色社会主义的题中应有之义。要坚定不移地走中国特色社会主义文化发展道路，坚定文化自信，激发全民族文化创新创造活力，建设社会主义文化强国。

四是关于建设中国特色社会主义文化目的的理论。中国特色社会主义文化必须以满足人民精神文化需求为出发点和落脚点。坚持以人民为本，贴近实际、贴近生活、贴近群众，发挥人民在文化建设中的主体作用，坚持文化发展为了人民、文化发展依靠人民、文化发展成果由人民共享；不断丰富人民的精神世界，更好地适应广大人民日益增长的美好生活需要，使人民基本文化权益保障更充分，文化获得感、幸福感更充实；不断增强人民的精神力量，促进人的全面发展，培育有理想、有道德、有文化、有纪律的社会主义公民，提高全民族的思想道德素质和科学文化素质。

五是关于培育和践行社会主义核心价值观的理论。社会主义核心价值观的基本内容包括富强、民主、文明、和谐，自由、平等、公正、法治，爱国、敬业、诚信、友善。社会主义核心价值观是社会主义核心价值体系的内核，体现了社会主义核心价值体系的根本性质和基本特征，反映了社会主义核心价值体系的丰富内涵和实践要求，是社会主义核心价值体系的高度凝练和集中表达，是当代中国精神的集中体现，也是当代中国特色社会主义的价值表达，体现了社会主义意识形态的本质要求。要强化教育引导、实践养成、制度保障，发挥社会主义核心价值观对国民教育、精神文明创建、精神文化产品创作生产传播的引领作用，把社会主义核心价值观融入国民教育全过程，落实到经济发展实践和社会治理中，转化为人们的情感认同和行为习惯。

六是关于坚持中华优秀传统文化创造性转化、创新性发展的理论。创新创造是文化的生命所在。任何一个国家和民族文化的发展，都离不开继承传统和借鉴外来，更离不开创造性转化和创新性发展。要客观、科学、礼敬地对待中华优秀传统文化，结合新的时代条件和实践要求对其内涵和表现形式加以补充、拓展、完善，赋予其新的时代内涵和现代表达形式，充分展现中华文化的独特魅力和时代价值。要正确处理“守”和“变”、“中”和“外”的关系，做到不忘本来、吸收外来、面向未来，更好地构筑中国精神、中国价值、中国力量。

七是关于提高国家文化软实力的理论。当今世界，文化与经济相互交融，文化软实力的作用渗透到各个方面，成为综合国力的重要组成部分，成为国家核心竞争力的重要因素。中华优秀传统文化是文化软实力的根基，核心价值观是文化软实力的灵魂。要努力展示中华文化独特魅力，加强国际传播能力建设，精心构建对外话语体系，发挥好新兴媒体作用，增强对外话语的创造力、感召力、公信力，讲好中国故事，传播好中国声音，阐释好中国特色。

二、坚持和完善社会主义文化制度

中国特色社会主义文化制度与中国特色社会主义经济制度、政治制度等一起，构成中国特色社会主义制度体系。中国特色社会主义文化制度，是现阶段国家通过宪法和法律等规范社会文化生活，调整以社会意识形态为核心的各种文化生活的基本原则和规则的总和。

2019 年 10 月，党的十九届四中全会通过了《中共中央关于坚持和完善中国特色社会主义制度、推进国家治理体系和治理能力现代化若干重大问题的决定》，从十三个方面提出了我国国家制度和国家治理体系的显著优势，其中

“坚持共同的理想信念、价值理念、道德观念，弘扬中华优秀传统文化、革命文化、社会主义先进文化，促进全体人民在思想上精神上紧紧团结在一起”①，是国家制度和国家治理体系的显著优势之一。同时，“要坚持和完善繁荣发展社会主义先进文化的制度，巩固全体人民团结奋斗的共同思想基础。发展社会主义先进文化、广泛凝聚人民精神力量，是国家治理体系和治理能力现代化的深厚支撑。”② 这为中国特色社会主义文化制度的改革创新和完善发展指明了方向。文化制度是国家制度的重要内容和有机组成部分，从文化制度的层面来看，推进国家治理体系和治理能力现代化，就是要坚持和完善繁荣发展社会主义先进文化的制度。为此，要着重做好以下几方面工作：

一是要坚持马克思主义在意识形态领域指导地位的根本制度。“马克思主义是一套以人民为中心、为绝大多数人谋利益的价值体系，它占领着真理、道义与价值的制高点。以马克思主义为指导，我们的文化制度建设就占据了精神高地，就拥有了强大的真理力量和不竭的价值力量。”③ 要全面贯彻落实习近平新时代中国特色社会主义思想，健全用党的创新理论武装全党、教育人民工作体系，完善党委（党组）理论学习中心组等各层级学习制度，建设和用好网络学习平台。要深入实施马克思主义理论研究和建设工程，把坚持以马克思主义为指导全面落实到思想理论建设、哲学社会科学研究、教育教学各方面。要加强和改进学校思想政治教育，建立全员、全程、全方位育人体制机制。要落实意识形态工作责任制，注意区分政治原则问题、思想认识问题、学术观点问题，旗帜鲜明地反对和抵制各种错误观点。

二是要坚持以社会主义核心价值观引领文化建设制度。社会主义核心价值观是社会主义先进文化的精髓，是实现中华民族伟大复兴中国梦的价值引领。要推动理想信念教育常态化、制度化，弘扬民族精神和时代精神，加强党史、新中国史、改革开放史教育，加强爱国主义、集体主义、社会主义教育，实施公民道德建设工程，推进新时代文明实践中心建设。要坚持依法治国和以德治国相结合，完善弘扬社会主义核心价值观的法律政策体系，把社会主义核心价值观要求融入法治建设和社会治理，体现到国民教育、精神文明创建、文化产品创作生产全过程。此外还要推进中华优秀传统文化传承发展工程；完善青少年理想信念教育齐抓共管机制；健全志愿服务体系；完善

---

① 《党的十九届四中全会〈决定〉学习辅导百问》，北京：党建读物出版社、学习出版社，2017年，第3页。

② 《党的十九届四中全会〈决定〉学习辅导百问》，北京：党建读物出版社、学习出版社，2017年，第17页。

③ 李永胜：《坚持和完善繁荣发展社会主义先进文化的制度》，人民网，2019年11月6日。

诚信建设长效机制，健全覆盖全社会的征信体系，加强失信惩戒。

三是要健全人民文化权益保障制度。习近平总书记指出，要“保证公民的经济、文化、社会等各方面权利得到落实，努力维护最广大人民根本利益，保障人民群众对美好生活的向往和追求”①。因此要坚持以人民为中心的工作导向，完善文化产品创作生产传播的引导激励机制，推出更多群众喜爱的文化精品。要完善城乡公共文化服务体系，优化城乡文化资源配置，推动基层文化惠民工程扩大覆盖面、增强实效性，健全支持开展群众性文化活动机制，鼓励社会力量参与公共文化服务体系建设。

四是要完善坚持正确导向的舆论引导工作机制。坚持党管媒体原则，坚持团结稳定鼓劲、正面宣传为主，唱响主旋律、弘扬正能量。要构建网上网下一体、内宣外宣联动的主流舆论格局，建立以内容建设为根本、先进技术为支撑、创新管理为保障的全媒体传播体系。要改进和创新正面宣传，完善舆论监督制度，健全重大舆情和突发事件舆论引导机制。要建立健全网络综合治理体系，加强和创新互联网内容建设，落实互联网企业信息管理主体责任，全面提高网络治理能力，营造清朗的网络空间。

五是要建立健全把社会效益放在首位、社会效益和经济效益相统一的文化创作生产体制机制。要深化文化体制改革，加快完善遵循社会主义先进文化发展规律、体现社会主义市场经济要求、有利于激发文化创新创造活力的文化管理体制和生产经营机制。要健全现代文化产业体系和市场体系，完善以高质量发展为导向的文化经济政策。要完善文化企业履行社会责任制度，健全引导新型文化业态健康发展机制，完善文化和旅游融合发展体制机制。要加强文艺创作引导，完善倡导讲品位讲格调讲责任、抵制低俗庸俗媚俗的工作机制。

第三节　建设具有强大凝聚力和引领力的社会主义意识形态

意识形态工作是为国家立心、为民族立魂的工作，关系到举什么旗、走什么路、以什么样的精神状态实现我们的历史使命和奋斗目标。党的十八大以来，以习近平同志为核心的党中央高度重视意识形态工作，深刻阐述了意识形态工作的重大理论和现实问题，进一步明确了意识形态工作的地位作用、

① 《习近平谈治国理政》，北京：外文出版社，2014年，第141页。

目标任务、基本要求和主体责任，为建设具有强大凝聚力和引领力的社会主义意识形态指明了方向。

一、加强意识形态工作的重要性

意识形态工作是党的一项极端重要的工作。十一届三中全会以来，我们党在始终坚持以经济建设为中心、集中精力进行经济建设的同时，一刻也没有放松和削弱意识形态工作。要巩固党的群众基础和执政基础，不仅仅是群众物质生活好就可以了，精神上丧失群众基础，最后也要出问题。“历史和现实表明，一个政权的瓦解往往是从思想领域开始的。思想防线被攻破了，其他防线就很难守住。在意识形态斗争上，我们没有任何妥协退让的余地，必须取得全胜”①。2013 年 8 月，习近平总书记在全国宣传思想工作会议上指出：“经济建设是党的中心工作，意识形态工作是党的一项极端重要的工作。”② 2016 年 2 月，习近平总书记在新闻舆论工作座谈会上指出：“做好党的新闻舆论工作，事关旗帜和道路，事关贯彻落实党的理论和路线方针政策，事关顺利推进党和国家各项事业，事关全党全国各族人民凝聚力和向心力，事关党和国家前途命运。”③ 党的十九大报告强调：“牢牢掌握意识形态工作领导权。意识形态决定文化前进方向和发展道路。必须推进马克思主义中国化时代化大众化，建设具有强大凝聚力和引领力的社会主义意识形态，使全体人民在理想信念、价值理念、道德观念上紧紧团结在一起。”④

巩固马克思主义在意识形态领域的指导地位，巩固全党全国各族人民团结奋斗的共同思想基础，是意识形态工作的根本任务。习近平总书记强调，建设具有强大凝聚力和引领力的社会主义意识形态，是全党特别是宣传思想战线必须担负起的一个战略任务。马克思主义是我们立党立国的根本指导思想，在坚持马克思主义指导地位这一根本问题上，必须坚定不移，任何时候任何情况下都不能有丝毫动摇。坚持和巩固马克思主义在意识形态领域的指导地位，必须建设具有强大凝聚力和引领力的社会主义意识形态，使全体人民在理想信念、价值理念、道德观念上紧紧团结在一起，必须毫不动摇地坚持马克思主义，与时俱进发展马克思主义。意识形态工作本质上做的是政治

---

① 《习近平新时代中国特色社会主义思想学习纲要》，北京：学习出版社，人民出版社，2019 年，第 112 页。

② 《习近平谈治国理政》，北京：外文出版社，2018 年，第 153 页。

③ 《习近平谈治国理政》第二卷，北京：外文出版社，2018 年，第 331—332 页。

④ 习近平：《决胜全面建成小康社会　夺取新时代中国特色社会主义伟大胜利——在中国共产党第十九次全国代表大会上的报告》，北京：人民出版社，2017 年，第 41 页。

工作。

意识形态工作，事关党的前途命运、国家长治久安、民族凝聚力和向心力。意识形态决定着文化前进方向和发展道路，对一个政党、一个国家、一个民族的生存发展至关重要。“意识形态问题集中分布在政治领域和文化领域，并且渗透于方方面面。意识形态工作的成败，事关党和国家长治久安。意识形态安全是国家安全体系的有机组成部分，是文化安全的主要内容，并且会从根基上影响社会经济安全和政治安全。”[①] 当前，我国意识形态领域总体保持向上向好态势，但同时也要看到，意识形态领域形势依然复杂、挑战依然严峻，意识形态领域仍不平静，斗争和较量有时十分尖锐。在这样的情况下，只有坚持巩固马克思主义在意识形态领域的指导地位，牢牢把握意识形态工作领导权，不断增强意识形态领域主导权和话语权，坚定“四个自信”，增强党、国家和民族的凝聚力和向心力，才能为实现建设社会主义现代化强国和中华民族伟大复兴提供强大的精神力量。

二、牢牢把握意识形态工作领导权

新时代做好意识形态工作，必须坚持和加强党对意识形态工作的全面领导，把意识形态工作领导权牢牢抓在手里，更好地巩固和发展主流意识形态，不断增强意识形态领域主导权和话语权，不断坚定广大人民群众的道路自信、理论自信、制度自信、文化自信，不断提升党、国家和民族的凝聚力、向心力。

（一）牢牢把握意识形态工作的正确方向

建设社会主义意识形态，立场方向至关重要。如果立场动摇了、方向走偏了，那就会出大问题。要始终绷紧政治这根弦，牢固树立政治意识、大局意识、核心意识、看齐意识，在政治立场、政治方向、政治原则、政治道路上同以习近平同志为核心的党中央保持高度一致，以实际行动维护好习近平总书记核心地位、维护好党中央权威和集中统一领导。新闻舆论工作处在意识形态斗争最前沿，是党的一项重要工作，是治国理政、定国安邦的大事。要旗帜鲜明地坚持党管宣传、党管意识形态、党管媒体，坚持政治家办报、办刊、办台、办新闻网站，在政治方向、舆论导向、价值取向上立场坚定。无论是广播电视、新闻出版单位，还是社科理论、文化艺术单位，无论是传统媒体还是新兴媒体，都要自觉置于党的领导之下，自觉用一把尺子量到底，

① 王海滨：《做好新时代意识形态工作的四个着力点》，《中国党政干部论坛》2019 年第 3 期，第 50 页。

传播好党的声音和主张，决不允许有“特殊成员”和“舆论飞地”。

（二）坚持用习近平新时代中国特色社会主义思想武装全党和人民

习近平新时代中国特色社会主义思想是马克思主义中国化的最新成果，是中国精神的时代精华，是国家政治生活和社会生活的根本指针，为做好意识形态工作提供了根本遵循。掌握意识形态工作领导权，最重要的就在于加强理论武装，必须坚持不懈地推动用习近平新时代中国特色社会主义思想武装头脑、教育人民。按照学懂弄通做实的要求，坚持读原著、学原文、悟原理，深入系统学、及时跟进学，做到学思用贯通、知信行统一。统筹理论学习、宣传、研究工作，深入研究宣传阐释习近平新时代中国特色社会主义思想的时代背景、历史地位、科学体系、丰富内涵、精神实质，不断深化对这一思想的理论品格、思想脉络、实践价值的认识，真正用以指引全党全国各族人民不断前进。

（三）加快构建中国特色哲学社会科学

哲学社会科学是人们认识世界、改造世界的重要工具，是推动历史发展和社会进步的重要力量，具有鲜明的意识形态属性。坚持以马克思主义为指导，是当代中国哲学社会科学区别于其他哲学社会科学的根本标志。坚持马克思主义在我国哲学社会科学领域的指导地位，首先要解决真懂真信的问题，核心要解决好为什么人的问题，最终要落实到怎么用上来。要把研究回答新时代重大理论和现实问题作为主攻方向，按照立足中国、借鉴国外，挖掘历史、把握当代，关怀人类、面向未来的思路，建设具有中国特色、中国风格、中国气派的哲学社会科学，着力体现继承性、民族性，体现原创性、时代性，体现系统性、专业性。深化马克思主义理论研究和建设，加强中国特色新型智库建设，形成有效支撑社会主义意识形态的学科体系、学术体系、话语体系，繁荣中国学术，发展中国理论，传播中国思想。

（四）坚持和加强党对意识形态工作的全面领导

做好意识形态工作，关键在党，关键在党的各级组织。历史和现实表明，一个政权的瓦解往往是从思想领域开始的。思想防线被攻破了，其他防线就很难守住。在意识形态斗争上，我们没有任何妥协退让的余地，必须取得全胜。牢牢掌握意识形态工作领导权，坚持以立为本、立破并举，推进社会主义意识形态建设，使全体人民在理想信念、价值理念、道德观念上紧紧团结在一起。各级党委要切实负起政治责任和领导责任，严格落实意识形态工作责任制。党员干部特别是各级领导干部，要发扬斗争精神，敢抓敢管、敢于亮剑，不做“骑墙派”和“看风派”，不做所谓“开明绅士”，不搞“爱惜羽毛”那一套。要注意区分政治原则问题、思想认识问题、学术观点问题，旗帜鲜明反对和抵制各种错误观点。

（五）严格落实意识形态工作责任制

做好意识形态工作，必须坚持全党动手。要压紧压实做好意识形态工作的政治责任、领导责任，全面落实意识形态工作责任制。要加强阵地建设和管理，认真贯彻主管主办和属地管理原则，切实做到守土有责、守土负责、守土尽责，使各类意识形态阵地始终成为传播先进思想文化的坚强阵地，决不给错误思想观点提供传播渠道。当前，思想舆论领域存在红色、黑色、灰色“三个地带”。红色地带是我们的主阵地，一定要守住，决不能丢了；黑色地带主要是负面的东西，要坚决管控，大大压缩其地盘，逐步推动其改变颜色；灰色地带要大张旗鼓争取，加快使其转化为红色地带，防止其向黑色地带蜕变。要发扬斗争精神，始终站在意识形态斗争第一线，敢抓敢管、敢于亮剑，与否定党的领导、否定中国特色社会主义制度等错误言行做不懈斗争。对违反四项基本原则的，所在地方和单位要切实管起来，决不能让这些人在那里舒舒服服造谣生事、浑水摸鱼、煽风点火、信口雌黄。意识形态领域敏感度高、关注度高，在管理和引导上要注意把握好时度效，掌握好时机、节奏、力度和范围，讲究方式方法。无论处理什么问题，都要有利于坚持和加强党的领导、有利于凝聚党心民心、有利于促进改革发展稳定。

第四节　坚持用社会主义核心价值观凝心聚力

核心价值观是一个民族、一个国家的精神追求，体现着一个社会评判是非曲直的价值标准。在当代中国，我们的民族、我们的国家应该坚守什么样的核心价值观？习近平总书记指出：“一个民族、一个国家的核心价值观必须同这个民族、这个国家的历史文化相契合，同这个民族、这个国家的人民正在进行的奋斗相结合，同这个民族、这个国家需要解决的时代问题相适应。”①

一、社会主义核心价值观的基本内容

（一）社会主义核心价值观的提出过程

中国共产党对社会主义核心价值观的凝练和提出，经历了一个逐步认识

① 《习近平谈治国理政》，北京：外文出版社，2014 年，第 171 页。

和深化的过程。新中国成立以来特别是改革开放以来，中国共产党带领全国各族人民在建设和改革的实践中，建立了经济、政治、文化、社会等方面比较成熟的基本制度，确立了以马克思主义为指导的社会主义意识形态，为社会主义核心价值体系建设奠定了政治前提、物质基础和文化条件。

1978 年党的十一届三中全会召开以来，我们党重新恢复和确立了解放思想、实事求是的思想路线，将马克思主义基本原理与我国的具体实际相结合，先后形成了邓小平理论、“三个代表”重要思想、科学发展观等马克思主义中国化的理论成果，使马克思主义在意识形态领域的指导地位不断巩固。2003 年 12 月，胡锦涛同志在全国宣传思想工作会议上强调，切实做好新形势下的宣传工作，是坚持和巩固马克思主义在意识形态领域的指导地位的需要。2006 年 3 月，我们党提出了“八荣八耻”的社会主义荣辱观，深化了对社会主义道德建设规律的认识。2006 年 10 月，党的十六届六中全会第一次明确提出了“建设社会主义核心价值体系”的重大命题、战略任务。2007 年 10 月，党的十七大进一步提出了社会主义核心价值体系是社会主义意识形态的本质体现。2011 年 10 月，党的十七届六中全会强调，社会主义核心价值体系是兴国之魂，是社会主义先进文化的精髓，决定着中国特色社会主义发展方向。2012 年 11 月，党的十八大上，我们党在对社会主义核心价值体系凝练和概括的基础上，正式提出“倡导富强、民主、文明、和谐，倡导自由、平等、公正、法治，倡导爱国、敬业、诚信、友善”，这是对社会主义核心价值观的最新概括。

2013 年 12 月，中共中央办公厅印发的《关于培育和践行社会主义核心价值观的意见》明确指出，培育和践行社会主义核心价值观，是推进中国特色社会主义伟大事业、实现中华民族伟大复兴中国梦的战略任务。2017 年 10 月，党的十九大报告指出，社会主义核心价值观是当代中国精神的集中体现，凝结着全体人民共同的价值追求。2018 年 3 月，第十三届全国人民代表大会第一次会议通过的《中华人民共和国宪法修正案》，将“国家提倡爱祖国、爱人民、爱劳动、爱科学、爱社会主义的公德”修改为“国家倡导社会主义核心价值观，提倡爱祖国、爱人民、爱劳动、爱科学、爱社会主义的公德”。社会主义核心价值观的提出，鲜明确立了当代中国的价值理念，表明我们党对核心价值观的认识达到一个新的高度，是中国共产党理论创新和思想自觉的又一重大成果。

（二）社会主义核心价值观的基本内容

2012 年 11 月，党的十八大报告提出，要大力加强社会主义核心价值体系建设，倡导富强、民主、文明、和谐，自由、平等、公正、法治，爱国、敬业、诚信、友善，这 24 个字是社会主义核心价值观的基本内容，为培育和践行社会主义核心价值观提供了基本遵循。社会主义核心价值观把涉及国家、社会、公民三个层面的价值要求融为一体，既体现了社会主义的本质要求，继承了中华优秀传统文化，又吸收了世界文明有益成果，体现了时代精神，深入回答了我们要建设什么样的国家、建设什么样的社会、培育什么样的公民的重大问题，生动展现了中国共产党和全国各族人民的价值自信和价值自觉，是当代中国精神的集中体现，凝结着全体人民共同的价值追求。

富强、民主、文明、和谐，这一价值追求回答了我们要建设什么样的国家的重大问题，揭示了当代中国在经济发展、政治文明、文化繁荣、社会进步等方面的价值目标。自由、平等、公正、法治，这一价值追求回答了我们要建设什么样的社会的重大问题，揭示了社会主义社会发展的价值取向。爱国、敬业、诚信、友善，这一价值追求回答了我们要培育什么样的公民的重大问题，涵盖了社会公德、职业道德、家庭美德、个人品德等各个领域，是公民必须恪守的基本道德准则，也是评价公民道德行为选择的基本价值标准。这三个层面，体现了国家层面的价值目标、社会层面的价值取向、公民层面的价值准则，是一个统一的整体。

社会主义核心价值观是在对社会主义核心价值体系凝练和概括的基础上提出来的。社会主义核心价值观是社会主义核心价值体系的高度凝练和集中表达，是社会主义核心价值体系的内核，体现社会主义核心价值体系的根本性质和基本特征，反映社会主义核心价值体系的丰富内涵和实践要求。这四句话是对社会主义核心价值观和社会主义核心价值体系两者关系的一个基本定位。社会主义核心价值观与社会主义核心价值体系具有内在的一致性，二者方向一致，都体现了社会主义意识形态的本质要求，体现了社会主义制度在思想和精神层面的质的规定性，凝结着社会主义先进文化的精髓，是中国特色社会主义道路、理论体系和制度的价值表达，是实现中华民族伟大复兴中国梦的价值引领。“核心价值观与核心价值体系都坚持重在建设，就是要弘扬共同理想、凝聚精神力量、建设道德风尚，都是为了形成全民族奋发向上、团结和睦的精神纽带，使我们的国家、民族、人民在思想和精神上强起来，更好地坚持中国道路、弘扬中国精神、凝聚中国力量。”① 同时，二者各有侧重点，相比于社会主义核心价值体系，社会主义核心价值观具有鲜明的特点：一是更加突出了核心要素；二是更加注重了凝练表达；三是更加强化了实践导向。社会主义核心价值观，确立了当代中国基本的价值理念，言简意赅，

① 刘云山：《着力培育和践行社会主义核心价值观》，《求是》2014 年第 2 期。

通俗易懂，更易于传播，实践性很强，便于遵循和践行。

二、当代中国精神的集中体现

核心价值观是一个国家的重要稳定器。一个民族、一个国家，如果没有共同的核心价值观，就会魂无定所、行无依归，就没有强大的凝聚力和向心力。培育和践行社会主义核心价值观，是有效整合社会意识、凝聚社会价值、聚合磅礴之力的重大举措，是建设社会主义现代化强国和实现中华民族伟大复兴的精神动力。

（一）社会主义核心价值观指引着当代中国发展进步的根本方向

坚持共产主义的远大理想和中国特色社会主义的共同理想是社会主义核心价值观的核心内容，明确了中国发展进步的根本方向。“一个民族、一个国家，必须知道自己是谁，是从哪里来的，要到哪里去，想明白了、想对了，就要坚定不移朝着目标前进。”① 牢固树立社会主义核心价值观，坚定“四个自信”，才能为坚持和发展中国特色社会主义提供价值指引，确保中国特色社会主义沿着正确的方向胜利前进。

（二）社会主义核心价值观是实现中华民族伟大复兴的精神旗帜

当前，中国特色社会主义进入了新时代，我们比历史上任何时期都更接近中华民族伟大复兴的目标，比历史上任何时期都更有信心、更有能力实现这个目标。实现中华民族伟大复兴，是中华民族的最高利益和根本利益。今天，14 亿中国人民的一切奋斗归根到底都是为了实现这一伟大目标。“人类社会发展的历史表明，对一个民族、一个国家来说，最持久、最深层的力量是全社会共同认可的核心价值观。”② 我们要积极培育和践行社会主义核心价值观，弘扬中华民族传统美德，把爱家和爱国统一起来，把实现个人梦、家庭梦融入国家梦、民族梦之中，用 14 亿人民的智慧和力量，汇聚起实现中华民族伟大复兴中国梦的磅礴力量。

（三）社会主义核心价值观是国家文化软实力的灵魂

当今世界，文化在综合国力的竞争中越来越重要，已成为经济社会发展的重要支撑，谁占据了文化发展的制高点，谁就能够在激烈的国际竞争中取胜。“核心价值观是文化软实力的灵魂、文化软实力建设的重点。这是决定文化性质和方向的最深层次要素。一个国家的文化软实力，从根本上说，取决

---

① 《习近平谈治国理政》，北京：外文出版社，2014 年，第 171 页。
② 《习近平谈治国理政》，北京：外文出版社，2014 年，第 168 页。

于其核心价值观的生命力、凝聚力、感召力。培育和弘扬核心价值观，有效整合社会意识，是社会系统得以正常运转、社会秩序得以有效维护的重要途径，也是国家治理体系和治理能力的重要方面。”① 提高国家文化软实力，要努力传播当代中国价值观念，构建具有强大感召力的核心价值观。

（四）社会主义核心价值观是增强民族凝聚力和向心力的精神纽带

核心价值观承载着一个民族、一个国家的精神追求，体现着一个社会评判是非曲直的价值标准。我国是一个有着 14 亿人口、56 个民族的大国，确立反映全国各族人民共同认同的价值观“最大公约数”，使全体人民同心同德、团结奋进，关乎国家前途命运，关乎社会和谐稳定，关乎人民幸福安康。习近平总书记指出：“如果一个民族、一个国家没有共同的核心价值观，莫衷一是，行无依归，那这个民族、这个国家就无法前进。”② 只有建立共同的核心价值观，不断巩固共同的思想政治基础，才会有强大的凝聚力、向心力。培育和践行社会主义核心价值观，能够有效整合社会意识、凝聚社会价值、聚合磅礴之力，汇聚起团结奋斗的强大精神力量。

三、培育和践行社会主义核心价值观

培育和践行社会主义核心价值观，是我们党立足推进中国特色社会主义伟大事业、实现中华民族伟大复兴中国梦的全局做出的重大决策，是凝魂聚气、强基固本的基础工程、战略工程。

（一）着力培养担当民族复兴大任的时代新人

党的十九大报告明确指出：“要以培养担当民族复兴大任的时代新人为着眼点，强化教育引导、实践养成、制度保障，发挥社会主义核心价值观对国民教育、精神文明创建、精神文化产品创作生产传播的引领作用，把社会主义核心价值观融入社会发展各方面，转化为人们的情感认同和行为习惯。”③ 建设什么样的社会、实现什么样的目标，人是决定性因素。社会主义核心价值观建设，说到底是人的思想建设、灵魂建设，聚焦的是造就具有正确世界观、人生观、价值观的建设者。这样的时代新人，应当在有自信、遵道德、讲奉献、重实干、求进取等方面，有新风貌、新姿态、新作为。培养时代新人，要坚持立德树人、以文化人，弘扬民族精神和时代精神，加强爱国主义、

① 《习近平谈治国理政》，北京：外文出版社，2014 年，第 163 页。

② 《习近平谈治国理政》，北京：外文出版社，2014 年，第 168 页。

③ 习近平：《决胜全面建成小康社会　夺取新时代中国特色社会主义伟大胜利——在中国共产党第十九次全国代表大会上的报告》，北京：人民出版社，2017 年，第 42 页。

集体主义、社会主义教育，不断提升人民思想觉悟、道德水准、文明素养和全社会文明程度。要进一步探索把握时代新人的标准和要求，把“培育什么样的价值观”同“培养什么样的人”更加紧密地结合起来，不断深化和拓展社会主义核心价值观建设。

（二）全方位贯穿、深层次融入

任何一种价值观在全社会的确立，都是一个思想教育与社会孕育相互促进的过程，都是一个内化与外化相辅相成的过程。一种价值观要真正发挥作用，必须通过教育引导、舆论宣传、文化熏陶、实践养成、制度保障等，融入社会生活的方方面面。要把社会主义核心价值观更好地贯穿国民教育之中，融入教育教学、校风学风，引领师德建设。把培育和践行社会主义核心价值观作为精神文明创建的根本任务，体现到文明城市、文明村镇、文明单位、文明家庭、文明校园创建活动各个方面。把社会主义核心价值观融入法治国家、法治政府、法治社会建设全过程，贯穿立法、执法、司法、守法各方面。把社会主义核心价值观渗透到精神文化产品创作生产传播各环节，潜移默化地增进人们对社会主义核心价值观的认同和践行。

（三）在落细、落小、落实上下功夫

习近平总书记强调，要“使核心价值观的影响像空气一样无所不在、无时不有”[①]，必须坚持全民行动、干部带头，从家庭做起，从娃娃抓起。高度重视家风建设、学校教育，动员全社会共同参与、共同行动，使之与人们的日常生产生活深度融合，成为全体人民日用而不觉的行为准则。党员干部要发挥示范带动作用，用自己的模范行为和高尚人格感召群众、带动群众。要把家风建设作为重要抓手，运用生活化的场景、日常化的活动、具体化的载体，推动社会主义核心价值观在家庭中生根。要深化未成年人思想道德建设，教育引导广大青少年“扣好人生第一粒扣子”，勤学、修德、明辨、笃实，身体力行社会主义核心价值观。

（四）立足中华优秀传统文化

中华文明绵延数千年，有其独特的价值体系。中华文化源远流长，积淀着中华民族最深层的精神追求，代表着中华民族独特的精神标识，为中华民族生生不息、发展壮大提供了丰厚滋养。中华优秀传统文化已经成为中华民族的基因，植根在中国人内心，潜移默化影响着中国人的思想方式和行为方式。深入挖掘中华优秀传统文化蕴含的思想观念、人文精神、道德规范，结

① 《习近平谈治国理政》，北京：外文出版社，2014年，第165页。

合时代要求继承创新，让中华文化展现出永久魅力和时代风采。培育和践行社会主义核心价值观，就是要利用好中华优秀传统文化蕴含的丰富的思想道德资源，从中汲取丰富营养，否则就不会有生命力和影响力。牢固的核心价值观，都有其固有的根本。抛弃传统、丢掉根本，就等于割断了自己的精神命脉。

四、持续深化社会主义思想道德建设

（一）广泛开展理想信念教育

人民有信仰，国家有力量，民族有希望。理想指引人生方向，信念决定事业成败。没有理想信念，就会导致精神上“缺钙”。实现中华民族伟大复兴是全国各族人民的共同理想，也是青年一代应该牢固树立的远大理想。新时代中国青年是实现中国梦的生力军，要树立对马克思主义的信仰、对中国特色社会主义的信念、对中华民族伟大复兴中国梦的信心。“青年的理想信念关乎国家未来。青年理想远大、信念坚定，是一个国家、一个民族无坚不摧的前进动力。青年志存高远，就能激发奋进潜力，青春岁月就不会像无舵之舟漂泊不定。”① 深化中国特色社会主义和中国梦宣传教育，弘扬民族精神和时代精神，加强爱国主义、集体主义、社会主义教育，引导人们树立正确的历史观、民族观、国家观、文化观，是加强思想道德建设的首要任务。

（二）深入开展爱国主义教育

爱国主义是中华民族的民族心、民族魂，是中华民族最重要的精神财富，是中国人民和中华民族维护民族独立和民族尊严的强大精神动力。90 多年来，在中国共产党领导全国各族人民进行革命、建设、改革的伟大实践中，写下了中华民族伟大爱国精神的辉煌篇章。深入开展爱国主义教育，要坚持用习近平新时代中国特色社会主义思想武装全党、教育人民，深入开展国情教育和形势政策教育，大力弘扬民族精神和时代精神，广泛开展党史、国史、改革开放史教育，传承和弘扬中华优秀传统文化，强化祖国统一和民族团结进步教育，加强国家安全教育和国防教育。要厚植爱国情怀，引导学生把爱国情、强国志、报国行自觉融入坚持和发展中国特色社会主义事业、建设社会主义现代化强国、实现中华民族伟大复兴的奋斗之中。要充分发挥课堂教学的主渠道作用，理直气壮地上好学校思想政治理论课，积极组织推出爱国主义教育精品出版物，广泛组织开展爱国主义教育实践活动，在广大知识分子

① 习近平：《在纪念五四运动 100 周年大会上的讲话》，北京：人民出版社，2019 年，第 6 页。

中弘扬爱国奋斗精神和激发社会各界人士的爱国热情，定期举行集体升国旗、唱国歌仪式，有效利用重大活动、开学典礼、毕业典礼、重大纪念日、主题党团日等契机和重点文化基础设施开展爱国主义教育。

（三）大力实施公民道德建设工程

深入实施公民道德建设工程，要坚持以习近平新时代中国特色社会主义思想为指导，紧紧围绕进行伟大斗争、建设伟大工程、推进伟大事业、实现伟大梦想，着眼构筑中国精神、中国价值、中国力量，促进全体人民在理想信念、价值理念、道德观念上紧密团结在一起。要牢固树立中国特色社会主义共同理想，在全社会大力培育和弘扬社会主义核心价值观，把社会公德、职业道德、家庭美德、个人品德建设作为着力点，持续强化教育引导、实践养成、制度保障。要发挥法治对道德建设的保障和促进作用，把道德导向贯穿法治建设全过程，不断提升公民道德素质，促进人的全面发展，培养和造就担当民族复兴大任的时代新人。

（四）加强和改进思想政治工作

新时代加强和改进思想政治工作，最根本的是坚持和巩固马克思主义在我国意识形态领域的指导地位，坚持用习近平新时代中国特色社会主义思想武装全党、教育人民，巩固全党全国各族人民团结奋斗的共同思想基础。“要把先进性要求与广泛性要求结合起来，把解决思想问题与解决实际问题结合起来，把面上教育引导与个别交流疏导结合起来，切实把工作做到群众的心坎上，注重人文关怀，着力理顺情绪、化解矛盾。深化群众性精神文明创建活动，引导广大群众自觉践行社会主义核心价值观，开展移风易俗、弘扬时代新风行动，抵制腐朽落后文化侵蚀。”①

第五节　推动社会主义文化繁荣兴盛

中国特色社会主义文化发展道路，揭示了我国文化发展规律，是推动社会主义文化繁荣兴盛的唯一正确道路。要大力发展中国特色社会主义文化，加强社会主义精神文明建设，激发全民族文化创新创造活力，建设社会主义文化强国。

① 本书编写组：《中国特色社会主义理论与实践研究（2018 年版）》，北京：高等教育出版社，2018 年，第 139 页。

一、推动中华优秀传统文化创造性转化、创新性发展

中华优秀传统文化是中华民族的“根”和“魂”，是最深厚的文化软实力，是中国特色社会主义植根的沃土，是我们在世界文化激荡中站稳脚跟的根基。党的十八大以来，习近平总书记高度重视中华优秀传统文化，并将其作为治国理政的重要思想文化资源。优秀传统文化是一个国家、一个民族传承和发展的根本，如果丢掉了，就割断了精神命脉。中国共产党从成立之日起，既是中国先进文化的积极引领者和践行者，又是中华优秀传统文化的忠实传承者和弘扬者。中国共产党在领导人民进行革命、建设、改革伟大实践中，自觉肩负起了传承发展中华优秀传统文化的历史责任。

实现中华民族伟大复兴，必须结合新的时代条件传承和弘扬中华优秀传统文化，推动中华优秀传统文化创造性转化、创新性发展。中华优秀传统文化的丰富哲学思想、人文精神、价值理念、道德规范等，蕴藏着解决当代人类面临的难题的重要启示，可以为人们认识和改造世界提供有益启迪，可以为治国理政提供有益启示，也可以为道德建设提供有益启发。

中华民族伟大复兴需要以中华文化发展繁荣为条件，要推动中华优秀传统文化创造性转化、创新性发展，不断增强中华文化的影响力和吸引力，创造中华文化新的辉煌。在人类文明历史长河中，中国人民创造了源远流长、博大精深的优秀传统文化，为中华民族生生不息、发展壮大提供了强大精神支撑。中华优秀传统文化蕴含的人文精神，如求同存异、和而不同的处世方法，文以载道、以文化人的教化思想，形神兼备、情景交融的美学追求，俭约自守、中和泰和的生活理念等，滋养了中华民族独特丰富的文学艺术、科学技术、人文学术，至今仍然具有深刻影响。中华优秀传统文化蕴含的道德规范，如天下兴亡、匹夫有责的担当意识，精忠报国、振兴中华的爱国情怀，崇德向善、见贤思齐的社会风尚，孝悌忠信、礼义廉耻的荣辱观念，体现着评判是非曲直的价值标准，潜移默化地影响着中国人的行为方式。今天，我们传承发展中华优秀传统文化，就是要用蕴含其中的精髓精华滋养当代中国人的精神世界，提振当代中国人的精神力量。

传承和弘扬中华优秀传统文化，要重点做好创造性转化和创新性发展，使之与现实文化相融相通。创造性转化，就是要按照时代特点和要求，对那些至今仍有借鉴价值的内涵和陈旧的表现形式加以改造，赋予其新的时代内涵和现代表达形式，激活其生命力。创新性发展，就是要按照时代的新进步新进展，对中华优秀传统文化的内涵加以补充、拓展、完善，增强其影响力和感召力。讲清楚中华优秀传统文化的历史渊源、发展脉络、基本走向，讲

清楚其独特创造、价值理念、鲜明特色，增强文化自信和价值观自信。深入挖掘和阐发中华优秀传统文化讲仁爱、重民本、守诚信、崇正义、尚和合、求大同的时代价值，使之成为涵养社会主义核心价值观的重要源泉。系统梳理传统文化资源，让收藏在博物馆里的文物、陈列在广阔大地上的遗产、书写在古籍里的文字都活起来。

传承和弘扬中华优秀传统文化，要秉持客观、科学、礼敬的态度，不复古泥古，不简单否定，坚持古为今用、推陈出新，有鉴别地加以对待，有扬弃地予以继承，取其精华、去其糟粕，用中华民族创造的一切精神财富来以文化人、以文育人，实现中华优秀传统文化的创造性转化和创新性发展，让中华文化展现出永久魅力和时代风采。

传承和弘扬中华优秀传统文化，并不意味着故步自封、闭上眼睛不看世界。中华民族是一个兼容并蓄、海纳百川的民族，在漫长历史进程中，不断学习他人的好东西，把他人的好东西转化成自己的东西，这才形成我们的民族特色。文明因多样而交流，因交流而互鉴，因互鉴而发展。对各国人民创造的优秀文明成果，都应该采取学习借鉴的态度，都应该积极吸纳其中的有益成分。要坚持从本国本民族的实际出发，坚持取长补短、择善而从，在不断汲取各种文明养分中丰富和发展中华文化。

二、提升国家文化软实力

“软实力”（Soft Power）的概念是1990年由美国哈佛大学教授小约瑟夫·奈提出来的。他指出：一个国家的综合国力既包括由经济、科技、军事实力等表现出来的硬实力，也包括以文化、意识形态、制度等体现出来的“软实力”。信息时代，软实力正变得比以往更为突出和重要。

文化软实力包括文化的吸引力、制度的吸引力、掌握国际话语权的能力。文化软实力是综合国力的重要组成部分，提高国家文化软实力，不仅关系我国在世界文化格局中的定位，而且关系我国国际地位和国际影响力，关系“两个一百年”奋斗目标和中华民族伟大复兴中国梦的实现。

（一）讲好中国故事

党的十八大以来，习近平总书记反复强调要“讲好中国故事”。讲好中国故事是树立当代中国良好形象、提升国家文化软实力的重要战略任务。近年来，中国特色社会主义实践取得了举世瞩目的伟大成就，国际社会对中国奇迹产生了愈加浓厚的兴趣，渴望破解中国成功的秘诀。同时，国际社会对我们的误解也不少，一些西方媒体仍然在“唱衰”中国。在这样复杂的形势下，尤其需要讲好中国故事，传播好中国声音，向世界展现一个真实的中国、立体的中国、全面的中国。

中国故事怎么讲？根本在于传播理念，以理服人，以情动人，以我为主，融通中外。中国故事最精彩的主题，是讲清楚中国共产党为什么“能”、马克思主义为什么“行”、中国特色社会主义为什么“好”。讲好中国故事，是提高中华文化影响力的基本途径，把中国故事讲得愈来愈精彩，让中国声音愈来愈洪亮。讲好中国故事，要形成同我国综合国力相适应的国际话语权，加强对外话语体系建设，创新对外话语表达方式，打造融通中外的新概念、新范畴、新表述，增强文化传播亲和力，让当代中国形象在世界上不断树立和闪亮起来。

（二）深化文化体制改革

为人民提供丰富的精神食粮、推动文化繁荣发展，动力在改革，出路在改革。要把握文化创作生产传播特点，进一步发挥市场在文化资源配置中的积极作用，推进文化体制机制创新，完善文化管理体制，加快构建把社会效益放在首位、社会效益和经济效益相统一的体制机制，形成有利于创新创造的文化发展环境，调动全社会参与文化发展改革的积极性、主动性、创造性。推动文化事业繁荣发展，以完善公共文化服务体系为重点，创新公共文化服务方式，深入实施文化惠民工程，丰富群众性文化活动，提高基本公共文化服务标准化均等化水平。推动文化产业加快发展，以健全现代文化产业体系和市场体系为重点，促进文化产品和要素在全国范围内合理流动。创新生产经营机制，完善文化经济政策，运用云计算、人工智能、物联网等科技成果，培育新型文化业态。

（三）大力弘扬中国精神

实现中华民族伟大复兴，不仅在物质上要强大起来，在精神上也要强大起来。中国精神就是中国人民在长期奋斗中培育、继承、发展起来的伟大民族精神。弘扬这一精神，就是要始终发扬伟大创造精神、伟大奋斗精神、伟大团结精神、伟大梦想精神，为中国发展和人类文明进步提供强大精神动力。在几千年历史长河中，中国人民始终辛勤劳作、发明创造，始终革故鼎新、自强不息，始终团结一心、同舟共济，始终心怀梦想、不懈追求，推动我国不断向前发展，走在世界前列。在新时代的伟大征程上，只要始终发扬中国精神，振奋起全民族的精气神，就一定能够创造出更加辉煌的人间奇迹，就一定能够创造人民更加美好的生活。

（四）传播中国价值

当代中国价值，就是中国特色社会主义价值观念，代表了中国先进文化的前进方向。我国成功走出了中国特色社会主义道路，实践证明我们的道路、理论、制度、文化是成功的。要加强提炼和阐释，拓展对外传播平台和载体，把当代中国价值贯穿国际交流和传播方方面面。要把中国梦的宣传和阐释与当代中国价值紧密结合起来，从哲理、历史、文化、社会、生活等方面深入阐释中国梦，不要空喊口号，不能庸俗化。要注重从历史层面、国家层面、个人层面、全球层面等方面说清楚、讲明白，使中国梦成为传播当代中国价值的生动载体。

（五）凝聚中国力量

人民是历史的创造者和改革开放事业的实践主体。中国力量就是全国各族人民大团结以及与港澳同胞、台湾同胞、海外侨胞大团结的力量。中国人民坚持解放思想、实事求是，实现解放思想和改革开放相互激荡、观念创新和实践探索相互促进，充分显示了思想引领的强大力量。中国人民勇于自我革命、自我革新，不断完善中国特色社会主义制度，不断革除各方面体制弊端，充分显示了制度保障的强大力量。中国人民敢闯敢试、敢为人先，积极性、主动性、创造性空前高涨，充分显示了14亿人民作为国家主人和真正英雄推动历史前进的强大力量。

（六）努力提高国际话语权

落后就要挨打，贫穷就要挨饿，失语就要挨骂。现在国际舆论格局总体是西强我弱，我们往往有理说不出，或者说了传不开，这表明我国发展优势和综合实力还没有转化为话语优势。要着力推进国际传播能力建设，创新对外宣传方式，用中国理论阐释中国实践，用中国实践升华中国理论，更加鲜明地展现中国思想、提出中国主张。加强对外话语体系建设，研究国外不同受众的习惯和特点，采用融通中外的概念、范畴、表述，把我们想讲的和国外受众想听的结合起来，把“陈情”和“说理”结合起来，把“自己讲”和“别人讲”结合起来，增强对外话语的创造力、感召力、公信力。提高讲好故事的能力，着重讲好中国的故事、中国共产党的故事、中国特色社会主义的故事、中国人民的故事，展示文明大国、东方大国、负责任大国、社会主义大国形象，传播好中国声音，阐释好中国特色。

本章思考题

1. 怎样理解中国特色社会主义文化建设的基本内涵和主要内容？
2. 如何理解坚持和完善繁荣发展社会主义先进文化制度？
3. 结合实际谈谈如何培育和践行社会主义核心价值观？
4. 如何推动社会主义文化繁荣兴盛？

【习语摘编】

没有中华文化繁荣兴盛，就没有中华民族伟大复兴。一个民族的复兴需要强大的物质力量，也需要强大的精神力量。没有先进文化的积极引领，没有人民精神世界的极大丰富，没有民族精神力量的不断增强，一个国家、一个民族不可能屹立于世界民族之林。

——**习近平在文艺工作座谈会上的讲话**（2014年10月15日）

文化自信，是更基础、更广泛、更深厚的自信。在5000多年文明发展中孕育的中华优秀传统文化，在党和人民伟大斗争中孕育的革命文化和社会主义先进文化，积淀着中华民族最深层的精神追求，代表着中华民族独特的精神标识。我们要弘扬社会主义核心价值观，弘扬以爱国主义为核心的民族精神和以改革创新为核心的时代精神，不断增强全党全国各族人民的精神力量。

——**习近平在庆祝中国共产党成立95周年大会上的讲话**（2016年7月1日）

文化是一个国家、一个民族的灵魂。文化兴国运兴，文化强民族强。没有高度的文化自信，没有文化的繁荣兴盛，就没有中华民族伟大复兴。要坚持中国特色社会主义文化发展道路，激发全民族文化创新创造活力，建设社会主义文化强国。

——**习近平在中国共产党第十九次全国代表大会上的报告**（2017年10月18日）

【教学链接】

“国潮”涌起　彰显深层文化自信

“国潮”是中国品牌和时尚消费叠加的产物。2018年“国潮”开启，2019年“国潮”澎湃。在举世瞩目的消费趋势背后是生产体系、消费能力和文化心理的对接、融汇和支撑。归根结底，“国潮”是时尚消费热潮的中国化，某种意义上，构成了对欧美日韩数十年来消费趋势的平衡，其深层是国人文化自信的持续性高涨。

文化是生活方式。任何生活方式最终都要通过一系列吃穿用度的东西体现出来，这当然就和市场的生产体系直接相关。改革开放以来的40多年，国家合理地处理积累和消费的关系，让广大百姓实实在在一步步分享了经济发展带来的实惠和成果，这种消费反过来也大大支持和促进了生产能力的扩大和增强。从谨慎地融入全球化，到主导全球化，中国在经济和生产上的实力和自信，今非昔比。2018年以来，华为总裁任正非，以一个民营公司的力量向世界表明了中国生产和创造实力的非凡成就。华为传奇的背后是整个国家经济的兴旺和壮大。

中国是一个近14亿人口的大国。富起来的14亿人的消费能力，是世界上其他任何市场都没有的独特优势。就时尚消费而言，如今的前沿消费主力已经主要是以“80后”和“90后”为主。这些在改革开放时代成长起来的青年，从出生就沐浴着和平、发展和繁荣的雨露，他们在多样化的消费环境中，秉持着个性化的生活理念，自主地选择生活方式，全面注重生活品质。他们中不少人也曾哈韩、哈日、哈欧美，但是他们的个性化和精致化需求，反过来也刺激了中国品牌在工艺流程、审美水平、创意能力上的提升，这构成了“国潮”崛起的强劲动力。

时尚消费，具有非常明显的价值取向。所有的“国潮”品牌，都具有融合古今、汇通中外的特点，但是它们的基本价值立场都是中国的，是中国传统的当代转化和激活，其中凝聚着中国人的价值追求、审美意识和行事规则。如今，中国的综合国力在世界上处于仅次于美国的地位，中国曲折前进的奋勇开拓，也让年轻人倍感自豪。党的十八大以来，对优秀传统文化的重视，对社会主义核心价值观的弘扬，对文化自信的召唤，都极大地提振了青年人对祖国文化的认同，一曲《我和我的祖国》2019年在大江南北被自发唱响，典型地反映出国人文化自信的澎湃增长。这种自信很自然会转化为消费中的审美和价值依据，“国潮”的崛起，也就有了深厚的文化底气。

——摘自《中国文化报》2019年11月23日

第五章　中国特色社会主义社会建设

【教学目标】

通过本章的学习，了解马克思主义社会建设理论的主要内容及其中国化的历史进程、中国特色社会主义社会建设理论与制度，认识在发展中保障和改善民生的重要意义及主要内容，理解加强和创新社会治理的意义与要求，理解和把握总体国家安全观。

【重难点】

重点：中国特色社会主义社会建设的理论与制度。

难点：坚持和完善共建共治共享的社会治理制度。

中国特色社会主义社会建设是中国特色社会主义现代化建设的重要组成部分。马克思主义关于社会建设的基本原则是中国特色社会主义社会建设的理论基础。中国特色社会主义社会建设是马克思主义社会建设的理论逻辑、中国社会发展的历史逻辑和中国社会建设实践逻辑的辩证统一。中国特色社会主义社会建设要以理论为基础、制度为保障，以维护社会公平正义为目标，以在发展中保障和改善民生为重点，不断加强和创新社会治理、坚持和完善共建共治共享的社会治理制度，坚持总体国家安全观、维护国家安全。

第一节　中国共产党对社会主义社会建设的探索

中国共产党自成立以来，始终在思考和探索社会建设的理论与实践问题。在革命、建设、改革开放、进入新时代以来的不同时期，中国共产党人不断将马克思主义关于社会建设的基本原则与中国社会建设的具体实际相结合，形成了中国化的马克思主义社会建设理论和制度。

一、马克思主义关于社会主义社会建设的基本原则

马克思恩格斯通过对不合理的资本主义社会现实的批判，对形形色色的

社会思潮的斗争，对第一个无产阶级政权的总结，以及对未来社会的构想，提出了关于社会主义社会建设的基本原则，指出了社会建设的价值取向、根本目标和建设条件与途径，成为中国特色社会主义社会建设的理论基础和行动指南。

第一，建立真正平等的社会，实现人的自由全面发展。马克思批判资本主义社会的不平等，认为私有制和阶级存在是不平等的根源，提出了无产阶级的平等观。马克思认为，一个社会的一切成员，都应当有平等的政治地位和社会地位。平等是历史的、具体的，从“各尽所能，按劳分配”的初级平等逐渐过渡到“各尽所能，按需分配”的高级平等。只有废除私有制、消灭阶级、消灭剥削，实现共产主义，才能实现真正的平等。马克思和恩格斯把人的自由而全面发展作为历史的归宿，作为未来社会建设的最高价值标准，揭示了人类社会建设的前进方向和根本目标。恩格斯指出：“我们的目的是要建立社会主义制度，这种制度将给所有的人提供健康而有益的工作，给所有的人提供充裕的物质生活和闲暇时间，给所有的人提供真正的充分的自由。”①

第二，关注民生，注重社会保障建设。民生问题是人类生存与发展的基本问题，是马克思毕生所关注的一个重要问题。马克思认为，满足人的生活需要是人的第一需要，人们在满足了生存需要之后，就开始追求更高层次需求的满足，如教育需要、就业需要、社会保障需要等。社会保障“过去和现在都是一切社会的、政治的和智力的发展的基础”②，社会保障为一切社会所必需，因为社会的物质资料的生产具有风险性和不确定性，需要社会提供后备基金予以保障；未达到劳动年龄的人口，需要社会予以部分生活保障；年老已不能参加生产劳动的人口，更需要社会予以生活保障。

第三，注重协调社会关系，正确处理利益矛盾。马克思主义认为，利益是社会化的需要，是人们通过一定的社会关系表现出来的社会需要。利益在本质上是属于社会关系范畴。社会主体维持自身生存和发展，只有通过对社会劳动产品的占有和享有才能体现；社会主体与社会劳动产品的这种对立统一关系就是利益。利益是一定社会经济关系的表现，是人类一切社会活动的动因，“每一个社会的经济关系首先是作为利益表现出来”③，“人们为之奋斗的一切，都同他们的利益有关”④。社会分工引起了利益矛盾，利益矛盾推动

① 《马克思恩格斯全集》第二十八卷，北京：人民出版社，2018 年，第 652 页。
② 《马克思恩格斯全集》第二十六卷，北京：人民出版社，2014 年，第 203 页。
③ 《马克思恩格斯全集》第十八卷，北京：人民出版社，1964 年，第 307 页。
④ 《马克思恩格斯全集》第一卷，北京：人民出版社，1995 年，第 187 页。

了社会发展。“随着分工的发展也产生了单个人的利益或单个家庭的利益与所有互相交往的个人的共同利益之间的矛盾”①。生产力是社会发展的根本动力，而利益是生产力不断向前发展的内在动因。一切社会都存在利益矛盾，阶级矛盾、阶级斗争实质上是不同利益集团之间的对立，而任何社会变革归根到底都必须调整人们之间的利益关系，以满足人们的利益需要，推动社会发展。

列宁将马克思恩格斯的社会建设理论与俄国实际相结合，丰富和发展了社会主义社会建设思想。列宁主张通过社会建设来培养全面发展的个人，“消灭人与人之间的分工，教育、训练和培养出全面发展的和受到全面训练的人，即会做一切工作的人。”② 列宁特别关注民生问题，重视教育和社会保障建设。列宁提出消灭贫穷以及消灭贫穷的办法，强调要“立即采取一系列的措施，竭力改善工人的生活状况，减轻他们的困苦”③。列宁十分注重发展教育事业，他强调，提高工农群众的文化水平，是保障社会主义在俄国胜利的重要条件。十月革命胜利后，苏维埃政府建立了国家救济人民委员会，后改组为社会保障人民委员会，同时颁布了一系列关于职工患病、失业问题的社会保险法令，到 1922 年底，逐步形成了以国家保险为主、群众积极参与的社会保障制度。这为社会主义国家发展社会保障事业提供了宝贵经验。列宁关于俄国社会主义社会建设思想，对社会主义国家进行社会建设具有重要的指导意义。

二、毛泽东对社会主义社会建设问题的探索

无论是在新民主主义革命时期，还是在社会主义建设时期，毛泽东都高度关注社会建设问题，在马克思主义社会建设理论指导下，在中国社会建设的实践中，形成了其丰富的社会建设思想。

第一，关注社会公平问题。毛泽东的大同思想充分体现了他对社会公平正义的追求：政治上，重视民主，逐步提高人民的国民地位；经济上，废“私”立“公”，按劳取酬；文化教育上，注重教育的权利平等和机会均等。

第二，重视民生问题的解决。毛泽东指出：“一切群众的实际生活问题，都是我们应当注意的问题。”④ 为改变教育和医疗卫生的落后状况，1945 年 4 月，他便提出“应当积极地预防和医治人民的疾病，推广人民的医药卫生事

① 《马克思恩格斯选集》第一卷，北京：人民出版社，2012 年，第 163 页。
② 《列宁选集》第四卷，北京：人民出版社，2012 年，第 159 页。
③ 《列宁全集》第四十一卷，北京：人民出版社，2017 年，第 86 页。
④ 《毛泽东选集》第一卷，北京：人民出版社，1991 年，第 137 页。

业”[①]，并更进一步指出，“所谓扫除文盲，所谓普及教育，所谓大众文艺，所谓国民卫生，离开了三亿六千万农民，岂非大半成了空话?”[②] 明确农民是教育和医疗卫生的主要对象。他还积极探索和筹划社会保障工作。新中国成立后不久，毛泽东强调，“必须认真地进行对于失业工人和失业知识分子的救济工作，有步骤地帮助失业者就业。必须继续认真地进行对于灾民的救济工作”[③]。1952 年，《中华人民共和国劳动保险条例》颁布；同年，国家工作人员公费医疗制度建立；到 1956 年，养老保险范围更是覆盖至国家机关、事业单位、企业职工以及农村孤寡老人。

第三，正确处理社会矛盾，协调社会关系。毛泽东认为，社会主义社会的矛盾主要表现为人民内部矛盾，正确处理人民内部矛盾已成为社会生活的主题。1956 年在《论十大关系》中，毛泽东具体分析了社会主义社会存在的十大关系，指出这十大关系都是矛盾，我们的任务就是要正确处理这些矛盾，并对调动一切积极因素、正确处理十大关系做出了深刻论述。1957 年在《关于正确处理人民内部矛盾的问题》一文中，毛泽东第一次明确提出了社会基本矛盾这一科学概念，提出“在社会主义社会中，基本的矛盾仍然是生产关系和生产力之间的矛盾”[④]。党的八大还提出国内的主要矛盾“已经是人民对于经济文化迅速发展的需要同当前经济文化不能满足人民需要的状况之间的矛盾”[⑤]。毛泽东认为，正是社会主义社会的矛盾运动推动着社会不断向前发展。

总之，毛泽东虽没有提及社会建设概念，但他对社会主义社会建设的根本目的，对社会主义社会建设中如何正确处理人民内部矛盾、协调社会关系、恢复社会秩序、推进公共事业的发展和建立比较完善的社会保障体系，最终建立一个自由、平等、公正、富裕的社会，进行了十分有益的探索。

三、改革开放以来中国共产党对社会建设的探索

邓小平没有使用过社会建设的概念，但在领导中国社会主义改革开放的过程中，对我国转型时期的社会建设进行了诸多实践探索，包含着丰富的社会建设思想。

第一，以实现共同富裕为目标。邓小平指出：“共同致富，我们从改革一

---

① 《毛泽东选集》第三卷，北京：人民出版社，1991 年，第 1083 页。
② 《毛泽东选集》第三卷，北京：人民出版社，1991 年，第 1078 页。
③ 《毛泽东文集》第六卷，北京：人民出版社，1999 年，第 71 页。
④ 《毛泽东文集》第七卷，北京：人民出版社，1999 年，第 214 页。
⑤ 《建国以来重要文献选编》第九册，北京：中央文献出版社，1994 年，第 341 页。

开始就讲，将来总有一天要成为中心课题。社会主义不是少数人富起来、大多数人穷，不是那个样子。社会主义最大的优越性就是共同富裕，这是体现社会主义本质的一个东西。”①

第二，以不断改善民生为重点。邓小平将是否有利于人民富裕幸福，是否有利于提高人民生活水平，作为衡量改革开放成败以及判断社会主义搞得好不好的重要标准。他设计的温饱、小康、中等发达水平的“三步走”战略，是以解决民生问题为核心的。邓小平始终从战略高度看待和认识教育问题，明确提出和确立了教育优先发展的战略地位，并提出了一系列发展教育事业的具体措施，促进了我国教育事业的大发展。邓小平也非常重视就业、医疗、收入分配和社会保障等民生问题的解决。

第三，按照统筹兼顾的原则来调节各种利益的相互关系，正确处理人民内部矛盾，调动人民群众进行社会主义建设的积极性等。

以江泽民同志为核心的第三代中央领导集体，根据新的时代背景，以及中国特色社会主义建设面临的新形势、新任务，积极倡导“效率优先，兼顾公平”，在继续深化改革、扩大开放的同时，进行了大量的社会体制改革和社会建设实践，逐步形成了“建立健全社会保障体系、关注改善民生”等社会建设方面的思想。

以胡锦涛同志为总书记的党中央领导集体，针对我国经济社会发展的新情况、新问题，创造性地提出社会主义和谐社会的战略构想，明确提出社会建设概念，并赋予其与经济、政治和文化建设同等重要的地位。2005 年 2 月，胡锦涛在省部级主要领导干部提高构建社会主义和谐社会能力专题研讨班上的讲话中，首次明确提出包括社会建设在内的中国特色社会主义“四位一体”总布局，进一步丰富和发展了马克思主义社会建设理论。

党的十八大以来，以习近平同志为核心的党中央，面对新时代世情国情党情的新变化，提出了一系列社会建设的思想。习近平强调必须始终把人民利益摆在至高无上的地位，让改革发展成果更多更公平惠及全体人民，不断促进人的全面发展，朝着实现全体人民共同富裕不断迈进；强调在发展中保障和改善民生，加强和创新社会治理、打造共建共治共享的社会治理格局，坚持总体国家安全观、推动全社会形成国家安全的强大合力。习近平社会建设思想与马克思主义社会建设思想一脉相承，是对马克思主义社会建设思想的继承和发展，是马克思主义社会建设思想的理论逻辑、中国社会发展的历史逻辑和中国特色社会主义社会建设实践逻辑的辩证统一，从实现中华民族

① 《邓小平文选》第三卷，北京：人民出版社，1993 年，第 364 页。

伟大复兴中国梦的高度将中国特色社会主义社会建设理论提升到一个新境界，是马克思主义社会建设理论中国化的最新成果。

第二节 中国特色社会主义社会建设理论与制度

加强社会建设是建设中国特色社会主义事业的一项重大任务。在长期实践中，我国逐步形成和发展了中国特色社会主义社会建设理论和制度。特别是党的十八大以来，以习近平同志为核心的党中央，深刻把握人民群众日益增长的美好生活需要，提出了一系列具有原创性的社会建设理论，加强和创新社会治理体制机制，中国特色社会主义社会治理和社会管理制度更加健全。

一、中国特色社会主义社会建设理论

中国特色社会主义社会建设理论是在继承和发展马克思主义经典作家关于社会建设理论的基础上，总结中国共产党几代中央领导集体带领中国人民进行社会主义社会建设的理论和实践经验，并结合 21 世纪中国特色社会主义社会建设的实际而形成发展起来的，是对在当代中国“建设什么样的社会、怎样建设这个社会”的思考与回答，其内涵十分丰富，涉及社会建设各个领域，涵盖社会建设各个方面。

第一，关于建设社会文明、促进社会和谐的理论。社会文明是社会主义社会建设的重要目标和特征，全面提高社会文明水平是国家发展的需要，是人民的共同期盼。社会和谐是中国特色社会主义的本质属性，是党不断追求的社会理想。构建社会主义和谐社会，是党根据当今时代社会实践发展的新要求和人民群众生产生活的新需要而提出的建设中国特色社会主义的新战略、新举措；要按照民主法治、公平正义、诚信友爱、充满活力、安定有序、人与自然和谐相处的总要求，把社会建设同社会主义经济建设、政治建设、文化建设和生态文明建设一起，作为中国特色社会主义事业总体布局的重要组成部分统一部署、整体推进。

第二，关于在发展中保障和改善民生的理论。保障和改善民生是社会建设的重点。增进民生福祉是党立党为公、执政为民的根本要求，是发展的根本目的。社会主义民生事业是实现最广大人民群众根本利益的事业，发展社会主义民生事业，要始终站在最广大人民的立场上，着力解决好就业、教育、医疗、居住、养老等人民最关心、最直接、最现实的利益问题，最大限度地激发全社会的创造活力，在幼有所育、学有所教、劳有所得、病有所医、老

有所养、住有所居、弱有所扶上不断取得新进展，不断满足人民日益增长的美好生活需要。

第三，关于促进社会公平正义的理论。在发展基础上，实现和维护社会公平正义，是马克思主义的基本立场和基本观点，是中国特色社会主义的内在要求。社会公平正义，就是社会各方面的利益关系得到妥善协调，人民内部矛盾和其他社会矛盾得到正确处理，人民的合法权益得到切实维护和实现。社会公平正义的核心是权利公平、机会公平和规则公平，其中权利公平是基础，机会公平是前提，规则公平是保障，三者相辅相成，构成一个完整的现代社会公平正义体系。实现社会公平正义，要在全体人民共同奋斗、经济社会发展的基础上，逐步建立以权利公平、机会公平、规则公平为主要内容的社会法律和制度体系，努力营造公平的社会环境，保证人民平等参与、平等发展的权利。

第四，关于精准扶贫的理论。消除贫困，改善民生，逐步实现共同富裕，是社会主义的本质要求。贫困人口脱贫是全面建成小康社会的底线任务和标志性指标。扶贫贵在精准、重在精准，成败之举在于精准。精准扶贫就是根据贫困原因有针对性地制定方案，对不同原因不同类型的贫困采取不同措施，因人因户因村施策，精确识别、精准帮扶、精确管理，做到扶持对象精准、脱贫成效精准、资金使用精准、措施到户精准、因村派人精准、脱贫成效精准，确保各项政策好处落到扶贫对象身上。

第五，关于加强和创新社会治理的理论。坚持和完善共建共治共享的社会治理制度是社会建设的重要内容。创新社会治理，就是要实现从社会管理到社会治理的观念转变，从单一社会管理主体向多元社会治理主体转变，从简单行政命令管理方式向多元、民主、协调治理方式转变。要加强社会治理的法律法规、体制机制等建设，着力推进社会治理社会化、法治化、智能化、专业化，维护社会秩序、促进社会和谐、保障人民安居乐业，为党和国家事业发展营造良好的社会环境。

第六，关于坚持总体国家安全观的理论。国家安全是改革发展的前提。坚持总体国家安全观，必须坚持国家利益至上，以人民安全为宗旨，以政治安全为根本，统筹外部安全和内部安全、国土安全和国民安全、传统安全和非传统安全、自身安全和共同安全，完善国家安全体制体系，加强国家安全能力建设，坚决维护国家主权、安全、发展利益。走中国特色国家安全道路，为实现中华民族伟大复兴的中国梦提供坚实的安全保障。

二、中国特色社会主义社会制度

这里的社会制度是指与国家经济、政治、文化、生态文明等相对应的社会领域的制度。中国特色社会主义社会建设在实践中形成了教育制度、劳动就业制度、基本医疗卫生制度、社会保障制度、社会治理制度等一系列制度，为实现构建社会主义和谐社会总体目标提供了制度保障。

一是教育制度。教育制度是为规范各类教育机构与组织体系及其运行而制定的各种规则和原则的总和，具有传承文明和传播先进文化、推进社会主义民主政治建设、促进经济科学发展、培养人才、推动自主创新等功能。

二是劳动就业制度。劳动就业制度是为调整劳动和就业社会关系而制定的各种规则和原则的总和，具有个体自由保护、个体价值实现和社会安全保障等功能，对于维护社会稳定、促进社会和谐具有重要作用。

三是基本医疗卫生制度。基本医疗卫生制度是为规范医疗卫生行为而制定的规则和原则的总和，涵盖医疗保障、医疗服务、公共卫生、药品供应、监管体制等方面。我国基本医疗卫生制度的目标是人人享有基本医疗卫生服务。基本医疗卫生制度必须遵循公益性、公平性和可及性原则。

四是社会保障制度。社会保障制度是为保障全体社会成员的基本生存与生活需要而制定的有关社会福利、社会保险、社会救助、社会优抚和社会安置等一系列规则和原则的总称。社会保障制度对保障公民基本生活需要、增进全体社会成员的物质福利、促进社会和谐稳定具有重要作用。

五是社会治理制度。社会治理制度是为维护人民群众权益、协调利益矛盾、促进社会公平正义、保持社会良好秩序而制定的关于社会治理的各种规则和原则的总和。要建立健全与中国特色社会主义经济、政治、文化、社会和生态文明要求相适应的新型社会治理制度体系，形成社会治理和服务的合力。

第三节　在发展中保障和改善民生

随着中国特色社会主义进入新时代，我国社会主要矛盾已转化为人民日益增长的美好生活需要和不平衡不充分的发展之间的矛盾，这对做好民生工作提出了新要求。在发展中保障和改善民生，是党始终不渝的奋斗目标，是社会建设的重点，也是加强社会建设的基本着力点。

一、在发展中保障和改善民生

民生主要是指人民的基本生存和生活状态，以及人民的基本发展机会、基本发展能力和基本权益保护状况等，具体涉及劳动就业、社会福利、义务教育、医疗保障、基本住房、最低生活保障、社会救助等方面的内容。

（一）增进民生福祉是发展的根本目的

增进人民福祉、促进人的全面发展是我们党立党为公、执政为民的本质要求。人民群众是历史的创造者，全心全意为人民服务是中国共产党的根本宗旨。党的十八大以来，以习近平同志为核心的党中央坚持以人民为中心的发展思想，坚持发展为了人民、发展依靠人民、发展成果由人民共享，把增进人民福祉、促进人的全面发展作为一切工作的出发点和落脚点，着力解决人民最关心、最直接、最现实的利益问题，不断满足人民日益增长的美好生活需要。如果我们的发展忽视民生问题的改善，忽视人民群众的期盼，不能真正实现好、维护好、发展好人民的根本利益，这样的发展既没有意义，也难以为继。

抓民生也是抓发展。经济发展是改善民生的前提和基础。只有经济发展，改善民生才有坚实的物质基础；离开经济发展谈改善民生是无源之水、无本之木。改善民生既是经济发展的目的，又是经济发展的推动力。民生是做好经济社会发展工作的"指针"，持续不断改善民生，既能有效解除群众后顾之忧，调动人们发展生产的积极性，又能释放居民消费潜力，拉动内需，催生新的经济增长点，为经济发展、转型升级提供强大内生动力。因此，既要通过发展经济，为持续改善民生奠定坚实物质基础，又要通过持续不断改善民生，为经济发展创造更多有效需求，实现改善民生与经济发展的良性循环，民生改善才会拥有源源不断的动力，整个社会才能真正实现持续稳定发展。

改善民生要从实际出发，量力而行。习近平在党的十九大报告中指出："保障和改善民生要抓住人民最关心最直接最现实的利益问题，既尽力而为，又量力而行，一件事情接着一件事情办，一年接着一年干。"① 人民对美好生活的期待不断提升，对美好生活的需求也呈多样化、多层次、多方面的特点，而我国仍处于并将长期处于社会主义初级阶段，改善民生不能脱离中国国情这个最大的实际，要根据经济发展和财力状况逐步提高人民生活水平，政府主要是保基本，不做过多过高的承诺，引导和鼓励广大群众通过勤劳致富改善生活。坚持人人尽责、人人享有、坚守底线、突出重点、完善制度、引导预期，完善公共服务体系，保障群众基本生活，不断满足人民日益增长的美好生活需要。一些国家的教训表明，过度福利化、过度承诺，结果导致效率

---

① 习近平：《决胜全面建成小康社会　夺取新时代中国特色社会主义伟大胜利——在中国共产党第十九次全国代表大会上的报告》，北京：人民出版社，2017 年，第 45 页。

低下、增长停滞、通货膨胀。因此，要坚持从实际出发，将收入提高建立在劳动生产率提高的基础上，将福利水平提高建立在经济和财力可持续增长的基础上，走可持续民生改善之路。

（二）坚持和完善统筹城乡的民生保障制度，满足人民日益增长的美好生活需要

党的十九届四中全会明确指出：“增进人民福祉、促进人的全面发展是我们党立党为公、执政为民的本质要求。必须健全幼有所育、学有所教、劳有所得、病有所医、老有所养、住有所居、弱有所扶等方面国家基本公共服务制度体系，注重加强普惠性、基础性、兜底性民生建设，保障群众基本生活。”① 这清楚地表明了当前保障和改善民生的主要内容。

一是健全有利于更充分更高质量就业的促进机制。坚持就业是民生之本，实施就业优先政策，创造更多就业岗位。健全公共就业服务和终身职业技能培训制度，完善重点群体就业支持体系。建立促进创业带动就业、多渠道灵活就业机制，对就业困难人员实行托底帮扶。坚决防止和纠正就业歧视，营造公平就业制度环境。健全劳动关系协调机制，构建和谐劳动关系，促进广大劳动者实现体面劳动、全面发展。

二是构建服务全民终身学习的教育体系。全面贯彻党的教育方针，坚持教育优先发展，聚焦办好人民满意的教育，完善立德树人体制机制，深化教育领域综合改革，加强师德师风建设，培养德智体美劳全面发展的社会主义事业建设者和接班人。推动城乡义务教育一体化发展，健全学前教育、特殊教育和普及高中阶段教育保障机制，完善职业技术教育、高等教育、继续教育统筹协调发展机制。支持和规范民办教育、合作办学。构建覆盖城乡的家庭教育指导服务体系。发挥网络教育和人工智能优势，创新教育和学习方式，加快发展面向每个人、适合每个人、更加开放灵活的教育体系，建设学习型社会。

三是完善覆盖全民的社会保障体系。坚持应保尽保原则，健全统筹城乡、可持续的基本养老保险制度、基本医疗保险制度，稳步提高保障水平。加快建立基本养老保险全国统筹制度。加快落实社保转移接续、异地就医结算制度，规范社保基金管理，发展商业保险。统筹完善社会救助、社会福利、慈善事业、优抚安置等制度。健全退役军人工作体系和保障制度。坚持和完善促进男女平等、妇女全面发展的制度机制。完善农村留守儿童和妇女、老年人关爱服务体系，健全残疾人帮扶制度。坚决打赢脱贫攻坚战，巩固脱贫攻

① 《中共十九届四中全会在京举行》，《人民日报》2019 年 11 月 1 日。

坚成果，建立解决相对贫困的长效机制。加快建立多主体供给、多渠道保障、租购并举的住房制度。

四是强化提高人民健康水平的制度保障。坚持关注生命全周期、健康全过程，完善国民健康政策，让广大人民群众享有公平可及、系统连续的健康服务。深化医药卫生体制改革，健全基本医疗卫生制度，提高公共卫生服务、医疗服务、医疗保障、药品供应保障水平。加快现代医院管理制度改革。坚持以基层为重点、预防为主、防治结合、中西医并重。加强公共卫生防疫和重大传染病防控，健全重特大疾病医疗保险和救助制度。优化生育政策，提高人口质量。积极应对人口老龄化，加快建设居家社区机构相协调、医养康养相结合的养老服务体系。聚焦增强人民体质，健全促进全民健身制度性举措。

（三）坚决打赢脱贫攻坚战

打赢脱贫攻坚战，是保障和改善民生的头等大事，是第一民生工程。到2020年，现行标准下的全部农村人口必须全部脱贫，是党中央向全国人民做出的郑重承诺。党的十八大以来，以习近平同志为核心的党中央将脱贫攻坚摆到治国理政的突出位置，实施精准扶贫、精确扶贫，加大扶贫投入，创新扶贫方式，脱贫攻坚战取得决定性成就。脱贫攻坚目标任务接近完成，贫困人口从2012年年底的9899万人减到2019年年底的551万人，贫困发生率由10.2%降至0.6%，区域性整体贫困基本得到解决。“今年脱贫攻坚任务完成后，我国将有1亿左右贫困人口实现脱贫，提前10年实现联合国2030年可持续发展议程的减贫目标”①。我们成功走出了一条中国特色的扶贫开发道路，形成了中国特色脱贫攻坚制度体系，彰显了中国共产党领导和我国社会主义制度的政治优势。但同时，我们应清醒地认识到，2020年是脱贫攻坚战最后一年，剩余脱贫攻坚任务艰巨，新冠肺炎疫情带来新的挑战，巩固脱贫成果难度很大，部分贫困群众发展的内生动力不足。因此，必须以更大的决心、更明确的思路、更精准的举措，推进脱贫攻坚工作向纵深发展，才能确保如期完成脱贫攻坚目标任务。

一是坚持精准扶贫、精准脱贫。要找准“贫根”、明确靶向、量身定做、对症下药，真正扶到点上、扶到根上。要因地制宜探索多渠道、多样化的精准扶贫、精准脱贫路径，扎实做好产业扶贫、易地扶贫搬迁、就业扶贫、危房改造、教育扶贫、健康扶贫、生态扶贫等重点工作。实施发展生产脱贫，

① 习近平：《在决战决胜脱贫攻坚座谈会上的讲话》，北京：人民出版社，2020年，第6页。

支持贫困群众立足各地资源条件，发展适宜特色产业，宜农则农、宜林则林、宜商则商、宜游则游。引导劳务输出脱贫，加强技能培训，提高培训的针对性和有效性，提高贫困群众就业能力。拓展贫困地区劳动力外出就业空间，建立和完善输出地和输入地劳务对接机制。实施易地搬迁脱贫，因地制宜选择搬迁安置方式，合理确定住房建设标准，完善搬迁后续扶持政策，确保搬迁对象有业可就、稳定脱贫，做到搬得出、稳得住、能致富。结合生态保护脱贫，创新生态资金使用方式，利用生态补偿和生态保护工程资金使当地有劳动能力的部分贫困人口转为护林员等生态保护人员。完善森林、草原、湿地、水土保持等生态补偿制度，提高补偿标准，让贫困群众从生态保护修复中多得实惠。实行农村最低生活保障制度兜底脱贫，完善政策设计，做好农村低保对象的核实排查，尽快实现农村低保制度和扶贫开发政策的有效衔接。资产收益扶贫，强化监督管理，建立健全收益分配机制，确保资产收益及时回馈持股贫困户。开展医疗保险和医疗救助脱贫，实施好健康扶贫工程，保障贫困人口享有基本医疗卫生服务，切实减轻建档立卡贫困人口个人医疗费用负担，努力防止因病致贫、因病返贫。

二是注重扶贫同扶志、扶智相结合。志和智就是内力、内因。没有内在动力，仅靠外部帮扶，帮扶再多，也不能从根本上解决问题。脱贫致富要靠贫困群众用自己的辛勤劳动来实现。在脱贫攻坚中，要注重调动贫困群众的积极性、主动性、创造性，注重激发贫困地区和贫困群众脱贫致富的内在动力，注重培养贫困群众发展生产和务工经商的基本技能，注重提高贫困地区和贫困群众自我发展能力，重视从思想上拔穷根，引导他们形成艰苦奋斗、自强自立、苦干实干的精神状态，消除精神贫困。教育是阻断贫困代际传递的治本之策。要采取更加有力的措施，加快实施教育扶贫工程，让贫困家庭子女都能享有公平而有质量的教育。国家教育经费继续向贫困地区倾斜、向基础教育倾斜、向职业教育倾斜。继续改善贫困地区办学条件，加大支持乡村教师队伍建设力度。对农村贫困家庭儿童特别是留守儿童给予特殊关爱。

三是坚持大扶贫格局。坚持专项扶贫、行业扶贫、社会扶贫互为补充的“三位一体”大扶贫格局。脱贫攻坚是全社会的共同义务，要构建政府、市场、社会协同推进的大扶贫格局。进一步做好东西部扶贫协作和对口支援工作。东部地区根据财力增长情况，逐步增加对口帮扶财政投入，要把帮扶资金和项目重点向贫困村、贫困群众倾斜。完善省际结对关系，实施好“携手奔小康”行动，着力推动县与县精准对接。推进东部产业向西部梯度转移，加大产业带动扶贫工作力度。进一步加强和改进定点扶贫工作，建立考核评价机制，鼓励支持民营企业、社会组织、个人参与扶贫开发，着力打造扶贫公益品牌，表彰对扶贫开发做出杰出贡献的组织和个人，激励社会各界更加关注、支持和参与脱贫攻坚。

四是坚持脱贫攻坚责任制。完善中央统筹、省负总责、市县抓落实的工作机制，强化党政一把手负总责的责任制，强化脱贫攻坚责任考核。要结合脱贫攻坚责任进展和考核情况，改进完善考核评估机制，通过较真碰硬的考核，促进真抓实干，确保脱贫工作务实，脱贫过程扎实，脱贫结果真实，让脱贫成效真正获得群众认可、经得起实践和历史检验。进一步加强脱贫攻坚督查巡查，推动政策举措落地。要认真开展扶贫领域腐败和作风问题专项治理，加强扶贫资金管理，对挪用、贪污扶贫款项的行为严惩不贷。充分发挥人大代表、政协委员、民主党派、纪检监察、审计、检察、媒体、社会等各类监督渠道的作用，以监督促扶贫工作进步。进一步强化扶贫资金项目监管，推进财政涉农资金在扶贫领域统筹整合使用，提高资金整合效率和使用效益。

五是坚持落实分区分级精准防控策略，努力克服疫情影响。疫情严重的地区，在重点搞好疫情防控的同时，可以创新工作方式，统筹推进疫情防控和脱贫攻坚。没有疫情或疫情较轻的地区，要集中精力加快推进脱贫攻坚。要优先支持贫困劳动力务工就业，在企业复工复产、重大项目开工、物流体系建设等方面优先组织和使用贫困劳动力，鼓励企业更多招用贫困地区特别是建档立卡贫困家庭人员，通过东西部扶贫协作“点对点”帮助贫困劳动力尽快有序返岗。要分类施策，对没有疫情的地区要加大务工人员送接工作力度。要切实解决扶贫农畜牧产品滞销问题，组织好产销对接，开展消费扶贫行动，利用互联网拓宽销售渠道，多渠道解决农产品难卖问题。要支持扶贫产业恢复生产，做好农资供应等春耕备耕工作，用好产业帮扶资金和扶贫小额信贷政策，促进扶贫产业持续发展。要加快扶贫项目开工复工，易地搬迁配套设施建设、住房和饮水安全扫尾工程任务 2020 年上半年都要完成。要做好对因疫致贫返贫人口的帮扶，及时落实好兜底保障等帮扶措施，确保他们基本生活不受影响。

此外，还要多措并举巩固扶贫成果；保持脱贫攻坚政策稳定；严格考核开展普查，严把退出关，坚决杜绝数字脱贫、虚假脱贫；要接续推进全面脱贫与乡村振兴有效衔接，推动减贫战略和工作体系平稳转型，统筹纳入乡村振兴战略，建立长短结合、标本兼治的体制机制。

二、促进社会公平正义

公平正义是中国特色社会主义的内在要求，实现公平正义是党的一贯主张。

改革开放以来，我国经济社会发展取得巨大成就，为促进社会公平正义提供了坚实的物质基础和有利条件。同时，在我国现有发展水平上，社会还存在大量有违公平正义的现象。特别是随着我国经济发展水平和人民生活水平的不断提高，人民群众的公平意识、民主意识、权利意识不断增强，对社会不公问题反应越来越强烈。新时代坚持和发展中国特色社会主义，必须在全体人民共同奋斗、经济社会发展的基础上，通过制度安排，依法保障人民权益，逐步建立社会公平保障体系，努力营造公平的社会环境，保障人民平等参与、平等发展的权利，使人民获得感、幸福感、安全感更加充实、更有保障、更可持续。

实现社会公平正义是由多种因素决定的，最主要的是经济社会发展水平。在不同发展水平，不同历史时期，不同思想认识、不同阶层的人，对社会公平正义的认识和诉求也会不同。中国共产党讲促进社会公平正义，就要从最广大人民根本利益出发，多从社会发展水平、社会大局、全体人民的角度看待和处理这个问题。我国现阶段存在的有违公平正义的现象，许多是发展中的问题，是能够通过不断发展，通过制度安排、法律规范、政策支持加以解决的。我们必须紧紧抓住经济建设这个中心，推动经济持续健康发展，进一步把“蛋糕”做大，为保障社会公平正义奠定更加坚实的物质基础。

实现社会公平正义还要分好“蛋糕”。经济发展是基础，没有经济发展，分配就是无源之水、无本之木。但并不是说要等着经济发展起来了再解决社会公平正义问题。不断做大“蛋糕”的同时，还要把“蛋糕”分好。改革开放以来，我们确立了按劳分配为主体、多种分配方式并存的分配制度。实践证明，这一制度安排有利于调动各方面积极性，有利于实现效率和公平的有机统一。要努力推动居民收入增长和经济增长同步、劳动报酬提高和劳动生产率提高同步，不断健全体制机制和具体政策，调整收入分配格局，不断缩小收入差距。

中国特色社会主义进入新时代，人民美好生活需要日益广泛，不仅对物质文化生活提出了更高要求，而且在民主、法治、公平、正义、安全、环境等方面的要求日益增长。发展不平衡不充分，这已经成为满足人民日益增长的美好生活需要的主要制约因素。全面深化改革必须把促进社会公平正义、增进人民福祉作为一面镜子，审视我们各方面体制机制和政策规定，哪里有不符合促进社会公平正义的问题，哪里就需要改革；哪个领域哪个环节问题突出，哪个领域哪个环节就是改革的重点。要通过完善公共服务体系、完善包括机会公平在内的社会公平保障体系、健全法律体系、改革司法体制等，更好体现社会主义公平正义原则。

第四节　加强和创新社会治理

社会治理是国家治理的重要方面。加强和创新社会治理，是完善和发展中国特色社会主义制度、推进国家治理体系和治理能力现代化的重要内容。要加强和创新社会治理，完善党委领导、政府负责、民主协商、社会协同、公众参与、法治保障、科技支撑的社会治理体系，建设人人有责、人人尽责、人人享有的社会治理共同体，确保人民安居乐业、社会安定有序，以建设更高水平的平安中国。

一、推进社会治理现代化

社会治理是以社会多元主体参与为基础，以维护和改善人民群众根本利益为核心，针对社会发展中的各种社会问题，协调社会利益、化解社会矛盾、促进社会公平、推动社会有序发展的过程。社会治理具有以下主要特征：

一是社会治理主体的一主多元性。社会治理与社会管理不同，社会管理强调政府主体一元性，强调从上到下的行政命令，表现出单一行政主体的鲜明特征。社会治理注重发挥政府的主导作用，强调政府、社会组织、公民个体等主体的多元性，强调不同利益主体间的民主协商，表现出多元性的突出特征。

二是社会治理的过程性。社会治理是动态的、发展的，是随着社会经济政治的变化而不断变化发展的。

三是社会治理的协调性。社会作为一个有自组织能力的有机体，自身就存在自我生存、自我发展、自我纠错、自我修复的功能，社会治理不是用强力去破坏社会自身发展的功能，而是通过协调多方利益使其功能得到更好的发挥。

四是社会治理的互动性。社会治理的目的是协调社会利益，引导社会达成利益共识。因此，社会治理必然表现出多元主体参与、表达利益诉求、平等协商、相互配合的互动性。

党的十八大以来，以习近平同志为核心的党中央牢牢把握推进国家治理体系和治理能力现代化的总要求，从理念思路、体制机制、方法手段等不同维度入手解决社会治理问题，有效破解治理难题，不断取得重大进展，社会大局总体稳定，人民群众安居乐业。与此同时，随着科技加速发展，社会经济形态发生深刻变化，社会利益关系日趋复杂，社会阶层结构分化，社会矛盾交织叠加，人民群众对社会事务的参与意愿更加强烈，社会治理面临的形势更为复杂。随着互联网特别是移动互联网的发展，社会治理模式正在从单向管理转向双向互动，从线下转向线上线下融合，从单纯的政府监管向更加注重社会协同治理转变。因此，必须时刻居安思危，强化底线思维，进一步开创社会治理新局面。

理念是行动的先导，创新社会治理首先要创新理念。提出社会治理，反映了党对社会运行规律和治理规律认识的深化，是社会建设理念、体制和方式的一次重大变革，是推进国家治理现代化的重要体现。新时代进一步加强和创新社会治理，要求推陈出新、有所突破，坚持问题导向，坚持把专项治理与系统治理、综合治理、依法治理、源头治理结合起来，探索一条符合社会发展实际、更可持续的中国特色社会主义社会治理之路。

制度是理念的保障，创新社会治理必须加强社会治理制度建设。我们党在长期社会建设探索中形成了符合我国国情的共建共治共享的社会治理制度。新时代，加强社会治理制度建设，就是要坚持和完善共建共治共享的社会治理制度。

二、坚持和完善共建共治共享的社会治理制度

坚持和完善共建共治共享的社会治理制度，是推进社会治理现代化的重要制度保障，充分体现了以习近平同志为核心的党中央对保障全体人民参与社会建设、社会治理权利的重视，对全体人民享有社会治理成果权益的维护。共建是共同参与社会建设，要求突出制度和体系建设在社会治理格局中的基础性、战略性地位，是社会治理的基础；共治是共同参与社会治理，要求树立大社会观、大治理观，将党总揽全局、协调各方的政治优势同政府的资源整合优势、企业的市场竞争优势、社会组织的群众动员优势有机结合起来，打造全民参与的开放治理体系，是社会治理的关键；共享是目标，要求使社会治理的成效更多、更公平地惠及全体人民，不断增强人民的获得感、幸福感、安全感，是社会治理的目标。

（一）坚持和完善共建共治共享的社会治理制度的意义

坚持和完善共建共治共享的社会治理制度，是推进社会治理现代化的重要制度保障，对于坚持和完善中国特色社会主义制度，维护国家长治久安、社会安定有序、人民安居乐业，具有重要意义。

一是完善和发展中国特色社会主义制度、推进国家治理体系和治理能力现代化的重要内容。社会治理是国家治理的重要方面，社会治理现代化是国家治理体系和治理能力现代化的题中之意。从党的十八届三中全会提出加快

形成科学有效的社会治理体制，到党的十九大提出打造共建共治共享的社会治理格局，再到党的十九届四中全会提出坚持和完善共建共治共享的社会治理制度，标志着我们党对社会治理规律认识的不断深化。这需要我们通过坚持和完善共建共治共享的社会治理制度，助推中国特色社会主义制度更加成熟定型，以社会治理现代化助推国家治理体系和治理能力现代化。

二是适应社会主要矛盾转化和建设人人有责、人人尽责、人人享有的社会治理共同体的必然要求。新时代我国社会主要矛盾已经转化为人民日益增长的美好生活需要和不平衡不充分的发展之间的矛盾，人民不仅对物质文化生活提出了更高要求，而且在民主、法治、公平、正义、安全、环境等方面的要求日益增长，更加重视知情权、参与权、表达权、监督权，参与社会治理意愿强烈。这需要我们通过坚持和完善共建共治共享的社会治理制度，更好地满足人民群众多层次、差异化、个性化的需求，不断增强人民群众获得感、幸福感、安全感。

三是防范化解风险、促进社会稳定、维护国家安全的需要。现代社会是高风险社会，这需要我们通过坚持和完善共建共治共享的社会治理制度，整合优化各类社会资源，从事前、事中、事后的整体视角进行防范，从源头、传导、转化等关键环节进行化解，形成互信、互助、互担的整体防控链，提高风险防范化解的前瞻性、系统性、协同性①。

（二）坚持和完善共建共治共享的社会治理制度的主要任务

新时代，坚持和完善共建共治共享的社会治理制度，主要有以下几个方面任务：

一是完善正确处理新形势下人民内部矛盾有效机制。坚持和发展新时代“枫桥经验”，畅通和规范群众诉求表达、利益协调、权益保障通道，完善信访制度，完善人民调解、行政调解、司法调解联动工作体系，健全社会心理服务体系和危机干预机制，完善社会矛盾纠纷多元预防调处化解综合机制，努力将矛盾化解在基层。

二是完善社会治安防控体系。坚持专群结合、群防群治，提高社会治安立体化、法治化、专业化、智能化水平，形成问题联治、工作联动、平安联创的工作机制，提高预测预警预防各类风险能力，增强社会治安防控的整体性、协同性、精准性。

三是健全公共安全体制机制。完善和落实安全生产责任和管理制度，建立

① 郭声琨：《坚持和完善共建共治共享的社会治理制度》，《人民日报》2019 年 11 月 28 日。

公共安全隐患排查和安全预防控制体系。构建统一指挥、专常兼备、反应灵敏、上下联动的应急管理体制，优化国家应急管理能力体系建设，提高防灾减灾救灾能力。加强和改进食品药品安全监管制度，保障人民身体健康和生命安全。

四是构建基层社会治理新格局。完善群众参与基层社会治理的制度化渠道。健全党组织领导的自治、法治、德治相结合的城乡基层治理体系，健全社区管理和服务机制，推行网格化管理和服务，发挥群团组织、社会组织作用，发挥行业协会、商会自律功能，实现政府治理和社会调节、居民自治良性互动，夯实基层社会治理基础。加快推进市域社会治理现代化。推动社会治理和服务重心向基层下移，把更多资源下沉到基层，更好提供精准化、精细化服务。注重发挥家庭家教家风在基层社会治理中的重要作用。加强边疆治理，推进兴边富民。

五是完善国家安全体系。坚持总体国家安全观，统筹发展和安全，坚持人民安全、政治安全、国家利益至上有机统一。以人民安全为宗旨，以政治安全为根本，以经济安全为基础，以军事、科技、文化、社会安全为保障，健全国家安全体系，增强国家安全能力。完善集中统一、高效权威的国家安全领导体制，健全国家安全法律制度体系。加强国家安全人民防线建设，增强全民国家安全意识，建立健全国家安全风险研判、防控协同、防范化解机制。提高防范抵御国家安全风险能力，高度警惕、坚决防范和严厉打击敌对势力渗透、破坏、颠覆、分裂活动。

本章思考题

1. 保障和改善民生的主要内容有哪些？
2. 如何推进社会治理现代化？
3. 坚持和完善共建共治共享的社会治理制度的主要内容有哪些？

【习语摘编】

增进民生福祉是发展的根本目的。必须多谋民生之利、多解民生之忧，在发展中补齐民生短板、促进社会公平正义，在幼有所育、学有所教、劳有所得、病有所医、老有所养、住有所居、弱有所扶上不断取得新进展，深入开展脱贫攻坚，保证全体人民在共建共享发展中有更多获得感，不断促进人的全面发展、全体人民共同富裕。

——习近平在中国共产党第十九次全国代表大会上的报告（2017 年 10 月 18 日）

要坚定不移走中国特色社会主义社会治理之路，善于把党的领导和我国社会主义制度优势转化为社会治理优势，着力推进社会治理系统化、科学化、智能化、法治化，不断完善中国特色社会主义社会治理体系，确保人民安居乐业、社会安定有序、国家长治久安。

——习近平在会见全国社会治安综合治理表彰大会代表时的讲话（2017年9月19日）

【教学链接】

重庆市永川区："乡贤评理堂"构建乡村善治新格局

近年来，重庆市永川区坚持法治德治自治相结合，依靠群众、发动群众参与乡村治理，以"爱国爱家、勤劳善良、崇德尚法、诚信重义、见贤思齐"为标准培育了1009名成长于乡土、奉献于乡里的新乡贤，并根据"崇德尚法、为人正派、热心公益、处事公道、群众公认"5个条件，按照"群众推荐、村民评议、初评公示、走访复核、乡镇审核、正式公示、区县认定"7个步骤，先后从1009名"新乡贤"中遴选出107名乡贤评理员，建成107个"乡贤评理堂"，赋予其引领乡风文明、宣讲法律政策、调处矛盾纠纷、反映社情民意、倡导移风易俗等5个方面的职能职责。

"乡贤评理堂"遵循"法为上、礼为先、和为贵"理念，并进行"十个一"实体化规范建设，即"一块牌匾承载荣誉""一句标语明确目标""一套证件亮明身份""一个徽章蕴含理念""一本手册教授方法""一本笔记刻录历程""一套桌椅规范配套""一个水杯体现温情""一个提包展示形象""一套机制保障运行"，保障了"乡贤评理堂"设施齐备、管理规范、机制健全、运转有效。

乡贤评理员接受政法部门的专业指导，区级层面每年组织两次集中培训，基层司法所每月开展实地指导，让乡贤评理员成为群众身边的普法宣传员、"乡贤评理堂"成为乡村院落的普法主阵地，带动乡亲形成遇事找法、解决问题靠法、化解矛盾用法的良好氛围，实现"小事不出院、矛盾不上交、邻里更和谐"的价值取向。

此外，发挥德治引领作用，让千名新乡贤嘉言懿行垂范乡里，让百个"乡贤评理堂"涵养乡风传播文明，让每个有"乡贤评理堂"的院落都成为传承农耕文化、弘扬社会正气、记住诗意乡愁、建设美丽乡村的示范点，实现"家风更和美、民风更淳朴、乡风更文明"的目标追求。

“乡贤评理堂”所发挥的作用远远超出预期：2018 年，该区 107 个“乡贤评理堂”共成功化解 2082 件矛盾纠纷，收集反映社情民意 1837 条，形成贴近村民生活实际的村规民约 150 余份，组建守楼护院巡逻队 56 支，牵头创建平安示范大院 41 个，“乡贤评理堂”所在村庄基本实现了“小事不出院、矛盾不上交、邻里更和谐”。

重庆市永川区打造的“乡贤评理堂”，用心用情化解民间矛盾，用法用德教化民众百姓，不仅成为推动法治、深化德治、促进自治的生动实践，更成为加强和创新社会治理，提高社会治理社会化、法治化、智能化、专业化水平，打造共建共治共享的社会治理格局的典型案例。

——摘自人民网 2018 年 12 月 3 日

第六章　中国特色社会主义生态文明建设

【教学目标】

通过本章的学习，了解中国特色社会主义生态文明建设理论与制度，理解坚持人与自然和谐共生的基本方略，明确新时代建设美丽中国的主要任务。

【重难点】

重点：中国特色社会主义生态文明的理论。

难点：坚持和完善中国特色社会主义生态文明建设的制度体系的构成要素。

中国特色社会主义生态文明建设是中国特色社会主义事业的重要组成部分。建设美丽中国，处理好人与自然的关系，是坚持和发展中国特色社会主义的应有之义。树立“绿水青山就是金山银山”的发展理念，处理好发展与保护的关系，加快推动形成绿色发展方式和生活方式，处理好生产与生活的关系。

第一节　中国共产党对中国特色社会主义生态文明建设的探索

马克思恩格斯的生态文明思想是建设中国特色社会主义生态文明的理论渊源。习近平新时代生态文明思想是马克思主义生态文明建设理论中国化的最新成果。一代又一代的中国共产党人在接力探索中逐步形成了中国特色社会主义生态文明建设理论和制度，为推动新时代生态文明建设提供了思想指引和制度保障。

一、马克思恩格斯的生态思想

马克思主义生态思想非常丰富，是中国特色社会主义生态文明建设的理论基础。马克思恩格斯关于生态文明建设的思想主要有以下几个方面的内容：

第一，自然先在性。按照马克思恩格斯的观点，自然界先于人类产生和存在，人类在自身发展过程中应尊重和顺应自然。首先，马克思恩格斯强调了相对于人而言，自然界的客观性，人是自然界进化和发展的结果，人本身构成了自然界的重要组成部分。其次，人的发展建立在自然界基础之上，人的劳动离不开自然界的物质支撑。马克思提出自然界是人类得以延续的最基本保障，人类的发展受自然界的制约；恩格斯认为精神只不过是物质的高级产物而已。马克思和恩格斯从物质和精神两个方面论证了自然界先于人类而存在，自然界的先在性是马克思恩格斯生态文明思想的最基本观点。

第二，人与自然的物质交换。马克思恩格斯认为，动物与自然直接统一于自然界，而人类与自然统一关系的实现则需要通过劳动这一媒介。这也就意味着，人类通过劳动完成与自然界物质交换的过程，这一过程的性质是自然性的，是自然界的一部分，不会超越自然而存在。人与自然之间的物质交换是可控的，在这个过程中起关键性作用的是劳动，通过劳动实践，人类能够自觉对物质交换进行调整，实现良性循环。

第三，自然资源循环利用。19 世纪资本主义工业化迅速发展，同时也带来了生态破坏。马克思认为与资本主义发展相对应的是农民生产资料和土地的丧失，针对当时“疯狂”的土地私有化问题，马克思指出这种劫掠性的资源滥用方式与社会成员资源共享之间的矛盾是尖锐的，并且以极其敏锐的视角论述了资源开发的代际问题。他认为土地私有是不科学的，任何社会或者民族都不能成为土地的主人，人们只是拥有使用权，这样才能确保土地改良，实现土地资源的延续性。

第四，人与自然的和谐发展。马克思恩格斯从人类文明发展史视角对社会发展规律进行考察，提出人与自然和谐发展的途径。他们认为资本主义历史观忽略了历史发展的现实基础，没有把人与自然的统一关系纳入历史发展过程中，造成了人类社会与自然相对立的局面。人类社会是自然界的有机构成部分，生产方式变革是与自然界环境变化相适应的，“社会形态变革的原因不在于人的思想，而在于人类探寻真理的过程，在于人类改造自然和生产方式变革的过程中，其具体表现为生产力的发展和经济基础的转变”①。

马克思主义生态思想以辩证与实践的自然观为基本认识，坚持唯物主义的基本立场，为人类社会的发展提供了一幅人、自然、社会相和谐的美好蓝图，从而也为社会主义生态文明指明了理论方向。马克思主义生态观是社会主义生态文明理论的基础。马克思主义生态观是马克思主义的重要组成部分，

---

① 张灏、张怀民：《马克思、恩格斯生态文明思想的启示》，《人民论坛》2017 年 6 月（上）。

有着十分明确的马恩经典文献依据，并在马克思之后的社会主义运动中得到持续的发展创新。马克思主义生态观中的诸多论述，对中国特色社会主义理论体系有着重要意义。我们应自觉以人与自然相统一的辩证思维，来思考经济增长、社会发展及环境保护这三者之间的关系。

二、中国共产党对社会主义生态文明建设的认识和探索

中国共产党探索中国特色社会主义生态文明建设的过程，是将马克思主义的基本原理与中国社会实际相结合的过程。中国化马克思主义生态文明思想是马克思主义生态思想的中国化表达，历经半个多世纪的探索，不断补充、发展、完善而形成的具有中国特色的现代生态文明理念。

新中国成立伊始，毛泽东果断做出修建大型水利工程以治理长江、黄河、淮河等大江大河的决定，新中国的各项水利事业取得了长足发展。节约生产、勤俭建国是毛泽东谈得最多的生态经济思想。通过综合利用资源、节约生产、节约消费等行动开展生态建设，在环境保护方面通过治理污染、植树造林、发动群众开展爱国卫生运动等，开启了中国共产党生态文明建设的历程，是将马克思主义生态思想与中国社会主义建设初期的具体国情相结合的产物。

作为改革开放和社会主义现代化建设的总设计师，邓小平在经济发展过程中看到了生态环境保护的重要性，提出了许多具有前瞻性的建议，形成了独特的生态观。如注重经济与环境的协调发展，特别是对农业的生态化关注度较高，他把农村经济和乡镇企业结合起来的思想，就包含人与自然的和谐发展，体现出生态农业经济的思想；注重人口与环境协调发展，他认为中国作为人口大国，无论在生产还是消费上，都会给资源环境带来沉重压力，为此倡导全民植树和控制人口数量，走可持续发展的道路。

党的十三届四中全会后，江泽民根据中国社会发展的现状以及国内外生态环境变化的新特点、新形式，强调我国现代化建设必须要转变经济增长方式，高度重视人口、环境保护以及人与自然的和谐发展，提出必须走可持续发展的道路才能解决在社会主义现代化过程中出现的问题。可持续发展的核心就是经济发展、资源环境保护和生态环境协调发展的科学理念，是为了让子孙后代能够拥有良好的社会环境、生存环境。可见，可持续发展的落脚点是人的和谐与全面发展，为此就必须走法治的道路，重视科技在保护生态环境中的作用，转变经济增长方式，使大家都具有强烈的环境意识和生态意识。

“生态文明”“两型社会”是以胡锦涛同志为总书记的党中央提出的科学发展观在实践层面的创造性提升，它指明了中国特色社会主义建设的发展方向，强调了从思想上改变我国经济社会发展的生产方式、生活方式和消费方

式及其路径的必要性，具有深远的现实意义和历史意义。在党的十八大报告中，胡锦涛再一次将生态文明建设的地位提升到关系人民福祉、关乎民族未来的高远地位，指出了当代生态文明建设的严峻形势以及树立人与自然和谐发展生态文明理念的必要性和重要性，并首次提出包括生态文明在内的“五位一体”总体布局，即“把生态文明建设放在突出地位，融入经济建设、政治建设、文化建设、社会建设各方面和全过程，努力建设美丽中国，实现中华民族永续发展”[①] 的思想，得到了全国人民的热烈拥护和国际社会的强烈反响。至此，中国化的马克思主义生态文明建设思想得以成型并逐步走向成熟。

党的十八大以来，习近平总书记牢牢锁定“美丽中国”生态目标，以及以“生态文明建设”为基础的“五位一体”总体布局，协调五大发展、坚持绿色发展，全面深入进行生态文明建设，形成了一系列生态治国的新思想和新方法。习近平的生态文明思想具有强烈的时代感，是对中国传统生态观及国内外生态危机产生的历史教训的新认识，“生态兴则文明兴，生态衰则文明衰”“绿水青山就是金山银山”“山水林田湖是一个生命共同体”“制度建设是生态建设的重要保障”等重要论断，是马克思主义中国化的最新理论成果，是对马克思主义生态思想和中国特色社会主义生态文明建设思想的继承和发展。习近平生态文明思想树立了人类建设生态文明的里程碑，开启了中华民族永续发展的新征程，对于推动实现中华民族伟大复兴，具有重大的现实意义和深远的历史意义。

第二节　中国特色社会主义生态文明建设理论和制度

一、中国特色社会主义生态文明建设理论

生态环境问题是中国特色社会主义发展面临的重大课题，也是全球性的重大问题，我们要从中国特色社会主义事业长远发展的高度，充分认识生态文明建设的重要意义、基本内容和目标要求。中国特色社会主义生态文明建设理论，是对马克思主义关于生态文明思想的继承和发展，是中国特色社会主义理论体系的重要组成部分，其内容主要包括以下几个部分：

（一）关于建设美丽中国的理论

生态文明是人类社会进步的重大成果，也是人类文明发展的必然趋势。

---

① 《胡锦涛文选》第三卷，北京：人民出版社，2016年，第644页。

历史地看，“生态兴则文明兴，生态衰则文明衰”，成为不以人的意志为转移的客观规律。生态文明建设是关系中华民族永续发展的根本大计，是实现中华民族伟大复兴中国梦的重要内容，习近平总书记指出，“我们既要绿水青山，也要金山银山。宁要绿水青山，不要金山银山，而且绿水青山就是金山银山。”[①] 因此要按照绿色发展理念，树立大局观、长远观、整体观，坚持保护优先，坚持节约资源和保护环境的基本国策，把生态文明建设融入经济建设、政治建设、文化建设、社会建设各方面和全过程，建设美丽中国，努力开创社会主义生态文明新时代。

（二）关于推进绿色发展的理论

绿色发展已经成为推进生态文明建设的新要求，成为新常态下经济发展的新任务。协同推进绿色化与新型工业化、城镇化、信息化、农业现代化，是在总结国内外经验教训基础上，探寻中国发展道路的新认识。当今世界，经济增长与资源、环境之间的矛盾已经越来越明显，每个走上现代之路的国家和地区，都面临着生态危机的严峻挑战，绿色生产、绿色消费、绿色金融已经成为国际潮流。改革开放40多年来，中国经济取得了举世瞩目的成就，但也付出了巨大的资源环境代价。资源过度使用以及二氧化碳、二氧化硫、持久性有机污染物的排放等问题，不仅极大影响了人民的生活质量，而且给我国的可持续发展带来极大隐患。绿色化不是简单的绿化，而是有着丰富的内涵。它既代表着构建科技含量高、资源消耗低、环境污染少的产业结构和生产方式，也意味着建立勤俭节约、绿色低碳、文明健康的生活方式和消费模式，还体现着一种价值取向。绿色发展是发展观的一场深刻革命，是世界经济发展的主旋律。

（三）关于加快构建生态文明体系的理论

加快建立健全以生态价值观念为准则的生态文化体系，以产业化和生态产业化为主体的生态经济体系，以改善生态环境质量为核心的目标责任体系，以治理体系和治理能力现代化为保障的生态文明制度体系，以生态系统良性循环和环境风险有效防控为重点的生态安全体系。通过加快构建生态文明体系，努力实现生态环境质量根本好转。

（四）关于建设“两型社会”的理论

“两型社会”指的是“资源节约型、环境友好型社会”。能源、环境是经济社会赖以发展的两大基础性要件，现实告诉人们，以大量消耗有限的能源

① 《习近平关于全面建成小康社会论述摘编》，北京：中央文献出版社，2016年，第171页。

资源和破坏自然环境为代价换取经济发展是得不偿失的，也是人民群众所不愿意看到的。只有将“两型社会”建设和人民群众的现实需求有机地结合起来，实现人与自然和谐相处，才是构建和谐社会的内在要求。

建设“两型社会”，要求我们坚持走物质文明、政治文明、精神文明、社会文明、生态文明共同发展的道路，统筹城乡发展、区域发展、经济社会发展、人与自然和谐发展、国内发展和对外开放；实现速度和结构质量效益相统一、经济发展与人口资源环境相协调，实现经济社会和谐发展。建设“两型社会”融合了可持续发展、绿色经济、循环经济、低碳经济等理念，是科学发展观在经济社会发展中的具体体现。

建设“两型社会”是生态文明建设的主要任务。推进“两型社会”建设，是生态文明建设的重要内容和有效途径。资源节约、环境友好，既是生态文明的本质特征，也是生态文明建设的内在要求，两者是一个有机整体。建设生态文明，实质上就是要建设以资源环境承载力为基础、以自然规律为准则、以可持续发展为目标的资源节约型、环境友好型社会。生态文明要求逐步形成促进生态建设、维护生态安全的良性运转机制，实现绿色发展、循环发展、低碳发展，最终实现经济与生态协调发展，这也内在地包含了建设“两型社会”的内容和要求。因此，要以“两型社会”建设为着力点推进生态文明建设。

（五）关于以系统工程思路建设生态文明的理论

恩格斯指出，自然界“是一幅由种种联系和相互作用无穷无尽地交织起来的画面”[①]，是一个由人、田、水、山、土、树等因素有机构成的整体。生态系统的整体性、系统性、关联性、动态发展性等特点，决定了要用系统思维来研究人与自然的关系，统筹考虑自然生态各要素、山上山下、地上地下、陆地海洋以及流域上下游，要以系统工程思路推进生态文明建设，才不会顾此失彼。要在将生态文明建设融入经济建设、政治建设、文化建设和社会建设的各方面和全过程中，通过转换政府职能、推动国土空间开发格局优化、加快技术创新和结构调整、促进资源节约循环高效利用、加大自然生态系统和环境保护力度、健全生态文明制度体系、加强生态文明建设统计监测和执法监督、改进生活消费观念、切实加强组织领导等多措并举，统筹发力，加快建设美丽中国，使蓝天常在、青山常在、绿水常在，实现中华民族永续发展。

---

① 《马克思恩格斯文集》第九卷，北京：人民出版社，2009 年，第 385 页。

（六）关于全球生态文明建设的理论

保护生态环境、应对气候变化、维护能源资源安全，是全球面临的共同挑战。国际社会应该携手同行，构筑尊崇自然、绿色发展的全球生态体系，共谋全球生态文明建设之路。中国是负责任的发展中大国，积极承担应尽的国际义务，同世界各国深入开展生态文明领域的交流合作，推进绿色“一带一路”建设，成为全球生态文明建设的重要参与者、贡献者、引领者。

二、中国特色社会主义生态文明制度建设

建设生态文明是一场涉及生产方式、生活方式、思维方式和价值观念的革命性变革。推进生态文明建设，不仅要牢固树立保护生态环境的理念，更重要的是要把理念落实在行动上，落实到制度上。只有实行最严格的制度、最严密的法治，建立系统完整的制度体系，才能为生态文明建设提供可靠保障。

（一）生态文明制度建设的重要意义

制度可以规范和约束个人行为。任何社会问题的解决都离不开一整套制度体系，生态文明建设也不例外。党的十八大报告提出，要大力推进生态文明建设。党的十八届三中全会通过的《中共中央关于全面深化改革若干重大问题的决定》强调，要加快生态文明制度建设。2015 年 3 月，中共中央、国务院颁发的《关于加快推进生态文明建设的意见》中，把健全生态文明制度体系作为重点，凸显了建立长效机制在推进生态文明建设中的基础地位。

我国已经建立了不少生态环境保护方面的制度，但仍不系统、不完整。过去，我国实行环境保护基本国策，制定了以《环境保护法》为主体的一系列法律制度，出台了环保目标责任制、环境影响评价等基本制度。但这些制度安排的作用并没有充分发挥出来，唯 GDP、漠视环保法律、执法不严等现象屡见不鲜。从建立生态文明价值观入手，健全生态文明制度体系，通过法治手段、制度建设、提高国家治理能力来改善环境，并制定更加严格、公平、包容和面向长远的社会规范，是现阶段生态文明建设的主要着力点。全面建成小康社会是我国第一个“一百年目标”，要求我们优先健全生态文明制度体系，为实现“蓝天、碧水、净土”目标奠定基础。党的十八届三中全会提出，到 2020 年形成系统完备、科学规范、运行有效的制度体系，其中就包括健全生态文明制度体系。生态文明制度建设和治理改革的任务非常紧迫。不仅构建生态环境法律体系的任务非常繁重，而且从目前分散的部门管理走向统一监管、统筹协调的管理体制和完善治理结构也面临许多障碍。因此，合理运

用每一次法律修改、制度出台、机构调整和实践探索的机会至关重要。

健全生态文明制度体系，应充分尊重生态系统的特征和演化规律。自然生态系统经过演化，表现出空间上的完整性，即水、土、气等要素相互作用和影响形成一个有机整体。但各要素具有不同的自然和社会属性，需要处理好综合管理和专业管理的关系。生态环境问题根据作用范围不同，表现为局地、区域和全球性问题。我国目前最突出的是区域性灰霾污染和流域性水污染，与之相对应的则是人为划分的行政管辖区域和割裂的部门管理范围。解决好跨行政区和跨部门的环境问题是一个重大挑战。同样，自然资源既有经济属性也有生态属性，实现不同功能的优化配置，应在制度上做出统筹安排。还有许多环境问题难以通过货币化方式计量，无法用市场化手段有效解决，需要多样化的制度安排和政策措施。更为重要的是，生态文明制度体系建设体现了一种新的理念，解决问题需要在实践中不断探索，许多制度既无成熟的理论研究和普适性的实践经验做基础，又缺少上位法的支撑，需要科学的“顶层设计”与大胆的“摸着石头过河”相结合。尽管任务紧迫，但鉴于制度的基础性、引领性及一些基本问题的不确定性，生态文明制度体系建设不能急于求成，而应坚持理论与实践相结合，坚持问题导向、多方参与、达成共识、有序推进。

（二）生态文明制度建设的主要内容

依据《中共中央国务院关于加快推进生态文明建设的意见》《生态文明体制改革总体方案》等，进一步推进生态文明体制改革的路线图，将生态文明建设纳入制度化、法治化轨道，构建产权清晰、多元参与、激励约束并重、系统完整的生态文明制度体系。

1. 健全自然资源资产产权制度

建立统一的确权登记系统，推进确权登记法治化；建立权责明确的自然资源产权体系，明确各类自然资源产权主体权利；健全国家自然资源资产管理体制。建立分级行使所有权的体制，以及开展水流和湿地产权确权试点，着力解决自然资源所有者不到位、所有权边界模糊等问题。

2. 建立国土空间开发保护制度

完善主体功能区制度，健全国土空间用途管制制度，建立国家公园体制，完善自然资源监管体制，着力解决因无序开发、过度开发、分散开发导致的优质耕地和生态空间占用过多、生态破坏、环境污染等问题。

3. 完善资源总量管理和全面节约制度

完善最严格的耕地保护制度和土地节约集约利用制度，完善最严格的水资源管理制度，建立能源消费总量管理和节约制度，建立天然林、草原、湿地保护制度和沙化土地封禁保护制度，健全海洋资源开发保护制度和矿产资源开发利用管理制度，完善资源循环利用制度。

4. 健全资源有偿使用和生态补偿制度

加快自然资源及其产品价格改革，完善土地、矿产资源、海域海岛的有偿使用制度，加快资源环境税费改革，探索建立多元化补偿机制，完善生态保护修复资金使用机制，建立耕地草原河湖休养生息制度，着力解决自然资源及其产品价格偏低、生产开发成本低于社会成本、保护生态得不到合理回报等问题。

5. 完善生态文明绩效评价考核和责任追究制度

建立生态文明目标体系，建立资源环境承载能力监测预警机制，探索编制自然资源资产负债表，对领导干部实行自然资源资产离任审计，建立生态环境损害责任终身追究制，着力解决发展绩效评价不全面、责任落实不到位、损害责任追究缺失等问题。

6. 建立空间规划体系

研究建立统一规范的空间规划编制机制，编制统一的空间规划；研究制定市县空间规划编制指引和技术规范，推进市县“多规合一”；探索规范化的市县空间规划编制程序，创新市县空间规划编制方法，构建全国统一、相互衔接、分级管理的空间规划体系，着力解决空间规划重叠冲突、部门职责交叉重复、地方规划朝令夕改等问题。

7. 建立健全环境治理体系

在全国范围建立统一公平、覆盖所有固定污染源的企业排放许可制，建立污染防治区域联动机制和农村环境治理体制机制，健全环境信息公开制度，严格实行生态环境损害赔偿制度，完善环境保护管理制度，着力解决污染防治能力弱、监管职能交叉、权责不一致、违法成本过低等问题。

8. 健全环境治理和生态保护市场体系

培育环境治理和生态保护市场主体，推行用能权、碳排放权、排污权、水权交易制度，建立绿色金融体系和统一的绿色产品体系，着力解决市场主体和市场体系发育滞后、社会参与度不高等问题。

9. 改革生态环境监管体制

不断完善生态文明制度体系，推进生态文明领域国家治理体系和治理能力现代化，迫切需要改变目前资源和生态环境领域管理体制中存在的职责交叉重复、监管者和所有者没有很好区分开的问题。要加强对生态文明建设的总体设计和组织领导，设立国有自然资源资产管理和自然生态监管机构，完善生态环境管理制度，统一行使全民所有自然资源资产所有者职责，统一行使所有国土空间用途管制和生态保护修复职责，统一行使监管城乡各类污染排放和行政执法职责。

第三节　人与自然和谐共生

坚持人与自然和谐共生，是新时代坚持和发展中国特色社会主义的基本方略之一。这充分体现了中国共产党对新时代经济社会与自然生态和谐发展规律的深刻认识和准确把握。坚持人与自然和谐共生，要求明晰人与自然休戚与共的生命共同体关系，尊重自然、顺应自然、保护自然，建设人与自然和谐共生的现代化；要求树立和践行绿水青山就是金山银山的理念，努力实现经济社会发展和生态环境保护协同共进。

一、树立尊重自然、顺应自然、保护自然理念

人与自然的关系是人类生存与发展的基本关系。人生活在天地之间，以天地自然为生存之源、发展之本，在与自然的相互作用中，创造和发展了人类文明。在这个历程中，人与自然关系经历从依附自然到利用自然、再到人与自然和谐共生的发展过程。人类是自然界的重要组成部分，自然界先于人类而存在，自然界具有不依赖于人类的内在创造力，它创造了地球上适合于生命生存的环境和条件，创造了各种生物物种以及整个生态系统。人作为自然存在物，依赖于自然界，自然界为人类提供赖以生存的生产资料和生活资料。人因自然而生，人与自然是一种共生关系，人类发展活动必须尊重自然、顺应自然、保护自然，这是人类必须遵循的客观规律。

中华传统文化中“天人合一”哲学思想体系的核心是视人与自然为一个生命共同体和道德共同体，以实现人与自然的和谐为最高理想。正如老子所言，“人法地，地法天，天法道，道法自然”。宇宙自然是大天地，人则是一个小天地。人和自然在本质上是相通的，故一切人事均应顺乎自然规律，达到人与自然和谐。5000多年的中华文明，就是在人与自然和谐共生中发育成长、生生不息、绵绵不绝。人与自然和谐共生，是中华民族生命之根，是中华文明发展之源。到了近代，伴随着工业化的到来，和世界上许多国家一样，我们也经历了一个向自然界进军、改造自然、征服自然的历史过程，在快速形成现代化发展物质基础的同时，也给自然生态系统带来很大破坏，出现森林消失、土地沙化、湿地退化、水土流失、干旱缺水等严重生态问题和水、土、空气遭到污染等严重环境问题。伴随这些问题而来的，必然是自然的

报复。

人的活动必须始终遵循自然规律。人类只有遵循自然规律才能有效防止在开发利用自然上走弯路，人类对大自然的伤害最终会伤及人类自身，这是无法抗拒的规律。人与自然的共生关系决定了如果人的行为违背自然发展规律，必然受到自然的惩罚，人对自然的伤害最终会伤及人类自身。恩格斯指出：“我们不要过分陶醉于我们人类对自然界的胜利。对于每一次这样的胜利，自然界都对我们进行报复。每一次胜利，起初确实取得了我们预期的结果，但是往后和再往后却发生完全不同的、出乎预料的影响，常常把最初的结果又消除了。……因此我们每走一步都要记住：我们决不像征服者统治异族人那样支配自然界，决不像站在自然界之外的人似的去支配自然界——相反，我们连同我们的肉、血和头脑都是属于自然界和存在于自然界之中的；我们对自然界的整个支配作用，就在于我们比其他一切生物强，能够认识和正确运用自然规律。”①

人与自然和谐共生的关系表明，唯有树立尊重自然、顺应自然、保护自然的理念，像保护眼睛一样保护生态环境，像对待生命一样对待生态环境，才能有效防止在开发利用自然上走弯路，让蓝天常在、青山常在、绿水常在，为自身以及子孙后代赢得宝贵的生存空间。坚持“人与自然是生命共同体”的理念，以对人民群众、对子孙后代高度负责的态度和责任，加快建设生态文明的现代化中国，推动人与自然和谐共生是一项具有重要意义的系统工程。

二、树立和践行“绿水青山就是金山银山”的理念

“绿水青山就是金山银山”，这一理念作为习近平生态文明思想的重要组成部分，已经成为我们党治国理政的重要理念，必须准确把握并深入践行，努力推进生态文明建设迈上新征程。

绿水青山与金山银山的关系，实质上就是生态环境保护与经济发展的关系。在实践中对绿水青山和金山银山这“两座山”之间关系的认识经过了三个阶段：第一个阶段是用绿水青山去换金山银山，不考虑或者很少考虑环境的承载能力，一味索取资源；第二个阶段是既要金山银山，但是也要保住绿水青山，这时候经济发展和资源匮乏、环境恶化之间的矛盾开始凸显出来，人们意识到环境是我们生存发展的根本，要留得青山在，才能有柴烧；第三个阶段是认识到绿水青山可以源源不断地带来金山银山，绿水青山本身就是金山银山，我们种的常青树就是摇钱树，生态优势变成经济优势，形成了浑

① 《马克思恩格斯文集》第九卷，北京：人民出版社，2009年，第559—560页。

然一体、和谐统一的关系，这一阶段是一种更高的境界。这三个阶段，是经济增长方式转变的过程，是发展观念不断进步的过程，也是人与自然关系不断调整、趋向和谐的过程。

既要绿水青山，也要金山银山，坚持在发展中解决环境问题。只要国内外大势没有发生根本变化，坚持以经济建设为中心就不能也不应该改变。这是坚持党的基本路线100年不动摇的根本要求，也是解决当代中国一切问题的根本要求。新时代社会主义生态文明建设进程中突出的资源、环境和生态问题，也必须依靠发展，特别是通过创新发展和绿色发展来解决。新时代赋予发展新的内涵，过去认为生产农产品、工业品、服务产品才是经济活动，才是发展，但是现在清新的空气、清洁的水源、舒适的环境越来越成为稀缺的生态产品。人民群众对生态产品提出了新的更高需求，这就要求我们必须顺应人民群众对优美生态环境的新期待，把提供生态产品作为发展应有的内涵，为人民提供更多蓝天净水。

宁要绿水青山，不要金山银山，决不能以牺牲环境为代价去换取一时的经济增长。工业革命以来，人类与自然界的关系发生巨变，自然价值严重透支，区域性、全球性生态危机频现。历史上，欧美一些发达工业国家大多经历了“先污染后治理”的发展道路，严重破坏了人类生存环境。中国特色社会主义进入新时代，着眼全面建成小康社会、坚决打好污染防治攻坚战，我们必须清醒地认识到绿水青山可以带来金山银山，但金山银山却买不到绿水青山，决不能再以牺牲环境为代价去换取一时的经济增长，绝不可再走以绿水青山换取金山银山的老路。要像对待生命一样对待生态环境，统筹山水林田湖草系统治理，坚定走生产发展、生活富裕、生态良好的文明发展道路。

绿水青山是人类生存与发展的前提和基础。马克思认为，自然界是人类生存与发展的基础，人是自然界的一部分，“人靠自然界生活。这就是说，自然界是人为了不致死亡而必须与之处于持续不断的交互作用过程的、人的身体”①。绿水青山就是金山银山的理念强调“宁要绿水青山，不要金山银山”，没有适合人类生存的自然界，再多的钱财也无所用处，甚至会化为虚无。绿水青山不仅是人类生存与发展的物质前提，而且作用于人类的精神层面。马克思认为，“植物、动物、石头、空气、光等等，一方面作为自然科学的对象，一方面作为艺术的对象，都是人的意识的一部分，是人的精神的无机界，是人必须事先进行加工以便享用和消化的精神食粮。”② 绿水青山有利于人们

① 《马克思恩格斯文集》第一卷，北京：人民出版社，2009年，第161页。
② 《马克思恩格斯文集》第一卷，北京：人民出版社，2009年，第161页。

精神世界的发展，有利于人们精神上的安顿。

绿水青山就是生产力。在马克思看来，好的生态环境本身就意味着生产力和经济财富，“外界自然条件在经济上可以分为两大类：生活资料的自然富源，例如土壤的肥力，鱼产丰富的水域等等；劳动资料的自然富源，如奔腾的瀑布、可以航行的河流、森林、金属、煤炭等等。”[①] 自然是有价值的，保护自然，就是增殖自然价值和自然资本的过程，就是保护和发展生产力。也就是说，保护环境就是保护生产力，改善环境就是发展生产力。绿水青山和金山银山绝不是对立的，关键在人，关键在思路。经济发展不应是对资源和生态环境的竭泽而渔，生态环境保护也不应是舍弃经济发展的缘木求鱼，而是要坚持在发展中保护、在保护中发展，实现经济社会发展与人口、资源、环境相协调。

绿水青山就是金山银山的理念深刻体现了中国共产党以人民为中心、不断满足人民对美好生活的需要的执政理念。良好的生态环境是最公平的公共产品，是最普惠的民生福祉。环境就是民生，青山就是美丽，蓝天也是幸福。当前，人民群众对于净水、清新空气、安全食品、优美环境的需求越来越迫切，安全优质生态产品在群众生活中的地位不断凸显。要自觉把生态纳入民生福祉，大力推进绿色城镇化和美丽乡村建设，着力增加生态产品供给，提高生态服务能力，让良好生态环境成为人民生活质量的增长点。

三、建设人与自然和谐共生的现代化

党的十九大报告提出：“我们要建设的现代化是人与自然和谐共生的现代化，既要创造更多物质财富和精神财富以满足人民日益增长的美好生活需要，也要提供更多优质生态产品以满足人民日益增长的优美生态环境需要。”[②] 首次从生态文明的角度明确地将中国特色社会主义现代化界定为“人与自然和谐共生的现代化”，提出了要通过推动形成人与自然和谐共生的现代化建设新格局，到2035年要实现生态环境根本好转，美丽中国目标基本实现，到21世纪中叶把我国建成富强民主文明和谐美丽的社会主义现代化强国的伟大历史任务。

人与自然和谐共生的现代化是对传统现代化的超越。传统现代化发展模式是一种以征服自然和改造自然从自然界获取生产资料与生活资料，推动经

① 《马克思恩格斯文集》第五卷，北京：人民出版社，2009年，第586页。

② 习近平：《决胜全面建成小康社会　夺取新时代中国特色社会主义伟大胜利——在中国共产党第十九次全国代表大会上的报告》，北京：人民出版社，2017年，第50页。

济高速增长和财富迅速积累进而支撑人们的高消费生活方式的发展模式。在漫长的工业化进程中，资本主义主导的传统现代化发展模式以及以追求利润最大化为目的的资本逻辑和生产逻辑制造了人与自然之间的紧张对立，激发了社会矛盾和生态矛盾，引发了严重的社会危机和生态危机。

在人与自然关系问题上，占据传统现代化发展模式主导地位的错误价值观主要有三大表现：

一是经济增长的无限性和生态资源的无限性的错误价值观。它认为，在现代化进程中科技创新是无限的，生产能力也是无限的，因此，经济增长是无限的，支撑经济无限增长的条件就是生态资源的无限性，自然界具有取之不尽和用之不竭的材料和能源，经济无限性增长的自然基础在于生态资源可供给能力的无限性。

二是割裂经济价值和生态价值内在联系，将经济价值视为现代化的唯一价值追求和目标导向的错误价值观。传统现代化发展模式崇尚经济价值而贬抑生态价值，认为生态价值服从于和从属于经济价值。现代化的价值追求是推动经济快速增长和财富不断积累，将经济增长和财富积累等同于现代化的价值导向，以生产主义、物质主义和消费主义助推现代化发展水平。从物质生活水平定义和衡量生活质量和生活幸福，将不断提高物质生活水平进而倡导高消费，以最大限度地满足物欲和感官享受作为现代化的标志。将追求经济效益和金钱利润作为市场经济的主要原则，在经济利润最大化原则驱动下，采用威力巨大的生产技术的工业生产体系，不断地向自然界索取原材料，通过生产转化为人类无限制需要的物质财富。

三是在发展经济中无视或忽视环境污染的错误价值观。它认为地球是容量无限的天然垃圾箱和阴沟洞，自然界本身具有无比巨大的自我净化能力，人类大可不必担心环境污染造成的严重后果，即使环境污染了，仍然可以通过先污染后治理来解决问题。

在传统现代化或经典现代化关于人与自然关系问题上的错误价值观指导下，人们严重无视人与自然的和谐共生关系，忽视对现代化起着重要影响和制约作用的生态环境这一重要变量，片面地追求生产力发展、物质财富增长的经济价值和通过任意地支配财富和占有财富来显示人类自身价值，忽视了自然的价值以及自然对于人类生产和消费活动的影响。在现代化建设中过度地向自然界索取以及任意地浪费资源，忽视对自然资源的保护和对环境污染的治理，忽视自觉地调整人口与资源、环境以及经济增长的关系，造成了人与自然关系越来越紧张，产生了一系列严重的生态环境危机，并与社会危机交织在一起，使人们不断地尝到现代化给人类带来的负面效应，推动着有识之士深刻地反思传统现代化的弊端，也促进传统现代化向人与自然和谐共生的绿色现代化的转型。

人与自然和谐共生的现代化就是对传统现代化或经典现代化的反拨和超越，有着思想深邃、哲理深厚、观念超前和行之有效的新内涵，是对新时代中国特色社会主义现代化的一种全新定位。在西方反思传统现代化带来人与自然关系紧张并引发人与社会关系紧张等一系列弊端的基础上，催生出诞生于20世纪80年代的以德国马丁·耶内克、约瑟夫·胡伯以及荷兰学者阿瑟·莫尔等人为代表的“生态现代化”理论，主张在现代化进程中不能将环境保护与经济活动对立起来，而应将保护生态环境当作经济可持续发展的必要前提条件，将环境保护与经济发展协调起来，通过经济增长和生态治理协调推进，达到经济增长和环境保护相互支持、相互促进的目的。生态现代化理论认为，技术革新能够促进经济增长和环境保护的双重改善，政府作为市场促进者和保护者，应该更多地使用市场调节手段达到经济发展与环境保护双全目标。

人与自然和谐共生的现代化概念不是对西方生态现代化思想的简单借鉴和移植，而是运用马克思主义生态文明理论并结合新时代中国特色社会主义现代化实践，赋予其深刻的思想内涵。人与自然和谐共生的现代化，是将经济价值与生态价值和人的价值、代内价值与代际价值、民族价值和国家价值与全球价值结合起来，将经济增长与自然资源承载力、物质富裕与生态环境综合起来考量和推进的现代化，是在尊重自然、认识自然、顺应自然、保护自然中创造更多物质财富和精神财富以满足人民日益增长的美好生活需要，以及提供更多优质生态产品和生态服务以满足人民日益增长的优美生态环境需要的新型现代化，本质上是绿色发展推动的绿色现代化。

建设人与自然和谐共生的现代化，体现了党对现阶段中国社会主要矛盾的准确把握与科学回应。中国特色社会主义进入新时代，我国社会主要矛盾已经转化为人民日益增长的美好生活需要和不平衡不充分的发展之间的矛盾。顺应人民群众追求美好生活的新期待，不仅要创造更多的物质财富和精神财富以满足人民日益增长的美好生活需要，而且要持之以恒地推进人与自然和谐共生，提供更多优质生态产品，以满足人民日益增长的优美生态环境需要。为此，建设人与自然和谐共生的现代化，要求走出一条区别于传统现代化的新道路，将绿色理念落实于现代化的各领域、全过程，决不走“先污染后治理”的老路。具体而言：

一是以绿色理念引领新型工业化。工业生产是物质财富的主要来源，工业化是现代国家不可逾越的发展阶段。面临新一轮全球竞争的挑战，要突破中国工业由大转强的资源环境约束，要求以传统工业绿色化改造为重点，以绿色科技创新为支撑，以法规标准制度建设为保障，加快构建绿色制造体系，大力发展绿色制造产业，推动绿色产品、绿色工厂、绿色园区和绿色供应链全面发展，建立健全工业绿色发展长效机制，提高绿色国际竞争力，走高效、清洁、低碳、循环的绿色发展道路，推动工业文明与生态文明和谐共融，实现人与自然和谐发展。

二是让绿色化贯穿农业现代化发展始终。要以绿色生态为导向，以改革创新为动力，以降低利用强度、改善产地环境、发展绿色产品为目标，突出加强重要资源保护，强化重点区域环境治理，促进农业废弃物资源化利用，发展资源节约型、环境友好型、生态保育型农业。同时，坚持保护优先、节约优先、突出重点、分类施策、明确权责、合力推进、改革创新、完善机制的基本原则，提升农业资源永续利用水平，治理农业环境突出问题，改善恢复农业生态功能，推动农业绿色化发展。

三是让城市融入大自然。解决当前城镇化进程中出现的“大城市病”“空城”等问题，要求切实把资源消耗、环境损害、生态效益纳入城镇化发展评价体系，建立绿色城镇化根本性机制保障；生态智慧规划先行，科学选择城镇化发展道路；全面推进绿色建筑和公共交通的发展；综合整治城镇生态环境，建设和谐新城；有效推进企业节能减排，打造淘汰落后产能的全社会导向机制。

第四节　建设美丽中国

建设美丽中国，要求坚持“人与自然和谐共生、绿水青山就是金山银山、良好生态环境是最普惠的民生福祉、山水林田湖草是生命共同体、用最严格制度最严密法治保护生态环境、共谋全球生态文明建设”六项原则，加快绿色发展步伐，着力解决突出的环境问题，加大生态系统保护力度，不断开创生态文明建设新局面。

一、推进绿色发展

发展是解决我国一切问题的基础和关键，绿色是永续发展的必要条件；发展必须是可持续的，决不能再以牺牲生态环境为代价换取一时一地的经济增长。党的十九大报告指出，我国社会主要矛盾是人民日益增长的美好生活需要和不平衡不充分的发展之间的矛盾。我们既要创造更多物质财富和精神财富以满足人民日益增长的美好生活需要，也要提供更多优质生态产品以满足人民日益增长的优美生态环境需要；要以绿色发展为导向，引导产业布局和优化升级，推动企业入园集聚发展，形成新产业、新动能、新业态，形成节约资源和保护环境的空间格局、产业结构、生产方式和生活方式，让群众呼吸上新鲜的空气、喝上干净的水、吃上放心的食物、生活在宜居的环境中，实现人民富裕、国家强盛、中国美丽。

第一，加强绿色治理。要像对待生命一样对待生态环境，像保护生命一样保护生态环境。坚持节约资源和保护环境的基本国策，坚持环境治理、生态修复与资源节约利用齐抓共管、齐头并进。加大水、大气、土壤污染和工业、农业、生活垃圾和固体废弃物等城乡环境综合整治力度，深入实施山水林田湖草一体化生态保护和修复，打赢蓝天保卫战。实施重要生态系统保护和修复重大工程，优化生态安全格局，开展国土绿化行动，切实保护耕地、林地、草地、湿地，健全耕地、草原、森林、河流、湖泊休养生息制度，建立健全市场化、多样化的生态补偿机制。全面促进资源节约和集约循环利用，用最少的资源环境代价取得最大的经济社会效益。

第二，创新绿色技术。要加大科技投入，加强自主创新，围绕新能源、节能减排、资源循环利用、碳汇产业和生态保护修复等，形成一批拥有自主知识产权的关键共性技术，以绿色技术创新驱动绿色发展；大力研发风能、太阳能、地热能、矿物能、海洋能、核能、生物质能等新能源应用技术，构建清洁低碳、安全高效的能源体系；加强绿色技术重大创新平台、创新人才队伍和创新服务体系建设，加快构建绿色技术成果转化应用推广机制，推动绿色技术产业化、绿色产业规模化。

第三，振兴绿色产业。要建立健全绿色低碳循环发展的经济体系。一方面，运用绿色低碳技术改造提升传统优势产业，促进传统产业向绿色产业转型升级，促进制造业和服务业一体化发展；另一方面，以发展高端高质高效产业为切入点，推动新兴绿色产业发展。要大力发展现代服务业等第三产业，突出发展文化产业、生态旅游、仓储物流、电子商务、再制造、互联网、物联网、云计算等新兴业态，加快培育生物医药、装备制造等战略性新兴产业，发展绿色金融，壮大节能环保产业、清洁生产产业、清洁能源产业，推动新能源、新材料等产业集群化、规模化、低碳化发展。

第四，践行绿色生活。实施国家节水行动，降低能耗、物耗，实现生产系统和生活系统循环链接。推进绿色生产、绿色包装、绿色制造、绿色流通、绿色采购、绿色消费、绿色回收等，降低生产和流通中的能源资源消耗和污染物排放。倡导食用绿色食品、穿戴绿色衣物，倡导绿色居住、绿色出行、绿色休闲，倡导简约适度、绿色低碳的生活方式，反对奢侈浪费和不合理消费。开展创建节约型机关、绿色家庭、绿色学校、绿色社区和绿色出行等行动，在全社会营造绿色生活良好氛围。

第五，强化绿色监管。加快生态文明体制改革，建立和完善自然资源资产管理和自然生态监管的有关机构和制度。严格污染排放、强化污染责任、加强环境执法、健全环保评价、强制信息披露，构建系统环境治理体系。探索和改进绿色考评，建立健全政府主导、公众考核、专家评议、过程透明的考评机制。强化绿色考核评价制度建设，建立体现绿色发展要求的目标体系、考核办法、奖惩机制。健全法律法规体系，坚决制止和惩处破坏生态环境行为。

二、着力解决突出环境问题

中国一贯重视生态文明建设。20 世纪 80 年代初，我国就把保护环境确定为一项基本国策，到了 90 年代又把可持续发展确立为国家战略。党的十七大首次把“建设生态文明”列入全面建设小康社会奋斗目标的新要求。党的十八大把生态文明建设纳入中国特色社会主义事业“五位一体”总体布局。党的十九大报告强调，必须树立和践行绿水青山就是金山银山的理念，坚持节约资源和保护环境的基本国策，像对待生命一样对待生态环境，形成绿色发展方式和生活方式，坚定走生产发展、生活富裕、生态良好的文明发展道路，建设美丽中国。这就为进一步破解发展与环境的矛盾指明了方向。

党的十八大以来，我国环境治理力度明显加大，环境状况得到改善。但总体上看，长期快速发展中累积的资源环境约束问题日益突出，生态环境保护仍然任重道远。必须着力解决突出环境问题，为人民创造良好生产生活环境。当前，环境质量与人民群众的期待还有很大差距，具体表现为以下几方面：

第一，在大气环境质量方面，2017 年，全国 338 个地级及以上城市中，有 99 个城市环境空气质量达标，占全部城市数的 29.3%；239 个城市环境空气质量超标，占 70.7%。338 个城市发生重度污染 2311 天次、严重污染 802 天次，以 PM2.5 为首要污染物的天数占重度及以上污染天数的 74.2%。其中，有 48 个城市重度及以上污染天数超过 20 天。

第二，在水环境质量方面，从全国地表水水质类别来看，2017 年，全国地表水 1940 个水质断面（点位）中，Ⅰ～Ⅲ类水质断面（点位）1317 个，占 67.9%；Ⅳ、Ⅴ类 462 个，占 23.8%；劣Ⅴ类 161 个，占 8.3%。与 2016 年相比，Ⅰ～Ⅲ类水质断面（点位）比例上升 0.1 个百分点，劣Ⅴ类下降 0.3

个百分点。其中，Ⅰ类和Ⅱ类水质可用于饮用水源一级保护区、珍稀水生生物栖息地、鱼虾类产卵场、仔稚幼鱼的索饵场等；Ⅲ类水质可用于饮用水源二级保护区、鱼虾类越冬场、洄游通道、水产养殖区、游泳区。Ⅳ类水质可用于一般工业用水和人体非直接接触的娱乐用水；Ⅴ类水质可用于农业用水及一般景观用水；劣Ⅴ类水质除调节局部气候外，几乎无使用功能。从流域水质来看，我国大江大河干流水质总体良好，但支流水质相对较差，部分流域劣Ⅴ类断面比例不降反升。湖类总磷污染问题突出，不少流经城镇的河流沟渠污染严重。

第三，在土壤环境质量方面，2016 年，我国土壤总的点位超标率为 16.1%。污染类型以无机污染为主，有机污染次之，复合型污染比重较小。在不同土地利用类型中，耕地、林地、草地、未利用地土壤点位超标率分别为 19.4%、10.0%、10.4%、11.4%。长江三角洲、珠江三角洲、东北老工业基地等部分区域土壤污染问题较为突出，西南、中南地区土壤重金属超标范围较大。镉、汞、砷、铅 4 种无机污染物含量分布呈现从西北到东南、从东北到西南方向逐渐升高的态势。工矿企业及其周边土壤环境问题突出，抽样显示，污染企业及其周边点位超标率为 36.3%、工业废弃地为 34.9%、工业园区为 29.4%。

第四，在自然生态方面，2016 年，全国 2591 个县域中，生态环境质量为“优”“良”“一般”“较差”和“差”的县域分别有 534 个、924 个、766 个、341 个和 26 个。“优”和“良”的县域面积占国土面积的 42.0%，主要分布在秦岭—淮河以南及东北的大小兴安岭和长白山地区；“一般”的县域占 24.5%，主要分布在华北平原、黄淮海平原、东北平原中西部和内蒙古中部；“较差”和“差”的县域占 33.5%，主要分布在内蒙古西部、甘肃中西部、西藏西部和新疆大部。

第五，在生物多样性方面，2016 年，约 44% 的野生动物种群数量呈下降趋势，野生动植物种类受威胁比例达 15%～20%，生物多样性降低；已发现 500 多种外来入侵物种，且呈逐年上升趋势。2016 年，在监测的 21 个典型海洋生态系统中，处于健康、亚健康和不健康状态的海洋生态系统个数分别占生态系统总数的 23.8%、66.7% 和 9.5%。

这些问题的存在，不仅制约着经济社会的可持续发展，而且影响到人民群众的生活质量和身体健康，着力解决突出环境问题，成为满足人民群众日益增长的优美生态环境需要的内在要求。近年来，我国社会生产力水平明显提高，我国社会主要矛盾已经发生转化，严重的生态环境问题成为民生之患、民心之痛。让良好生态环境成为人民群众获得感的增长点，要求着力解决突出的环境问题，提供更多优质生态产品。

党的十九大报告将坚持人与自然和谐共生作为新时代坚持和发展中国特色社会主义的基本方略之一，将建设美丽中国作为全面建设社会主义现代化国家的重大目标，提出着力解决突出环境问题。这是以习近平同志为核心的党中央坚持以人民为中心的发展思想、贯彻新发展理念、牢牢把握我国发展的阶段性特征、牢牢把握人民对美好生活的向往而做出的重大决策部署，具有重大现实意义和深远历史意义。

其一，着力解决突出环境问题，是决胜全面建成小康社会的重大任务。小康全面不全面，生态环境质量是关键。我国环境保护仍滞后于经济社会发展，环境承载能力已经达到或接近上限，环境污染重、生态受损大、环境风险高成为全面建成小康社会的突出短板。党的十九大报告把污染防治作为决胜全面建成小康社会的三大攻坚战之一。必须坚决打赢这一攻坚战，着力解决突出环境问题，确保实现全面建成小康社会的环境目标，使全面建成小康社会得到人民认可、经得起历史检验。

其二，着力解决突出环境问题，是满足人民日益增长的优美生态环境需要的内在要求。随着我国社会生产力水平明显提高和人民生活显著改善，我国社会主要矛盾已经转化为人民日益增长的美好生活需要和不平衡不充分的发展之间的矛盾。其中，严重的生态环境问题已成为民生之患、民心之痛，生态环境成为满足人民美好生活需要的短板。必须坚持节约资源和保护环境的基本国策，像对待生命一样对待生态环境，着力解决突出环境问题，提供更多优质生态产品，满足人民日益增长的优美生态环境需要，让良好生态环境成为提升人民群众获得感的增长点。

其三，着力解决突出环境问题，是推动形成绿色发展方式和生活方式的重要抓手。绿水青山就是金山银山，保护生态环境就是保护生产力。环境问题归根到底是发展方式、经济结构和消费模式问题。以着力解决突出环境问题为契机，充分发挥环境保护在推动经济转型升级、提升城乡发展水平、提高发展质量和效益中的重要抓手作用，实行最严格的生态环境保护制度，推动各地下决心解决产业结构、能源体系、空间布局等问题，形成节约资源和保护环境的空间格局、产业结构、生产方式、生活方式，实现发展与保护的协同共进，让良好生态环境成为经济社会持续健康发展的支撑点。

其四，着力解决突出环境问题，是积极参与全球环境治理的战略举措。建设绿色家园是人类的共同梦想，环境危机已成为全球挑战。当前，我国日益走近世界舞台中央，国际社会希望我国能够为解决事关人类发展与安全的重大问题发挥更大作用。必须着力解决突出环境问题，合理承担国际责任和义务，与世界各国共同应对全球环境挑战，增强我国在全球环境治理体系中的话语权和影响力，使我国成为全球生态文明建设的重要参与者、贡献者、引领者，让良好生态环境成为展现我国良好形象的发力点。

因此，我们要聚焦环境保护重点领域、关键问题和薄弱环节，推进大气、水、土壤等污染治理。

首先，打赢蓝天保卫战。大气污染防治行动计划实施以来，我国大气污染治理工作力度和措施强度前所未有，大气环境质量总体向好，但某些特征污染物和部分时段、部分地区出现恶化，对人民群众生产生活造成较大影响。大气污染表现在天上，根子在地上。究其主要原因，是产业结构、能源结构、交通结构和生活方式等方面出了问题。要持续实施大气污染防治行动，推进供给侧结构性改革，严格执行环保等标准，推动“散乱污”企业整治、重点行业污染源治理，加快不达标产能依法关停退出；抓好北方地区清洁供暖，推动煤炭等化石能源清洁高效利用，减少重点区域煤炭消费；加强机动车尾气治理，提高铁路货运量，降低公路货运量。深化重点区域大气污染联防联控，有效应对重污染天气，让群众享有更多蓝天白云。

其次，加快水污染防治。当前，我国大江大河干流水质稳步改善，但部分重点流域的支流污染严重，重点湖库和部分海域富营养化问题突出，城市黑臭水体大量存在，饮用水安全保障有待加强。要系统推进水环境治理、水生态修复、水资源管理和水灾害防治，抓好重点流域、近岸海域污染防治，大力整治不达标水体、黑臭水体和纳污坑塘，严格保护良好水体和饮用水水源，加强地下水污染综合防治。实施流域环境综合治理和管理。流域是由山水林田湖草等构成的生命共同体，要将流域作为管理单元，统筹上下游、左右岸、陆地水域，进行系统保护、宏观管控、综合治理。推进按流域设置环境监管和行政执法机构试点，调整现行以行政区为主的管理体制，增强流域环境监管和行政执法的独立性、统一性、有效性、权威性。加强近岸海域污染治理。按照从山顶到海洋、海陆一盘棋的理念，坚持河海兼顾、区域联动，开展入海河流综合整治，加强沿海城市污染源治理，清理非法或设置不合理入海排污口，逐步减少陆源污染排放。严控围填海和占用自然岸线的开发建设活动，推进海洋生态整治修复，增强污染防治和生态保护的系统性、协同性。

最后，强化土壤污染管控和修复。我国土壤污染总体状况不容乐观，如农用地土壤环境质量堪忧，工矿企业及其周边土壤环境问题突出，污染地块和农用地环境风险日益凸显。要以农用地和重点行业企业用地为重点，开展土壤污染状况详查。加强固体废弃物和垃圾处置，建立生活垃圾分类处理系统，提高危险废物处置水平，夯实化学品风险防控基础，防止污染土壤和地下水。实施农用地土壤环境分类管理和建设用地准入管理，开展土壤污染治理与修复，保障农产品质量和人居环境安全。

三、加大生态系统保护力度

大自然是一个相互依存、相互影响的系统。统筹山水林田湖草系统治理，归根到底是用什么样的思想方法对待自然、用什么样的方式保护修复自然的问题。习近平总书记强调，山水林田湖草是一个生命共同体。人的命脉在田，田的命脉在水，水的命脉在山，山的命脉在土，土的命脉在树。如果种树的只管种树、治水的只管治水、护田的单纯护田，很容易顾此失彼，最终造成生态的系统性破坏。必须按照生态系统的整体性、系统性及其内在规律，统筹考虑自然生态各要素、山上山下、地上地下、陆地海洋以及流域上下游等，进行整体保护、系统修复、综合治理。

统筹山水林田湖草系统治理，需要把加快推进生态保护修复作为一项重点任务。要坚持保护优先、自然恢复为主，深入实施山水林田湖草一体化生态保护和修复。生态保护修复的工程与其他工程不同，应更多地顺应自然，少一些建设，多一些保护；少一些工程干预，多借用一些自然力。历史经验证明，过度的大规模工程措施对遏制生态退化的作用往往难达预期效果，有时甚至适得其反。而一些依靠自然本身的修复能力，辅以少量人工措施的做法，往往能取得更好效果。通过划定生态圈保护区域，通过减少人类活动促进自然修复，使被割裂的生态系统逐渐连接起来，使原有的自然生态廊道恢复起来。对自然恢复也要有历史耐心，持之以恒，久久为功，不能毕其功于一役。

加快推进生态系统保护和修复，需要优化生态安全屏障体系。生态安全是国家安全的重要组成部分，关系国家长治久安和经济社会的可持续发展。全国主体功能区规划明确了我国以“两屏三带”为主体的生态安全战略格局，即以青藏高原生态屏障、黄土高原川滇生态屏障、东北森林带、北方防沙带和南方丘陵山地带以及大江大河重要水系为骨架，以其他国家重点生态功能区为重要支撑，以点状分布的国家禁止开发区域为重要组成部分的生态安全战略格局。优化生态安全屏障体系，要求青藏高原生态屏障重点保护好多样独特的生态系统，黄土高原川滇生态屏障重点加强水土流失防治和天然植被保护，东北森林带重点保护好森林资源和生态多样性，北方防沙带重点加强防护林建设、草原保护和防风固沙，南方丘陵地带重点加强植被修复和水土流失防治。

加快推进生态系统保护和修复，要构建生态廊道和生物多样性保护网络，提升生态系统质量和稳定性。生态空间是优质生态产品的原产地。保住绿水青山要抓源头，形成内生动力机制。应识别事关生态安全的重要区域，以生态安全屏障和大江大河水系为骨架，以重点生态功能区为支撑，保护好具有水土涵养、生物多样性庇护、防风固沙、海岸生态稳定等功能的区域。统筹山水林田湖草自然生态的完整性、系统性，结合山脉、河流、森林、耕地、湖泊、草原等生态群落边界以及生态廊道的连通性，合理划定生态保护红线，做到应保尽保。

加快推进生态系统保护和修复，需要建立全国统一的空间规划体系，完成生态保护红线、永久基本农田、城镇开发边界三条控制线划定工作，明确城镇空间、农业空间、生态空间，为各类开发建设活动提供依据。国土是生态文明建设的空间载体和空间规划的物质基础。改革开放以来，我国国土空间开发利用，以相对紧缺的资源赋存支撑了长达 30 多年的高速增长，但是也面临着许多新情况和新挑战。比如，伴随近年来城镇化快速推进，一些城市周边耕地数量的“红线”成了随意变动的“红飘带”，建设占用耕地现象时有发生；“摊大饼”式的发展让不少城市遭遇了“成长的烦恼”：城市周边耕地、湿地减少了，城市生态带遭到破坏，环境质量改善难度加大，城市热岛效应凸显，灰霾天数增加，等等。因此，坚持底线思维，把自然本底守住，科学划定生态保护红线、永久基本农田、城镇开发边界三条控制线，优化生产、生活、生态“三生”空间，已成为当前各方最基本的共识。

生态保护红线守护绿水青山，永久基本农田夯实国家粮食安全。万物土中生，有土斯有粮。历经数十年甚至上百年演化的永久基本农田，形成与各自环境平衡共存的复杂生态群落，是耕地中的优质精华资源，也是实现“两个一百年”奋斗目标和中华民族伟大复兴中国梦的土地资源支撑。

做好永久基本农田划定工作是确保国家粮食安全的内在要求，是实施乡村振兴战略，推进生态文明建设的应有之义。要划定并守住永久基本农田控制线，扎紧耕地保护的“篱笆”，采取经济、法律、技术等多重手段，确保管得住、建得好、守得牢，将良田沃土留给子孙后代。要在夯实永久基本农田特殊保护格局的基础上，维持与培育健康的土壤，致力于提升农业的可持续发展能力，确保人民吃得饱、吃得好。

城镇开发边界把城镇融入自然。国土空间是相互影响、相互作用的整体。这种相互关系意味着我们为保障其中一方所付出的努力会影响其他几方所提供的生态服务。例如，粮食、蔬菜、水果之类的有形生态产品可以长距离运输，生态系统提供的无形生态产品，如水土涵养、净化空气则无法搬运。我们要认识到，在有限的空间内，建设空间大了，绿色空间就少了，自然系统自我循环和净化能力就会下降，区域生态环境和城市人居环境就会变差。因此，要根据城市情况有区别地划定开发边界，特大城市、超大城市要划定永久性开发边界。

城镇不仅要追求经济目标，还要追求生态目标，实现人与自然和谐共生。强化尊重自然、绿色低碳理念，将环境容量作为确定城镇规模的基本依据，做好治山理水、显山露水的文章，在城镇周边留下充足的生态空间，承担米袋子、菜篮子、果盘子等功能。城镇居民购买当地食物便利、新鲜，也能减少食物长途运输产生的碳排放。完成城镇开发边界划定工作，是防止城镇无序蔓延，促进城镇紧凑布局、集约发展的倒逼机制，是优化城镇布局、盘活存量建设用地、促进城镇转型发展的有效途径。要依托现有山水脉络等独特风光，把城镇融入大自然，让居民望得见山、看得见水、记得住乡愁。

本章思考题

1. 为什么必须把生态文明建设融入经济建设、政治建设、文化建设、社会建设各方面和全过程？

2. 在现代化进程中为什么会出现“先污染、后治理”的现象？怎样建设人与自然和谐共生的现代化？

3. 如何认识绿水青山就是金山银山？

4. 如何理解建设美丽中国的主要任务？

【习语摘编】

中国明确把生态环境保护摆在更加突出的位置。我们既要绿水青山，也要金山银山。宁要绿水青山，不要金山银山，而且绿水青山就是金山银山。我们绝不能以牺牲生态环境为代价换取经济的一时发展。

——习近平在哈萨克斯坦纳扎尔巴耶夫大学发表的演讲（2013 年 9 月 7 日）

人与自然是生命共同体，人类必须尊重自然、顺应自然、保护自然。人类只有遵循自然规律才能有效防止在开发利用自然上走弯路，人类对大自然的伤害最终会伤及人类自身，这是无法抗拒的规律。

我们要建设的现代化是人与自然和谐共生的现代化，既要创造更多物质财富和精神财富以满足人民日益增长的美好生活需要，也要提供更多优质生态产品以满足人民日益增长的优美生态环境需要。必须坚持节约优先、保护优先、自然恢复为主的方针，形成节约资源和保护环境的空间格局、产业结构、生产方式、生活方式，还自然以宁静、和谐、美丽。

——习近平在中国共产党第十九次全国代表大会上的报告（2017 年 10 月 18 日）

生态文明建设是关系中华民族永续发展的根本大计。中华民族向来尊重自然、热爱自然，绵延 5000 多年的中华文明孕育着丰富的生态文化。生态兴则文明兴，生态衰则文明衰。

——习近平在出席全国生态环境保护大会时的讲话（2018 年 5 月 18 日）

【教学链接】

从一棵树到一片“海”——塞罕坝生态文明建设的范例启示录

早在 2003 年，习近平同志在《求是》杂志发表署名文章，提出“生态兴则文明兴，生态衰则文明衰”的重要论断。塞罕坝的历史沧桑，正是这一科学论断的生动写照。

首都北京向北 400 多公里，河北省最北端，一弯深深的绿色镶嵌于此，她叫塞罕坝。在中国森林分布图上，相对于全国 2 亿多公顷的森林面积，这 112 万亩的人工林似乎有些微不足道。在中国沙化荒漠化分布图上，地处风沙前缘的这一弯绿色，却显得弥足珍贵。她，每年为京津地区输送净水 1.37 亿立方米、释放氧气 55 万吨，是守卫京津的重要生态屏障。三代人，55 年。将昔日飞鸟不栖、黄沙遮天的荒原，变成百万亩人工林海，相当于为每 3 个中国人种下一棵树，创造出当之无愧的生态文明建设范例。

“绿水青山就是金山银山”的有力印证

巨大的生态效益。塞罕坝森林覆盖率由建场前的 12% 增加到现在的 80%，有效阻滞了浑善达克沙地南侵，每年为滦河、辽河涵养水源、净化水质 1.37 亿立方米。

显著的社会效益。塞罕坝林场助推区域发展，创造就业机会，带动群众致富，促进地方发展，推进苗木生产、生态旅游、交通运输、养殖业等产业发展，每年可实现社会总收入 6 亿多元。

可观的经济效益。塞罕坝林场有林地面积由建场前的 24 万亩增加到 112

万亩；林木总蓄积由建场前的33万立方米增加到1012万立方米，累计为国家提供中小径级木材192万立方米。

强大的精神力量。塞罕坝林场的巨大成就，为广大人民群众牢固树立新发展理念和“绿水青山就是金山银山”的意识，积极投身美丽中国建设发挥了示范带动作用。

生态文明建设道路的可贵探索

集中力量办大事的制度优势是生态文明建设的基础。塞罕坝林场的成功，正是贵在一张蓝图绘到底，成在集中力量办大事。

建设生态文明，是一场涉及生产方式、生活方式、思维方式和价值观念的革命性变革，塞罕坝林场的成功，正是贵在严格的制度，成在稳定的体制。

科技创新是生态文明建设的有力支撑。建设生态文明，要以资源环境承载能力为基础，以自然规律为准则。在生态文明建设过程中，人类必须尊重科学、顺应自然规律。塞罕坝的成功，正是贵在科技兴林、矢志创新的坚守，成在钻研技术、永不言败的担当。

开创社会主义生态文明新时代

塞罕坝人凭着“牢记使命，艰苦创业”的高尚情怀，“绿色发展，科学求实”的矢志追求，“前人栽树，后人乘凉”的奉献精神，“愚公移山，再造山河”的坚定信念和“踏石留印，抓铁有痕”的务实作风，探索出生态文明建设的道路，为实现美丽中国的梦想迈出坚实的步伐。

——摘自新华网2017年8月3日

第七章　当代中国的国际战略与对外政策

【教学目标】

通过本章的学习，使学生全面了解外部环境的变化与我国国家战略演变之间的内在逻辑关系，深刻把握当代中国与世界关系的历史性变化，掌握中国走和平发展道路和构建人类命运共同体的主要原因、核心内容与重要意义，从而增强学生坚持中国特色社会主义的“四个自信”，坚定对中国特色社会主义的信心。

【重难点】

重点：新中国对外政策的演变历程、当代中国同世界关系的新变化。

难点：中国和平发展战略的本质、构建人类命运共同体的内涵与意义。

当代中国与世界共处于“地球村”，中国的发展离不开世界，世界的发展也离不开中国。当代中国与世界的关系已发生历史性变化，中国日益走近世界舞台的中央。在 21 世纪上半叶，中国正独立自主地稳步推进和平发展战略，努力推动构建人类命运共同体和责任共同体，积极推动国际关系多极化和国际交往民主化，为实现“两个一百年”奋斗目标、为实现中华民族伟大复兴的中国梦而不懈努力。

第一节　新中国与世界关系的演变历程

新中国成立以来，中国与世界的关系演变可以分为两个阶段。从新中国建立到改革开放前为第一阶段。由于以美国为首的西方发达国家的军事干涉与经济封锁，中国的对外关系经历了“50 年代外交政策的确立”“60 年代在曲折中前进”“70 年代国际战略的调整”的过程。改革开放以后，中国与世界的关系进入第二阶段，中国与世界的关系逐渐紧密，中国的外交政策经历了 20 世纪 80 年代、90 年代的两次调整。进入 21 世纪，中国形成了全方位多边外交格局。

一、改革开放前新中国对外政策的制定与对外关系的初步发展

从新中国建立到改革开放之前，中国的对外关系大致经历了三个阶段。

（一）新中国外交政策的确立

新中国成立后，我国的首要任务是彻底摧毁和清除帝国主义对我国的干涉和控制，保障国家的独立和主权。为此，我国确立了独立自主的和平外交政策，实行“另起炉灶”“打扫干净屋子再请客”“一边倒”等三项基本外交方针。

“另起炉灶”，就是不承认国民党政府同各国建立的一切旧的外交关系，重新审查和处理旧中国同外国签订的一切条约和协定，在互相尊重领土主权和平等互利的基础上重建中国同世界各国的外交关系。“打扫干净屋子再请客”，就是先肃清和清算帝国主义沉淀在中国国内的各种反动残余势力，取消帝国主义在华的一切特权，再考虑建立新的正常的外交关系。“一边倒”即倒向社会主义阵营，就是在美国帝国主义长期敌视新生的人民政权的前提下，新中国在国际斗争中将坚定地站在以苏联为首的社会主义阵营一边，反对以美国为首的资本主义阵营的侵略，支持世界各国民族解放运动，维护世界的持久和平。

在当时的历史条件下，这些外交政策是符合我国国情的，为新中国的和平发展和社会主义建设争取了一个有利的国际环境，对以后的外交政策产生了深远的影响。

1953 年 12 月，周恩来总理在接见印度代表团时，首次系统提出了中国处理对外关系的基本准则——和平共处五项原则，即互相尊重主权和领土完整、互不侵犯、互不干涉内政、平等互利、和平共处。和平共处五项原则是中国奉行独立自主和平外交政策的基础和完整体现，被世界上绝大多数国家接受，成为规范国际关系的重要准则。

（二）20 世纪 60 年代对外政策在曲折中前进

20 世纪 60 年代，中国外交经受住了严峻考验。一方面，美国继续执行反华政策，加紧在中国周边制造地区紧张局势；另一方面，苏联领导人挑起了中苏论战，并把两党之间的原则争论变为国家争端，对中国施加政治上、经济上和军事上的巨大压力。因此，我国在继续反对以美国为首的帝国主义的同时，也开展了反对苏联霸权主义和修正主义的正义斗争。这一外交战略被形象地比喻为“两个拳头打人”。

这一时期，中国大力发展同广大亚非拉地区民族独立国家的友好合作关

系，并取得巨大成功。例如，中国先后与缅甸、尼泊尔、蒙古、巴基斯坦和阿富汗等国家签订了边界条约和协定，妥善解决了历史遗留问题。截至1968年初，与中国建交的国家增加到50个。其中，中法建交更是中国加强同西欧关系的一个重大突破。

1966年开始的“文化大革命”，使得中国外交一度受到了“左”的严重干扰，后来更是提出了“战争与革命”的时代主题的判断。由于毛泽东的觉察和周恩来的大力扭转，从1968年开始，中国外交才逐渐步回正常的轨道①。

（三）20世纪70年代中国国际战略的调整

20世纪70年代，世界格局出现了苏攻美守的战略态势。为了扭转颓势，美国调整了外交政策，在亚洲实行战略收缩，打开了中美关系的大门。

为了推动国际局势向着有利于和平与稳定、有利于各国人民的方向发展，1973年2月，毛泽东在会见基辛格时明确提出了“一条线”外交战略。就是从中国、日本经巴基斯坦、伊朗、土耳其到欧洲再到美国，这些处在约北纬50度线上的国家联合起来共同抗击苏联，结成国际反霸统一战线。1974年1月，毛泽东在会见日本外务大臣大平正芳时进一步提出了“一大片”的外交构想。“一大片”指“一条线”周围的国家，即“一条线”周边国家同“一条线”国家联合起来共同对付苏联的扩张势头。“一条线、一大片”战略的实施，建立了包括美国在内的国际反霸统一战线，有效遏制了苏联对中国的严重威胁，中国也逐步摆脱了在国际上的孤立地位。

1974年2月，毛泽东又完整提出了划分“三个世界”的战略思想。即美国、苏联是第一世界，是超级大国，拥有最强的军事和经济力量，在世界范围内推行霸权主义；属于第二世界的中间派主要有日本、欧洲、澳大利亚、加拿大，它们既有殖民主义的某些特点，又不同程度地受美苏的控制和威胁；除此之外，亚非拉发展中国家以及其他地区的发展中国家都属于第三世界。中国是一个社会主义国家，也是一个发展中国家，属于第三世界。“三个世界”战略思想的提出，标志着毛泽东对世界格局的认识发展到一个新的阶段，为建立最广泛的统一战线，反对美苏两霸以及它们的战争政策，提供了强大的思想武器。

① 参见张脉强主编：《当代世界经济与政治》，合肥：安徽大学出版社，2003年，第334页。

二、改革开放后中国外交政策的调整和对外关系的进一步发展

（一）20世纪80年代中国对外政策的调整

20世纪70年代末80年代初，国内国际形势发生了深刻变化。在国内，“文革”结束后，特别是十一届三中全会的召开，标志着我国进入到以经济建设为中心的社会主义现代化建设新时期。国际上，美苏争霸进入僵持阶段，国际局势趋缓，进入到以经济和科技实力为核心的综合国力竞争上。与此相适应，中国的外交政策也做出了相应的调整。

1. 时代主题的转换

20世纪80年代，邓小平根据世界形势的巨大变化，及时将“战争与革命”的时代主题转换到“和平与发展”上来。1985年3月，邓小平提出：“现在世界上真正大的问题，带全球性的战略问题，一个是和平问题，一个是经济问题或者说发展问题。和平问题是东西问题，发展问题是南北问题。概括起来，就是东西南北四个字。南北问题是核心问题。”①

2. 确立了以“国家利益”为处理国际关系的最高准则

邓小平指出，应该超越意识形态和社会制度的桎梏，以国家利益为处理国与国之间关系的根本准绳，以和平共处五项原则发展同所有国家的友好关系。

3. 赋予独立自主外交战略以新的内涵

1982年，党的十二大正式确立新时期的中国外交政策为“坚持独立自主的对外政策”，即对于一切国际事务，都从中国人民和世界人民的根本利益出发，根据事情本身的是非曲直，独立自主地决定自己的立场和政策。为此，我国改变了过去的“一条线”战略，转而实行不结盟政策，致力于发展更加均衡的对外关系。中国奉行的反对霸权主义，不是反对哪个具体的国家，而是反对国际交往中的霸权行径和强权政治。在对美关系上，适当拉开距离，不搞战略关系；在对苏关系上，改善关系，但不回到大家庭。

4. 制定了全面对外开放的基本国策

我国把改革开放作为一项基本国策，确立为实现现代化、摆脱贫困和落后的必由之路。这种开放是全方位的，既对发达资本主义国家开放，也对社会主义国家和发展中国家开放。

（二）20世纪90年代以来中国外交政策的进一步调整

这一时期，随着东欧剧变、苏联解体、冷战结束，国际局势进一步发生

① 《邓小平文选》第三卷，北京：人民出版社，1993年，第105页。

剧烈动荡和深刻变化。中国国内则进入快速发展的轨道，但同时也进入了社会矛盾突发期。在此背景下，中国外交进一步根据实际情况进行调整，主要表现为：

确定并坚持“韬光养晦、有所作为”的外交战略。无论国际形势如何风云变幻，中国要始终做到冷静观察、稳住阵脚、沉着应付、韬光养晦、善于藏拙、决不当头、有所作为。

积极开展独立自主的多边外交。这一时期，中国不仅加强了与西方发达国家的关系，而且进一步密切和发展了同发展中国家的团结与合作，与周边国家的睦邻友好关系也取得了巨大的发展。中国全方位的多边外交日益活跃。

继续倡导建立国际政治经济新秩序。中国政府主张，建立国际政治经济新秩序，应该反映世界各国人民的普遍愿望和共同利益，应该体现历史发展和时代进步的要求。我们一贯强调要以和平共处五项原则、联合国宪章的宗旨和原则以及其他公认的国际关系准则为基础，建立国际政治经济新秩序。

进入 21 世纪后，特别是党的十八大以来，以习近平同志为核心的党中央高举中国特色社会主义伟大旗帜，坚持稳中求进、有所作为的方针，统筹推进“五位一体”总体布局和协调推进“四个全面”战略布局，中国外交也紧紧抓住战略机遇期，取得了举世瞩目的成就。

第二节　当代中国同世界关系的新变化新特征

当今世界正面临着百年未有之大变局，正处于大发展、大变革、大调整之中，国际政治经济格局加速调整，全球治理体系出现了许多新情况、新趋势。美国一超独霸的地位难以为继，新兴国家迅速崛起，大国关系出现了前所未有的历史性变化。

一、当今世界格局的新变化

经济全球化的不断深化成为世界格局调整和变化的大背景。20 世纪下半叶，随着商品、服务、资本、技术等在世界性生产、流通、消费、投资等领域内的大规模扩散和重新配置，各国经济相互依存、融合程度日益加深，逐渐形成了你中有我、我中有你、荣辱与共的态势。

（一）国际力量对比呈现东升西降态势

2008 年国际金融危机后，世界多极化趋势更加明显。一方面，由于种种原因，美国经济发展速度明显放缓，在世界经济中的比重不断下降，在国际经济体系和各种国际事务中的影响力日益减弱，霸主地位明显衰落；另一方面，中俄印等新兴国家经济体发展迅速，经济实力和国际地位不断提升，金砖五国2017年经济总量约占世界的23.4％，对世界经济增长贡献率达50％。2019年，中国GDP总量达到99.1万亿元人民币，稳居世界第二，是美国GDP总量的65％。发展中国家作为一个整体，不仅在经济总量上缩小了同发达国家的差距，而且在人口基数增加的前提下，人均GDP也缩小了与发达国家之间的鸿沟。虽然西方发达国家在国际体系中仍处于主导地位，但他们越来越难以垄断国际事务，越来越要求其他新兴大国更多地为地区或世界事务分担责任。新兴大国的崛起，作为当今世界最重要的趋势之一，有力地推动着国际力量对比继续朝着相对均衡、有利于国际和平与发展的方向发展，继续朝着有利于世界多极化的方向发展。

（二）科学技术酝酿新突破

当前，新一轮科技革命和产业革命正在孕育兴起，信息技术、生物技术、新材料技术、新能源技术等广泛渗透，带动几乎所有领域发生了以绿色、智能、泛在为特征的群体性技术革命。科技创新链条更加灵活，技术更新和成果转化更加快捷，产业更新换代不断加快。科技创新活动不断突破地域、组织、技术的界限演化为新体系的竞争，创新战略竞争在综合国力竞争中的地位日益重要。

（三）信息技术特别是互联网影响深远

当前，以互联网为代表的信息技术日新月异，以数字化、网络化、智能化为特征的信息化浪潮蓬勃兴起，引领了社会生产新变革，创造了人类生活新空间，拓展了国家治理新领域，极大地提高了人类认识世界、改造世界的能力。可以说，当今世界，没有信息化就没有现代化。

（四）思想文化交流交融交锋呈现新特点

当今全球共有200多个国家和地区，2500多个民族，共使用着50种以上的语言。它们共同构成了世界文化多样性的多姿多彩。当前，随着全球化的进一步深入，世界文化交流交融交锋的范围更加广泛、程度更加深入。从建筑艺术到影视小说、从饮食习惯到风俗礼仪、从话语体系到思维方式、从思想观念到行为方式，无一不牵涉其中。而手机等移动便携式新型交流技术的出现，使得全球范围内的文化交流交融交锋更加便捷而迅速，大有文化全球化的趋势。

二、当今世界发展面临的新挑战

（一）造成国际金融危机的深层次影响仍在持续

2008年的国际金融危机，深刻暴露出传统经济发展模式的弊端和缺陷。

发达经济体过度依赖消费和负债，导致实体经济萎缩、虚拟金融过度膨胀，经济增长难以为继，债务高位运行风险并没有得到实质性缓解。新兴和发展中经济体以投资和出口为导向的发展模式面临困境，不可持续。不少国家面临出口下滑、债务规模扩大、经济持续下行等问题，甚至还一度出现货币大幅贬值和资本加速外流等现象，发生系统性危机的风险在上升。

虽然在世界各国的共同努力下，全球经济开始探底回升，走上缓慢复苏的道路，再次爆发系统性金融风险和经济危机的可能性已大幅降低，但危机的深层次影响远未消除，世界经济仍处在深度调整之中。发达经济体复苏低迷，新兴经济体走势分化、增速放缓，全球贸易延续萎缩态势，地缘政治的风险上升，不稳定不确定因素有增无减，正在集中显现。在这种多重风险叠加交织的关键时刻，美联储的加息可能增大国际金融风险，尤其是对部分新兴和发展中经济体可能构成较大的系统性风险和冲击。而美国单方面顽固挑起对华贸易摩擦，严重威胁全球贸易链安全和经济安全。

（二）逆全球化现象增多，国际贸易保护主义有所抬头

2008 年世界金融危机以来，西方发达国家经济长期低迷，失业率居高不下，导致民粹主义思潮泛滥。一些国家的政客为了讨好选民捞取政治资本，故意将经济问题政治化，将攻击矛头对准国际贸易与投资自由化相关政策，对正常的跨国投资并购恶意设置显性或隐性障碍，甚至动辄以安全审查为由粗暴干涉和否决。如根据英国经济政策研究中心发布的《全球贸易预警》报告显示，作为全球第一大经济体的美国，从 2008 年到 2016 年对其他国家采取了 600 多项贸易保护措施，仅 2015 年就采取了 90 项，位居各国之首。个别超级大国泛化国家安全、滥用国家力量，不择手段地蓄意抹黑和打压特定国家的特定企业。自 2018 年底以来，美国对我国高科技民营企业华为公司的蓄意抹黑、无端指责、无理而蛮横地全球围剿和打压不断升级，就是最好的明证。

（三）冷战思维阴魂不散，军事集团逆势发展，严重挑战世界和平秩序

冷战结束 20 多年来，少数国家的冷战思维不降反升，强化趋势明显。个别霸权国家，为了一己私利，在亚洲地区高调叫嚣“重返亚洲”，大搞“亚太再平衡战略”。在亚洲刻意寻求对立、对抗，大力推行唯我独尊的霸权主义和集团对抗的冷战思维。为此，不断强化与其盟友之间的所谓军事同盟关系，对亚太有些国家增加“军援”，频繁进行联合军事演习，变相鼓励地区军备竞赛。在这种霸权主义和冷战思维的作用下，亚太地区主要国家之间本已趋于淡化的历史问题和领土问题被炒作升级为地区热点和重点，对域内国家之间

的互信合作、民间感情造成严重伤害，使得冷战后东北亚地区来之不易的友好关系毁于一旦。

（四）地区冲突增加，恐怖主义加速蔓延

当前国际形势延续总体和平，但一些小范围的地区冲突有所增加。朝核问题、伊核问题、利比亚冲突、叙利亚战乱、也门内战等此起彼伏。乌克兰危机曾引发俄美严重对立。欧洲内忧外患，恐怖袭击、难民问题、债务危机等导致疑欧情绪蔓延，脱欧、退欧呼声泛起。中东北非地区教俗斗争、教派冲突、民族矛盾、领土争端交织，陷入全面动荡，各阵营加速重组，矛盾呈现出区域化长期化的趋势。

与地区局势动荡相伴而生的是恐怖主义、极端主义和分离主义势力空前活跃。近几年，中东地区冲突像磁石一般，吸引着世界各地的恐怖分子和极端分子趋之若鹜。基地组织、“伊斯兰国”等极端组织此起彼伏。中东、阿富汗、巴基斯坦、尼日利亚等地区成为恐怖主义的重灾区。2016 年以来，欧洲大陆已然成为恐怖主义袭击的新目标。而当“伊斯兰国”在伊拉克和叙利亚渐成颓势之后，又加速向其他地区渗透，给国际社会造成了极大的危害和恐慌。国际恐怖主义袭击呈高发态势。

（五）非传统安全问题与传统安全问题交织，全球性问题日益突出

进入 21 世纪以来，在传统安全问题依然突出并有新发展的同时，非传统安全问题日益凸显为国际社会的一个新特征，两者相互交织，形成全球性难题。除了前文提到的恐怖主义和难民危机之外，诸如非法移民、跨国犯罪、武器扩散、疾病蔓延、生态危机、金融安全、网络安全、气候异常、人口膨胀、贫困、海盗、洗钱等等诸多全球性问题，无一不危害着国际社会的健康与稳定发展，要求国际社会加强合作，协调行动。

以 2019 年年底暴发的新冠肺炎疫情为例，据人民日报海外网公布的数据，截至 2020 年 8 月 22 日，全球累计确诊病例超过 2306 万，累计死亡人数超过 80 万，其传染速度之快、覆盖面之广、伤亡情况之重，为冷战后所罕见，并进一步造成“金、股、汇、粮、油、矿”等行情震荡，世界经济如履薄冰。面对突如其来的疫情冲击，美欧等世界主要发达国家标榜的制度优势、医药资本垄断的生物医学“神话”覆灭，美国主导的基于同盟体系的“集体安全”失灵。个别超级大国更是手足无措，进退失据，坐失抗击病毒良机。美国一些反华政客企图将病毒污名化、抗疫政治化、责任甩锅化来转移国内矛盾，危害来之不易的全球抗疫大局。这再次证明，当今世界，没有一个国家能够实现脱离共同安全的自身安全，更不可能建立在其他国家不安全基础

之上的绝对安全。面对以新冠肺炎疫情为代表的非传统安全，唯有加强全球合作，才是人间正道。

三、中国正日益走近世界舞台中央

（一）中国的发展离不开世界

早在改革开放之初，邓小平就提出了“中国的发展离不开世界”这一命题，要求我们处理好自力更生与改革开放的关系问题，以及中国同世界的关系问题。经过40多年的高速发展，尽管当代中国的整体经济实力显著增强、国际地位明显提高，但中国的发展仍然离不开世界，甚至比以往任何时候更加离不开世界。因为我们虽然进入了中国特色社会主义新时代，社会主要矛盾虽然变为人民日益增长的美好生活需要与不平衡不充分的发展之间的矛盾，但我国仍处于并将长期处于社会主义初级阶段这一基本国情并没有变，我国是世界上最大发展中国家的国际地位也没有变，我国人口多、底子薄、地区发展不平衡的社会现实也没有根本改变。我国国民经济总量虽然上来了，但是除以14亿的庞大人口，人均国民生产总值仍然不高，排名不靠前，同西方发达国家相比还有较大差距。

当代中国的发展更需要一个安定和平的国际环境。中国全方位推进对外关系和国际合作，全面维护世界和平，积极开展与世界各国的文化交流与合作。截至2020年7月，中国已同180多个国家和地区建立了外交关系，参加了100多个政府间国际组织，签署了300多个国际公约，与150多个国家和地区签订双边贸易协定或经济合作协定；与美、欧、俄等主要经济体均建立和保持着经济高层对话机制；积极参与亚太经济合作组织、东盟与中日韩（10＋3）领导人会议、东亚峰会、中非合作论坛、中国－阿拉伯国家合作论坛、中国—中东欧国家17＋1合作、中亚区域经济合作、大湄公河次区域经济合作、“大图们倡议”等区域和次区域经济合作机制；坚持“与邻为善、以邻为伴”方针，与周边国家和地区建立和发展多种形式的边境经济贸易合作。总之，我国已经构建起总体稳定、均衡发展、互利共赢的大国关系框架，促进形成机遇共享、共同发展的周边合作局面，巩固并加强了同发展中国家的传统友谊和团结合作，与世界各国交流合作更加广泛。

（二）世界的繁荣与稳定离不开中国

新中国成立以来，特别是改革开放以来，中国融入世界的进程加快、程度加深，中国承担的责任越来越重，对世界的贡献越来越大。

改革开放前，中国人均GDP不足非洲国家平均数的三分之一；改革开放

40多年来，中国GDP平均每年增长9.7%，平均每年贸易增长速度为15%。现在中国已发展为世界第二大经济体、世界制造业第一大国、世界第一实物贸易大国、世界第一大外汇储备国、世界最大债权国、世界第一外资引进大国和世界第二大对外投资国。在2000年以前，世界经济增长的动力主要来自西方发达国家，而在2000年以后，中国经济对世界经济增长的贡献率不断增加，已经连续6年超过30%，与其他发展中国家加起来，对世界经济增长的贡献超过三分之二，成为世界经济增长的新引擎。特别是在2008年国际金融危机之后，西方发达国家经济陷入整体衰退沉沦之时，我国凭借中国共产党的正确领导和中国特色社会主义的制度优势，不但成功抵御了国际金融危机的冲击，自身经济保持了较快增长，还为世界各国摆脱危机提供了力所能及的帮助，为世界经济逐步复苏做出了重要贡献。据中国国家统计局网站2020年1月公布的数据，中国2019年年底GDP总量为99.1万亿元人民币，占世界经济总量的16%，对世界经济的贡献率达30%。因此，在当今世界，中国已经成为全球具有重要影响的最大新兴经济体，成为世界经济增长的重要推动力量。

中国积极参与和坚定支持联合国的各项工作，坚定维护联合国在国际事务中的核心作用，共同为人类和平与发展的崇高事业做出不懈努力。在恢复联合国合法席位后，中国积极参与联合国在安全、发展、社会、人权、法律、军控裁军等各领域工作，为世界和平与发展做出了突出贡献。仅在联合国维和行动领域，中国的贡献就十分扎实和突出。如2016年，中国在安理会5个常任理事国中派出的维和人员最多，高达2600人，也是第二大维和摊款出资国。中国将加入新的联合国维和能力待命机制，为此率先组建常备成建制的维和警队，并建设8000人规模的维和待命部队。所有这一切，都体现了中国作为一个大国的责任和担当。

中国的减贫行动取得巨大成就，是中国对世界繁荣与稳定的又一重大贡献。从1978年到2017年，我国农村贫困人口减少7.4亿人，年均减贫人口规模接近1900万人；农村贫困发生率下降94.4个百分点，年均下降2.4个百分点。贫困发生率也从2012年末的10.2%下降到2017年末的3.1%，其中有17个省份贫困发生率已下降到3%以下①。2020年3月6日，习近平在决战决胜脱贫攻坚座谈会上的讲话中指出：我国“贫困人口从2012年年底的9899万人减到2019年年底的551万人，贫困发生率由10.2%降至0.6%，连续7年每年减贫1000万人以上”，至2020年2月底，“全国832个贫困县中已

① 参见《扶贫开发成就举世瞩目，脱贫攻坚取得决定性进展》，国家统计局网站，2018年9月3日。

有 601 个宣布摘帽，179 个正在进行退出检查，未摘帽县还有 52 个，区域性整体贫困基本得到解决。”① 中国成为世界上减贫人口最多的国家，也是世界上率先完成联合国千年发展目标的国家，为全球减贫事业做出了重大贡献，为全球减贫提供了中国经验。

（三）中国正日益走近世界舞台的中央

我们在以习近平同志为核心的党中央坚强领导下，攻坚克难、开拓进取，在全球治理变局中引领方向，在国际形势乱象中把握大局，在激烈复杂博弈中维护利益，在世界经济转型中助力发展，开创了中国特色大国外交全面推进的新局面。中国正在以更为成熟、稳健的步伐，走近世界舞台中央，成为乱局中的稳定器、变局中的正能量。特别是在当前世界主要国家宏观经济仍然尚未完全稳定，发达经济体疲软态势仍未改观而拉动全球经济增长的新兴及发展中经济体又出现减速分化的背景下，全球治理需求加大而国际治理机制供应不足之间的矛盾仍然是当前国际关系的主要矛盾。中国成为维护世界和平、推动世界发展的中坚力量，既是历史的选择，又是国际局势发展的必然。

经济上，为维护世界和平、推动世界发展提出更多中国方案。中国的发展成就提升了中国参与全球经济治理和促进世界经济增长的责任担当和使命意识。积极参与全球经济治理和公共产品供给，已经成为作为世界第二大经济体和最大发展中国家的中国的一项重要国际责任和义务。加强宏观政策协调、创新增长方式、完善全球经济金融治理、继续推动国际贸易和投资、促进包容和联动式发展、引领全球可持续发展合作、消除世界发展鸿沟等一系列观点，为维护世界和平、推动世界发展贡献了独具特色的中国方案。

政治上，为维护世界和平、推动世界发展给出更多中国主张。中国政府高举和平、发展、合作、共赢大旗，加强与世界各国的联系和交往，积极参与国际事务，力推“一带一路”倡议，与各方打造开放包容的利益共同体与命运共同体，在谋求自身发展的同时，也以实际行动在世界上发挥着重要建设性作用。世界各国越来越认识到，作为一个负责任的大国，中国在国际秩序的建设与变革中是积极参与者和建设者，是维护世界和平与稳定的坚定力量，许多全球性的大事，如果没有中国的参与，就无法顺利完成。

文化上，为维护世界和平、推动世界发展贡献更多中国智慧。中国创造性地将中国传统文化中的和合精神和包容理念运用于国家交往当中，主张各

① 习近平：《在决战决胜脱贫攻坚座谈会上的讲话》，北京：人民出版社，2020 年，第 3 页。

种文化都有平等的生存权利和发展空间，大力倡导不同文化间的平等共处与和谐发展，反对文化霸权主义。为此，中国抢抓机遇，积极主动“走出去”与“请进来”相结合，向国际友人讲好中国故事，传播好中国声音，提升中国文化软实力，将令人信服的具体发展经验和成果介绍给全世界。中国倡导的是一种多彩、平等、包容的新型文明，是中国道路对世界文明的一种独特文化贡献，体现了中国智慧。

综上所述，人类只有一个地球，我们生活在同一个地球村里。世界各国利益交融、兴衰相伴、安危与共，形成了你中有我、我中有你的命运共同体。面对复杂多变的国际形势和严峻突出的全球性问题，中国主张世界各国都要树立命运共同体意识，真正认清“一荣俱荣、一损俱损”的连带效应，在竞争中合作，在合作中共赢。当今中国与世界发展的事实充分表明，中国的发展离不开世界，世界的和平与繁荣也离不开中国，中国与世界的关系将朝着联系日益紧密的命运共同体方向不断迈进。

第三节　坚持走和平发展道路

“和平发展道路”，又称为“和平崛起道路”，是中国社会发展的国际战略。2005 年 12 月，中国政府发表《中国的和平发展道路》白皮书，全面阐述了中国的和平发展道路，展示了中国走和平发展之路的立场和决心，标志着“和平发展道路”正式成为当代中国的一项重要国家战略。中国走和平发展道路，并非权宜之计，而是中国政府和中国人民的郑重选择和庄严承诺。

一、中国走和平发展道路的理论依据

中国选择走和平发展道路，有深厚的历史文化渊源和基础，体现了中国人民的真诚愿望和不懈追求，是思想自信和实践自觉的有机统一。

第一，坚定不移地走和平发展道路，是基于中国国情的必然选择。消除战争，实现和平，建设独立、富强、民主、幸福的国家，是近代以来中国人民孜孜以求的奋斗目标。今天的中国，虽然取得了巨大的发展成就，但在社会总体进步的前提下，我国的许多传统难题还没有解决，又伴随着时代的进步而衍生出更多新情况、新挑战。例如，国家宏观经济减速下滑使得经济下行压力变大，人民收入差距拉大，社会矛盾激化引起的群体性事件增多，等等。这些问题能否得到妥善解决，关系到民生福祉、社会安定以及社会主义事业的兴衰成败。因此，找到一条符合本国国情的发展道路，推动经济社会

发展，不断改善人民生活始终是中国的中心任务。中国的和平发展道路，形成于、立足于中国的国情，是经过实践检验而证明行之有效的道路。

第二，坚定不移地走和平发展道路，是基于中国特色社会主义本质的必然选择。一个国家走什么样的发展道路，从根本上说是由其国家性质决定的。资本主义的社会性质，决定了西方大国的崛起必然伴随着剥削、压迫、侵略、扩张、掠夺，必然充满着血腥和暴力。而我国是中国共产党领导的、人民民主专政的社会主义国家，走的是中国特色社会主义道路。社会主义的本质是解放生产力、发展生产力，消灭剥削、消除两极分化，最终实现共同富裕。这些都决定了我国的发展和崛起不可能、也不允许走西方的老路，只能坚持走和平发展的新型道路。

第三，坚定不移地走和平发展道路，是基于中国历史文化传统的必然选择。中华民族历来就是热爱和平的民族，中华文化是一种和平的文化。渴望和平、追求和谐，始终是中国人民的精神特征。在5000多年的文明发展历程中，三教九流、诸子百家的思想和理论之所以能在中华大地同存共生、协同进化、繁衍不息，一个很重要的原因在于中华文化当中开放包容的“和合”精神，强调“以和为贵”而又“和而不同”。它们共同孕育出中华民族特有的兼爱非攻、善待他人的民族性格、价值观念和心理情感。在人类历史上，中华文明曾长期处于世界领先地位，却没有侵略他人、称霸世界的基因，总是强调以德服人、和谐共处、求同存异、相互借鉴，反对穷兵黩武、以大欺小。因此，中国走和平发展道路正是这种博大精深的深厚文化底蕴结出的硕果，是彰显中国文化禀赋、弘扬中华民族精神的理性选择。

第四，中国坚定不移地走和平发展道路，是基于当今世界发展潮流的必然选择。和平与发展仍是当今时代的两大主题，求和平、促发展、谋合作是世界各国人民的共同心愿，也是不可阻挡的历史潮流。长期以来，中国坚持奉行独立自主的和平外交政策，宗旨就是维护世界和平、促进共同发展。即使是在最困难的时候，中国也没有搞过对外扩张，从没有把自己的问题转嫁给他国。事实表明，中国经济的发展，已经成为亚太地区和世界经济增长的重要推动力量。一个国家、一个政党，能否保持自己的生机与活力，能否成为推动历史前进的进步力量，归根到底，在于对时代大势的宏观驾驭和对历史与现实的准确把握，在于是否具有优秀品格和自强精神，能否始终走在时代潮流的前列。中国选择走和平发展道路，正是深刻认识时代潮流、准确把握世界发展规律而做出的明智战略选择。

二、中国和平发展道路的科学内涵及其时代特征

中国的和平发展道路归结起来就是：既通过维护世界和平发展自己，又

通过自身发展维护世界和平；在强调依靠自身力量和改革创新实现发展的同时，坚持对外开放，学习借鉴别国长处；顺应经济全球化发展潮流，寻求与各国互利共赢和共同发展；同国际社会一道努力，推动建设持久和平、共同繁荣的和谐世界。

中国和平发展道路的最鲜明特征，就是坚持科学发展、自主发展、开放发展、和平发展、合作发展、共同发展。

科学发展，就是尊重并遵循经济社会和自然发展规律，牢牢抓住经济建设这个中心，坚持聚精会神搞建设，一心一意谋发展，不断解放和发展社会生产力，寻求不断满足人民日益增长的美好生活需要，走共同富裕道路。

自主发展，就是始终坚持独立自主，把国家发展的基点和重心放在国内，注重从本国国情出发，主要依靠自身力量和改革创新推动经济社会发展，不把问题和矛盾转嫁给别国。

开放发展，就是把改革开放作为一项基本国策，把对内改革和对外开放结合起来，把坚持独立自主同参与经济全球化结合起来，把继承中华民族优良传统同学习借鉴人类社会一切文明成果结合起来，把国际国内两个市场、两种资源结合起来，完善内外联动、互利共赢、安全高效的开放型经济体系。

和平发展，就是把为国家发展营造和平稳定的国际环境作为对外工作的中心任务。同时，积极为世界和平与发展做出自己应有的贡献，绝不搞侵略扩张，永远不争霸、不称霸，始终做维护世界和地区和平稳定的坚定力量。

合作发展，就是坚持以合作谋和平、以合作促发展、以合作化争端，同其他国家建立和发展不同形式的合作关系，致力于通过同各国不断扩大互利合作，有效应对日益增多的全球性挑战，协力解决关乎世界经济发展和人类生存进步的重大问题。

共同发展，就是坚持奉行互利共赢的开放战略，坚持自身利益与人类共同利益的一致性，在追求自身发展的同时努力实现与他国发展的良性互动，促进世界各国共同发展。中国真诚期待同世界各国并肩携手，实现共同发展繁荣。

三、中国和平发展道路的总体目标

中国和平发展的不懈追求是：对内求发展、求和谐，对外求合作、求和平。具体而言，就是通过中国人民的艰苦奋斗和改革创新，通过同世界各国长期友好相处、平等互利合作，让中国人民过上美好生活，并为全人类发展进步做出应有贡献。这已经上升为中国的国家意志，转化为国家发展规划和大政方针，落实在中国发展进程的广泛实践中。

实现国家现代化和人民共同富裕是中国和平发展的总体目标。为此，中国制定并实施了“三步走”的现代化发展战略：第一步，到 20 世纪 80 年代末，实现国民生产总值比 1980 年翻一番，解决人民温饱问题；第二步，到 20 世纪末，使国民生产总值再增长一倍，人民生活达到小康水平；第三步到 21 世纪中叶基本实现现代化，人均国民生产总值达到中等发达国家水平，人民过上比较富裕的生活。

党的十五大将“三步走”战略的第三步进一步细化为三个阶段，即在 21 世纪的第一个 10 年，实现国民生产总值比 2000 年翻一番，使人民的小康生活更加宽裕，形成比较完善的社会主义市场经济体制；再经过 10 年的努力，到建党 100 年时，使国民经济更加发展，各项制度更加完善；到 21 世纪中叶新中国成立 100 年时，基本实现现代化，建成富强民主文明的社会主义国家。这意味着到 2020 年，中国将全面建成惠及十几亿人口的更高水平的小康社会。

党的十九大综合分析国际国内形势以及我国发展条件，进一步将 2020 年到本世纪中叶的发展细分为两个阶段来安排：第一个阶段，从 2020 到 2035 年，在全面建成小康社会的基础上，再奋斗 15 年，基本实现社会主义现代化；第二个阶段，从 2035 年到本世纪中叶，在基本实现现代化的基础上，再奋斗 15 年，把我国建成富强民主文明和谐美丽的社会主义现代化强国。这是新时代中国特色社会主义发展的战略安排。

四、中国走和平发展道路的意义

和平发展道路是中国探索出的一条新型发展道路，随着时间的推移，这条道路已经并将进一步显示出其世界意义。

第一，中国的和平发展道路为世界经济稳定发展提供了机遇。通过统筹国内和国际两个市场，中国把世界的机遇转变为中国的机遇，同时也把中国的机遇转化为世界的机遇。经过 40 多年的改革开放，中国现已成为国际公认的最大市场之一，为国际资本投资中国提供了更多机会，为世界经济发展提供了丰富的资源和广阔的市场。自 2001 年正式加入世界贸易组织以来，中国严格信守承诺，为开展国际经济技术合作创造更加良好的条件，清理并修订了约 3000 部法律、法规和部门规章，涉外经济法律体系不断完善，贸易政策的透明度不断增强。中国依照承诺逐步降低关税，关税总水平从加入世贸组织前的 15.3％降到目前的 9.8％，并取消了大多数非关税措施。在银行、保险、证券、分销等服务贸易领域加快了开放步伐，在世界贸易组织分类的 160 多个服务贸易的部门中，中国已经开放了 100 多个，占 62.5％，已接近发达国家水平。2001 年至 2011 年，中国年均进口近 7500 亿美元商品，相当于为相关国家和地区创造了 1400 多万个就业岗位。在华外商投资企业从中国累计汇出利润 2617 亿美元，年均增长 30%。截至 2011 年 9 月，中国已同 163 个国家和地区建立了双边经贸合作机制，签署 10 个自由贸易区协定，同 129 个国家签署双边投资保护协定，同 96 个国家签署避免双重征税协定，成为贸易和投资自由化便利化的积极实践者①。

第二，中国的和平发展道路打破了“国强必霸”的大国崛起传统模式。建立殖民体系、争夺势力范围、对外武力扩张，是近代历史上一些大国崛起的老路。特别是在 20 世纪，追逐霸权、实力对抗、兵戎相见，使人类惨遭两次世界大战的浩劫。西方大国穷兵黩武式的崛起道路，给世界各国人民带来了挥之不去的阴影，久而久之就形成了“国强必霸”的习惯思维。中国基于自己几千年的历史文化传统和现实国情，郑重选择和平发展、合作共赢作为实现国家现代化、参与国际事务和处理国际关系的基本途径。几十年来的实践证明，中国和平发展道路走对了。它完全跳出了西方霸权冲突历史周期律的窠臼，为世界新兴大国的崛起提供了一种可供选择的、完全不同的发展模式。

第三，中国的和平发展道路丰富了世界现代化道路的多样性，为发展中国家寻找适合自己的道路提供了可资借鉴的榜样。在国家发展道路问题上，许多发展中国家按照西方推销的方案发展本国经济，结果不仅没有得到预想中的国富民安、经济进步，反而堕入了无尽深渊和深重灾难之中。中国和平发展道路的巨大成功，犹如黑暗中的一盏明灯，重新点燃了发展中国家追求幸福的希望。中国与许多亚非拉发展中国家历史境遇相似、起点相近、国情相类、目标相同，但由于选择的发展道路不同，得到的结果可谓天壤之别。中国和平发展道路成就辉煌，西方道路穷途末路。许多发展中国家从事实中认识到了西方发展模式的弊端，发现了中国模式的优点和潜力，愿意借鉴中国发展经验，探索符合自身国情的发展道路。因此，中国的和平发展道路，不仅使中国从一穷二白的地方性存在一跃成为国富民强的世界历史性存在，丰富了世界现代化道路的多样性，而且还为那些与中国经历相似、追求相同而又愿意学习中国经验的发展中国家的现代化提供了一种有益的参考和借鉴。

第四，中国的和平发展道路为世界的持久和平提供了机遇和保障。中国是联合国创始会员国，同时也是联合国安理会常任理事国，对维护世界和平与发展负有重要责任。中国综合国力的发展，本身就是对国际和平力量的重

---

① 《国务院新闻办发表〈中国的和平发展〉白皮书（全文）》，中央政府门户网站，2011 年 9 月 6 日。

要贡献。在 1997 年亚洲金融危机引起周边国家和地区货币大幅贬值情况下，中国保持人民币汇率基本稳定，为区域经济稳定和发展做出了重要贡献。2008 年国际金融危机发生后，中国积极参与二十国集团等全球经济治理机制建设，推动国际金融体系改革，参与各国宏观经济政策协调，参与国际贸易融资计划和金融合作，组织大型采购团赴海外采购，向陷入困境的国家伸出援手。截至 2009 年底，中国累计向 161 个国家、30 多个国际和区域组织提供了 2563 亿元人民币的援助，减免 50 个重债穷国和最不发达国家债务 380 笔，为发展中国家培训人员 12 万人次，累计派出 2.1 万名援外医疗队员和近 1 万名援外教师。中国积极推动最不发达国家扩大对华出口，并已承诺对所有同中国建交的最不发达国家 95％的输华产品给予零关税待遇。中国是唯一公开承诺不首先使用核武器、不对无核武器国家和无核武器地区使用或威胁使用核武器的核国家。中国累计向联合国 30 项维和行动派出各类人员约 2.1 万人次，是派出维和人员最多的联合国安理会常任理事国。中国积极参与反恐、防扩散领域国际合作，向遭受严重自然灾害的国家提供人道主义援助并派出救援队，为打击海盗行为向亚丁湾、索马里海域派遣海军护航编队。中国参加了 100 多个政府间国际组织，签署了 300 多个国际公约，成为国际体系的参与者、建设者和贡献者①。

第五，中国的和平发展道路为国际共产主义运动提供了一种新路径。两极格局终结后，以美国为首的西方资本主义国家不仅维持了强势地位，而且还将西方话语体系推至顶峰，有人甚至将美国式的社会制度和现代化道路推崇为人类历史的终点。苏联模式社会主义探索的失败，使得国际共产主义运动陷入低谷。中国、越南、老挝、朝鲜、古巴是全球仅剩的 5 个社会主义国家，不仅国力弱小，而且还得时刻面对西方资本主义国家的围追堵截与和平演变。在极端困难的情况下，中国特色社会主义不仅坚持了下来，而且还将和平与发展两大时代主题结合起来，将科学社会主义的普遍原理与中国国情和发展目标结合起来，创造性地形成了“中国和平发展道路”，为我国的内政外交提供了更加明确的指引。中国和平发展道路的成功，既是中国特色社会主义的成功，也是对国际共产主义运动做出的有益探索和独特贡献，必将鼓舞世界其他社会主义国家与共产党人坚定马克思主义信仰、坚持社会主义道路。

① 《国务院新闻办发表〈中国的和平发展〉白皮书（全文）》，中央政府门户网站，2011 年 9 月 6 日。

五、坚决维护国家核心利益

中国坚定不移走和平发展道路是有底线的，这就是坚决维护国家核心利益。所谓国家核心利益，就是一国的最高利益，是关乎一国根本性、全局性、长远性和结构性的利益。由于其关乎国家的繁荣安定、生死存亡，因此在国际交往和谈判中没有商量余地，没有妥协空间，不可让步。维护和捍卫国家利益，特别是国家核心利益，是任何国家政府至高无上的职责。

2011 年 9 月，中国国务院新闻办公室在《中国的和平发展》白皮书中明确指出："中国的核心利益包括：国家主权，国家安全，领土完整，国家统一，中国宪法确立的国家政治制度和社会大局稳定，经济社会可持续发展的基本保障。"① 这是新中国历史上，中国政府首次明确界定自己的国家核心利益，具有里程碑式的意义。它明确了中国政府的立场，厘清了当前中国的国家核心利益边界，为国际交往划出了红线，对如何更好地维护国家核心利益具有现实指导意义。

坚决维护国家的核心利益是中国外交的神圣使命。新中国成立以来，中国在维护国家独立和主权、捍卫民族尊严上的立场是一贯的。当前，某些国家片面解读中国和平发展立场，错误地认为中国会为了和平发展而牺牲国家原则和利益底线，乘机挑衅滋事，大肆兜售"中国威胁论"，以此作为遏制中国的"卖点"和讹诈中国的武器，大搞舆论战和心理战，妄图误导中国外交行动、恶化中国外部环境。为此，中国政府一再强调，中国和平发展绝不等于委曲求全，任何外国不要指望我们会拿自己的核心利益做交易，不要指望我们会吞下损害我国主权、安全、发展利益的苦果，一些人把中国维护合理合法的国家权益说成是"咄咄逼人""傲慢""强硬"，鼓吹"中国威胁"等论调，都是站不住脚的。

要始终把坚决维护国家主权、安全、发展利益作为外交工作的基本出发点和落脚点。坚持独立自主的和平外交方针，坚持把国家和民族发展放在自己力量的基点上，决不能放弃我们的正当权益，决不能牺牲国家核心利益。要稳妥应对涉及我国领土主权和海洋权益的争端，坚决维护国家的领土主权。坚决在国际上遏制"台独""藏独""东突"等分裂势力的破坏活动，防范国际暴力恐怖活动向境内渗透，维护国家主权和安全。不回避矛盾和问题，妥善处理同有关国家的分歧和摩擦，同时推动各领域交流合作，通过合作扩大共同利益的汇合点，努力维护同周边国家关系及地区和平稳定大局。

---

① 《国务院新闻办发表〈中国的和平发展〉白皮书（全文）》，中央政府门户网站，2011 年 9 月 6 日。

我国的和平发展不会一帆风顺。我们不惹事，但也不怕事。在涉及我国核心利益的问题上，我们要敢于划出红线，亮明底线。中国以及世界的历史反复证明：无论是维护和平还是捍卫国家核心利益，都必须以实力为后盾。没有实力为支撑的和平是易碎的，没有实力为后盾的国家核心利益是易失的。中国维护国家核心利益的关键还是要把自己发展好，把自己的事情办好。随着我国和平发展进程的不断深入，我们维护国家利益的资源和手段将会越来越多，维护国家利益的地位也会越来越主动。

第四节 当代中国的对外方针政策

党的十八大以来，习近平总书记多次出国外访，以周边和大国为重点，以发展中国家为基础，以多边外交为舞台，以构建全球伙伴关系网络为主要路径，以参与和引领全球治理为开拓方向，以“一带一路”建设为对外合作重要渠道，形成了全方位、多层次、立体化的外交布局，以点带面、点面结合、全面均衡、整体推进，开创了外交工作的新局面。

一、推动构建新型大国关系

大国是影响世界和平的决定性力量。保持与大国关系的总体稳定，对于我国深化全方位对外合作，维护良好的外部环境至关重要。

（一）中俄新时代战略协作伙伴关系走势良好

中俄关系是世界上最重要的一组双边关系，更是最好的一组大国关系。俄罗斯是我国周边最大邻国和世界大国。一个高水平、强有力的中俄关系，不仅符合中俄双方利益，也是维护国际战略平衡和世界和平稳定的重要保障。中俄作为搬不走的邻居，睦邻友好是两国唯一正确的选择。“世代友好、永不为敌”理念和目标被载入《中俄睦邻友好合作条约》，成为指导两国关系发展的基本方针。

中俄具有相似的战略处境、相近的战略利益诉求和广泛相通的战略理念，为中俄合力构建新时代全面战略协作伙伴关系提供了契机。在地缘安全问题上，中俄拥有4000多公里的漫长共同边界，面临着相似的地缘安全威胁。如都面临着阿富汗战乱、中东地区极端主义和恐怖主义、朝核危机、日本右翼势力复活军国主义、韩国执意部署“萨德”反导系统等共同安全威胁。在构建新型国际秩序方面，中俄都是新兴大国，都需要面对旧霸权体系的打压和围堵，在国际秩序、全球治理等方面有着不同于西方发达国家的战略诉求；

在价值观、发展道路、战略任务等方面更加相近，都坚持基于本国战略文化和历史传统的价值观，都坚持符合本国国情的发展道路和社会政治制度，因而都被西方传统大国视为“异类”。因此，中俄无论在世界格局多极化、国际关系民主化、全球文明多样化上，还是在维护地缘安全和平稳定和创造和平发展周边环境上，以及维护国内政治社会制度和发展道路自主选择上，都有着相近、相似、相通的主张和要求，从而为两国进行全面的战略协作奠定了坚实的战略基础。

当前，中俄都处在民族复兴的重要时期，两国关系已进入互相提供重要发展机遇、互为主要优先合作伙伴的新阶段。中俄国情不同、条件各异，彼此密切合作、取长补短，可以起到一加一大于二的效果。在政治方面，2015 年，两国元首相互参加了对方纪念反法西斯战争胜利阅兵仪式。2016 年，俄总统普京应邀对中国进行国事访问，双方签署了《中华人民共和国和俄罗斯联邦联合声明》《关于加强全球战略稳定的联合声明》《关于协作推进信息网络空间发展的联合声明》三份重量级文件，将中俄政治关系推向新高度。在经济方面，两国在经贸、投资、金融、能源、科技、农业、地方以及其他领域务实合作快速发展。2015 年，中俄贸易虽未实现千亿美元目标，但习近平主席访俄签署了价值 320 亿美元的合作协议，包括中国为莫斯科—喀山高铁建设项目和西线天然气管道合作分别融资 60 亿美元和 60 亿元人民币。2015 年，普京总统访华期间中俄签订石化战略投资协定，中石化入股俄罗斯最大石化公司西布尔 20%的股份以联合开发俄境内油气，中俄贸易融资 120 亿元人民币。双方总理会晤期间，又在能源、投资、金融、高科技等领域签署了 30 多项合作文件。这些数字充分反映出中俄关系的巨大发展潜力和广阔发展前景。中俄经济合作正超越传统的能源和军工，向基础设施、电信、化工领域扩展，从商品进出口向联合研发、联合生产转变，不断提高两国务实合作层次和水平。

发展新时代的中俄关系，必须坚定不移地发展面向未来、合作共赢、人民友好的关系。2015 年，中国明确提出了“一带一路”的愿景和行动方案。同年，习近平总书记在访问俄罗斯时与普京总统共同签署了“丝绸之路经济带”与“欧亚经济联盟”对接的协定，“一带”与“一盟”成为中俄进行区域战略合作的重要平台。2016 年，普京总统又明确提出了构建欧亚经济伙伴合作计划，旨在使欧亚经济联盟与上海合作组织和东盟所覆盖的地区进行密切经济合作。2019 年底，新冠疫情暴发以来，中俄两国相互支持与合作，共同抗击疫情，中俄贸易逆势增长，在多个领域开展高水平战略合作。2020 年 5 月，在十三届全国人大三次会议记者会上，国务委员兼外交部部长王毅谈到中俄关系时称，中俄关系是“政治病毒”攻不破的堡垒，成为维护世界和平安全的中流砥柱。

未来，在“一带”与“一盟”战略的推进中，中俄应该继续坚持平等互利原则，充分挖掘两国各自优势和潜力，探索两国战略对接点，寻找两国利益契合点，找到两国区域合作的融合点，找出两国合作的最大公约数，实现互利共赢；条件成熟时，可以共建自由贸易区，共同建立中俄利益共同体、责任共同体、命运共同体。

（二）中美两国既斗争又合作，中美关系呈现复杂多变的趋势

中美关系是当今世界最重要的双边关系之一，同时也是世界上最复杂、最微妙的双边关系之一，其走向对世界前途和命运有很大影响。作为当今世界仅有的两个经济总量超过 10 万亿美元规模的单一经济体，中美关系的战略意义与全球影响日益凸显。中美之间既有巨大的共同利益，又存在着严重的分歧。历史与现实都启示我们，中美合则两利，斗则两伤。维护好、规划好、协调好中美双边关系，符合两国人民的根本利益。

中美关系，交流合作是主流。自 1979 年建交以来，中美关系基本维持了“斗而不破、螺旋上升”的总体态势。1979 年，中美双边贸易额仅 24.5 亿美元，而 2015 年，中美双边货物进出口额为 5980.7 亿美元。双向投资也从建交之初的微乎其微发展到目前超过 1000 亿美元。今天，中国已成为美国最大贸易伙伴，也是美国第一大进口来源地和第三大出口市场。1979 年，中美官方往来屈指可数，而仅仅在 2009 年至 2013 年的 5 年间，中美元首就进行了 14 次会晤。两国还建立了战略与经济对话、人文交流高层磋商等 90 多个对话与合作机制，以及 41 对友好省州和 201 对友好城市关系。1979 年，中美人员往来仅几千人，而 2015 年，两国人员往来近 500 万人次。如果说中美建交之初，主要是中国在出口市场、外来投资、技术引进等众多方面对美国多有借重的话，那么，随着中国改革开放的深入，中国整体经济实力的提升，中美经济关系越来越对等和对称，美国在经济上对中国的倚重不断上升。中国政府持有的万亿级美元资产，使得美国得以维持较低利率水平，从而为美国经济复苏和增长做出了重要贡献。中国在帮助美国政府为其巨额财政赤字和收支平衡赤字筹措资金上发挥着关键作用，是美国巨额财政赤字的重大平衡者。中美经济依存度，从未像今天这样深入。而且，随着美国实力的下降，在许多地区或全球问题上，美国也希望中国承担更多的国际责任，发挥更大的作用。无论在应对国际金融危机、气候变化、能源安全、粮食安全等全球性挑战上，还是推动解决朝核、伊核、叙利亚等地区热点问题上，中美都保持着密切沟通与协调，发挥着重要作用。

中美之间，在平静的交流合作主流之下，流淌着的是波涛汹涌的暗流。中美之间不仅存在着严重的分歧，有些分歧还是结构性的。而且，随着中国

实力跃升为全球第二大经济体以来，中美之间一方面交流合作，另一方面相互竞争的趋势在增强。在意识形态领域，少数反华政客着力渲染“中国威胁论”，抹黑“中国体制”、歪曲“中国意图”，希望将中国描述为西方世界的“异己分子”和“掘墓人”，希望把反华从美国政界的“政治正确”，扩展为美国社会甚至西方世界的“政治正确”，从而奠定中国是西方世界共同敌人的意识形态基调，进而动员美国盟友集体行动，用渐近围堵的方式遏制中国发展的潜力，蚕食中国生存发展的空间。2020 年新冠疫情暴发以来，世界范围内掀起的歧视华人浪潮，既有对疫情恐慌的心理作用，也有这种意识形态灌输的恶果。

在国际经济贸易领域，延续并加码贸易战和科技战，逼迫中国接受美国的管理特权。美国在贸易关系上对中国的打压，已经远远超过了平衡美中贸易逆差的考量，背后是美国的中国威胁评估，是保守主义阵营对全球化发展的抵制和对中国崛起的实质性“打击”措施的一部分。目的是通过贸易战的政治化、扩大化和非理性化，希望在所有涉及战略性的朝阳产业中建立一套不依自由贸易规则而依赖美国批准的全球化规则，从而在国际经济的制度层面，修正中国的“非市场经济国家发展模式”，削弱中国经济主权，依据美国偏好压制和重塑中国。

在军事安全领域，挑动敏感热点问题，升级军备竞赛水平。基于遏制成本的考量，美国当前对华安全政策的重心不是直接军事冲突，而是利用亚太地区复杂的历史和现实热点问题，把中国周边国家推到遏制中国的一线。通过军事援助、签署共同安全协定等多种手段，在战略层面强化对华军事包围。在军备层面，美军将强化对华军事优势视为最优先目标。美国 2019 年首次明确将中国中等规模的核力量列为显著威胁，废止《中导条约》，意图强行将中国纳入美俄核军控机制中，对中国战略力量的发展设置上限。同时，美国极力渲染太空、网络等“新边疆”的“单边优势”，通过咄咄逼人态势，逼迫或者诱使中国做出反应。在国际政治领域，压缩中国活动空间，强制转嫁国际责任。特朗普执政以来，美国掀起“退群潮”，逼迫各国接受“美国优先”原则，服从美国安排。中国已经成为美国重点关照的对象，一方面美国极力削弱我国在现行国际机制中的话语权和威望；另一方面，美国又把各种国际治理议题当作向我国施压的阵地，逼迫我国承担不公平的义务。这样，既能转嫁美国自己国际公共产品供给的责任，又能消耗中国实力，造成中国要么不堪重负，要么被边缘化的局面①。

---

① 于海洋、马跃：《新铁幕抑或新冷战：美中关系现状及中国应对之道》，《社会科学》2020 年第 4 期，第 15—27 页。

特朗普上台执政以来，美国内政外交出现重大调整，美国选择从政治、经济、科技以及外交等各个方面遏制中国，给中美关系带来重大变数，中美关系走到了一个重要十字路口。从2017年底起，美国政府先后发布了5份战略报告，明确将中国界定为挑战美国利益、经济和价值观的主要战略竞争“对手”。这标志着美国政府终结了原有的对华接触战略，转而寻求与中国进行战略竞争。在这一战略方针的指导之下，美国从经贸、安全、人文等各个领域对华全面发难，打破了中美之间长期形成的既竞争又合作的相对稳定的关系模式。

中美关系的基础发生了非常明显的变化。在对华心态上，美方由轻视转为重视甚至恐惧，由战略从容变为战略焦虑。随着中国改革和发展的成功，美国逐步认识到中国社会制度的优势性和发展道路的成功，对中国发展的规模和增长的速度感到震惊，而对中国的崛起应对无措，进退失据，自信心受到严重动摇，疑华、恐华、遏华声浪不断高涨。在对华舆论场，恐华、反华成了美国政界的新时尚。反华的声音越来越响、调子越来越高、例证也越来越荒谬，而理性的声音越来越没有市场，主张理性处理对华关系的人被戴上“拥抱熊猫派”的红帽子，渐渐在对华关系的决策圈被边缘化。受此影响，美国公共舆论环境也出现恶化迹象。中美关系的恶化也令民间交往受到影响，一些争议事件凸显两国的文化和观念差异，更被别有用心的人炒作为“文明的冲突”，增大了相互认知和理解的难度，反过来又塑造了两国的政策环境。

伴随着2020年美国大选周期的到来，以及美国政府在抗击疫情中的糟糕表现，部分美国政客变本加厉地利用对华负面情绪，使得中国成为美国国内问题的替罪羊。在美国的各种政治势力和利益集团中，以前，美国行政部门和国会在对华政策上曾有较为明显的区别，行政部门通常会掣肘国会对华政策的强硬姿态。现在，行政部门和国会从不同角度、以不同形式对中国采取强硬政策。以前，美国商贸利益集团是推动中美关系稳定与合作的重要力量，如今中美关系趋于消极互动，美国商贸利益集团也保持沉默，至少不再积极支持双边关系稳定，这大大压缩了未来中美缓和双边关系的空间。从近两年美国对华政策的演变看，中美经贸摩擦正成为美国对华政策调整的国内动员工具，双方处理经贸争端的过程也是美国国内凝聚对华政策共识的过程。中美战略竞争正从经贸领域向其他领域蔓延，中美关系的形态正从合作为主向分歧为主转变。

当前的中美关系，正处于原有关系结构越发难以维持、新的关系结构迟迟无法形成的过渡阶段。美国试图逼迫中国就范，在政治、经济、科技等方面做出符合美国设定的规则的安排，这种由美国绝对主导的双边关系模式显然不符合现实情况与历史趋势，更无法被中国所接受。中国主张构建相互尊重、公平正义、合作共赢的新型国际关系。中国反复强调中美两国合则两利、斗则俱伤，合作才是唯一正确的选择。

中美关系将走向何方，中美两国各自的战略选择至关重要。中国已经反复阐明了走和平发展道路的决心，申明了中国不怕霸权也不谋求霸权。中美关系究竟走向何方，需要中美双方共同努力，相向而行，共同做出正确的历史性抉择。无论美国如何选择，我们都将一如既往地发展好自己，做好自己的事情，增强战略定力。中国自身的发展问题远比中美关系的问题更为重大和复杂。基于维护国内稳定和发展大局的考虑，中国已经明确划出了国家核心利益的底线，在底线问题上，中国绝不退让，任凭风吹雨打，我自岿然不动。只要我们坚定中国特色社会主义的道路自信、理论自信、制度自信、文化自信，保持战略定力，努力实现我们自己的既定战略目标，我们就一定能战胜任何外部挑战。

（三）全面升级的中欧关系是合作共赢的典型范例

欧洲是多极化世界的重要一极，欧盟则是中国重要的外交伙伴，中欧关系是国际上最具影响力和中国最重要的双边关系之一。近几年，虽然欧盟处于持续衰退和动荡之中，又遭受到恐怖袭击、难民危机、英国脱欧等事件的冲击，但迄今为止，欧盟仍然是世界上最大的发达国家联合体，全球第一大经济体、全球第一大贸易集团以及全球最具创新能力的地区之一。欧盟仍然是全球重要的战略力量和牵动国际格局演变的关键因素。

中国历来重视中欧关系的发展。从最初的简单货物贸易，逐步向中高端技术合作、服务业合作以及投资合作发展。根据中国国际贸易促进委员会驻比利时代表处公布的数据，至 2020 年 6 月，中国已连续 14 年稳坐欧盟第二大贸易伙伴的位置；至 2019 年，欧盟则连续 15 年位居中国第一大贸易伙伴。仅在 2015 年，中欧（欧盟 27 国）贸易总额 5747.3 亿美元，其中，欧盟对华出口 1870.8 亿美元，占欧盟出口总额的 9.4%；中国对欧盟出口 3876.6 亿美元，占欧盟进口总额的 20.2%[①]。当前，随着贸易额的节节攀升，中欧正向着 2020 年实现双边贸易 1 万亿美元的目标稳步迈进。中欧之间，不仅贸易额呈爆炸式增长，贸易结构也出现了升级换代。中国的产业结构调整，带动了中欧贸易向服务贸易和绿色经济的转型升级。中国的“一带一路”倡议和“十三五规划”与欧盟的“战略投资计划（容克计划）”，中国的“中国制造

① 张茉楠：《中欧合作应向“贸易投资双向驱动”转型》，《金融与经济》2016 年第 10 期。

2025”与德国的“德国工业 4.0”、法国的“新工业法国”以及英国的“英国制造 2050”等发展目标高度相似，双方战略对接和优势互补的机遇与成效都大大提高。近几年，中国参股“容克计划”，丝路基金投资欧洲复兴开发银行，人民币在欧洲发行主权债券，欧盟国家加入亚洲基础设施投资银行（简称亚投行，AIIB），人民币加入国际货币基金组织“特别提款权”（SDR）货币篮子等，中欧经济合作一再提速、持续升高、不断深化，正向着范围更大、层次更深、水平更高的合作共赢与战略依存态势发展。

欧洲对华政策是否稳定是中欧关系能否顺利发展的关键因素。历史上中欧关系的波动和反复也多由此引起。在对华交往中，欧洲不时会流露出惯性思维，尤其在意识形态和价值观方面的优越感尤甚。欧洲内部的政治变动以及外部大国的干扰，也有可能造成欧盟对华政策的波动。而随着内外矛盾叠加，危机加重，欧盟政治保守化和政策内向化日趋明显。这些都会给中欧关系的政治环境和政策倾向造成严重负面影响。例如，2016 年上半年，中欧双方有关“中国市场经济地位”问题的争论，即是在这一背景下发生的。这一争论的实质是，欧盟方面不仅不愿意履行承诺，反而将遵守世贸规则与钢铁产能等问题挂钩，并试图用“市场扭曲原则”来坚持其贸易保护体系。欧盟的这一损人利己做法侵害了中国的国家利益。

从中欧关系的历史与现状来看，合作共赢、共同发展一直是贯穿始终的核心理念。中欧双方以年度领导人会晤为重要引领，以政治、经贸、人文为三大支柱，发展出全方位、多层次、宽领域的全面战略伙伴关系。双方合作的范围和影响已越来越超出双边范畴，在诸多领域合作良好。可以预期，在未来一段时间内，在新型大国关系的引领下，充分挖掘中欧合作潜力，继续保持健康稳定的发展势头，中欧关系将开启新的更美好的篇章。

二、按照亲、诚、惠、容理念推进周边外交

远亲不如近邻。无论从地理方位、自然环境还是相互关系看，周边对我国都具有极为重要的战略意义。中国把发展与周边关系放在对外关系的首要位置，积极营造更加和平稳定、发展繁荣的周边环境。

中国同 14 个陆地邻国接壤，与 8 个国家海上相邻或相向，是世界上邻国最多的国家之一。中国周边充满生机活力，有明显的发展优势和潜力，周边环境总体上是稳定的，睦邻友好、互利合作是周边国家对华关系的主流。但中国周边国家的差异性和多样性较为突出，各国经济发展水平不平衡，历史文化、民族和宗教信仰各异，存在历史遗留问题，并且周边的一些地区热点问题长期存在。

我国周边外交的战略目标，就是服从和服务于实现“两个一百年”奋斗目标、实现中华民族伟大复兴中国梦，全面发展同周边国家的关系，巩固睦邻友好，深化互利合作，维护和用好我国发展的重要战略机遇期，维护国家主权、安全、发展利益，努力使周边同我国政治关系更加友好、经济纽带更加牢固、安全合作更加深化、人文联系更加紧密。

我国周边外交的基本方针，就是坚持与邻为善、以邻为伴，坚持睦邻、安邻、富邻，突出体现亲、诚、惠、容的理念。“亲”是指巩固地缘相近、人缘相亲的友好情谊，要坚持睦邻友好、守望相助，讲平等、重感情，常见面、多走动，多做得人心、暖人心的事，使周边国家对我们更友善、更亲近、更认同、更支持，增强亲和力、感召力、影响力。“诚”是指坚持以诚待人、以信取人的相处之道，要诚心诚意对待周边国家，争取更多朋友和伙伴。“惠”是指履行惠及周边、互利共赢的合作理念，要本着互惠互利的原则同周边国家开展合作，编织更加紧密的共同利益网络，把双方利益融合提升到更高水平，让周边国家得益于我国发展，使我国也从周边国家共同发展中获得裨益和助力。“容”是指展示开放包容、求同存异的大国胸怀，要倡导包容的思想，强调亚太之大容得下大家共同发展，以更加开放的胸襟和更加积极的态度促进地区合作，更主动、更积极地回应周边国家期待，共享机遇，共迎挑战，共创繁荣。

做好新时代周边外交工作，要从战略高度分析和处理问题，提高驾驭全局、统筹谋划、操作实施能力，全面推进周边外交。着力维护周边和平稳定大局，决不允许在我们自己家门口生乱生事，决不接受中国的发展进程再度受到干扰和打断。着力深化互利共赢格局，统筹经济、贸易、科技、金融等方面资源，利用好比较优势，找准深化同周边国家互利合作的战略契合点，积极参与区域经济合作。着力推进同周边国家的安全合作，主动参与区域和次区域安全合作，深化有关合作机制，增进战略互信。着力加强对周边国家的宣传工作、公共外交、民间外交、人文交流，巩固和扩大我国同周边国家关系长远发展的社会和民意基础。对周边和发展中国家，一定要坚持正确义利观。要将中国的发展同广大发展中国家的共同发展紧密结合起来，共同致力于建立以合作共赢为核心的新型国际关系。对那些长期对华友好而自身发展任务艰巨的周边和发展中国家，要更多考虑对方利益，不要损人利己、以邻为壑。

三、加强与发展中国家团结合作

加强同发展中国家的团结与合作是我国对外政策的基石。中国努力同广大发展中国家加强合作，深化传统友谊，扩大务实合作，提供力所能及的援助，维护发展中国家的正当要求和共同利益。

（一）互鉴共赢的中非关系

非洲在世界政治经济格局中具有举足轻重的力量。非洲有 54 个国家，占联合国的席位超过四分之一，已成为促进世界多极化、国际关系民主化的重要力量，是世界政治舞台上的重要一极。非洲历史悠久，文化灿烂，是世界文明的发源地，对人类文化的丰富多样和交流传播有着深远影响，是人类文明的多彩一极。进入 21 世纪以来，非洲经济发展步伐加快，年均增长超过 5%，是全球经济成长最快的地区之一。2018 年，非洲经济总量达到 2.32 万亿美元，被公认为全球重要的新兴市场，是全球经济增长新的一极。

非洲也是中国好朋友、真朋友最集中的地方，加强同非洲国家的合作是中国长期坚持的战略选择。早在新中国成立之初，中国政府先是全力支持和帮助非洲国家争取国家独立和民族解放，后来又大力支持他们开展经济建设。2000 年，随着我国“走出去”战略的大力实施，中非各领域的务实合作开始突飞猛进。例如，2000 年，中非贸易额仅有 106 亿美元，而 2014 年，中非双边贸易额已上升到 2219 亿美元，增长了近 21 倍；2000 年，中国对非直接投资 2.16 亿美元，而 2014 年中国对非直接投资额已上升为 32.02 亿美元，增长了近 15 倍。截至 2014 年底，中国对非承包工程累计签订合同额 4720 亿美元，累计完成合同额 3103 亿美元，对非直接投资存量 323.5 亿美元，累计向非派出各类劳务人员 133.5 万人次。截至 2017 年底，中国已连续 7 年成为非洲第一大贸易伙伴，非洲是中国第二大海外工程承包市场和重要的进口来源地[①]。据新华社消息：2018 年，中非贸易额达 2042 亿美元，同比增长 20%，高于我国同期外贸总体增幅 7.1 个百分点。

十八大以来，中非关系得到进一步提升，中非定位被升级到新的历史高度。2013 年，习近平总书记在访问非洲三国时全面阐述了中国对非政策，提出了中国对非合作的“真、实、亲、诚”四字箴言，强调中国将坚持“正确的义利观”，成为中国发展对非合作的一面旗帜。2014 年底，习近平总书记进一步提出将“正确义利观”的内容细化为“讲信义、重情义、扬正义、树道义”[②]，勾画出中国对非合作的道义内涵。2014 年 5 月，李克强总理在访问非盟时，又提出了中国对非合作时将坚持“真诚平等相待、增进团结互信、共

① 李军：《中国对非洲投资合作情况统计分析及建议》，《中外企业家》2016 年第 3 期。

② 《习近平谈治国理政》第二卷，北京：外文出版社，2017 年，第 443 页。

谋包容发展、创新务实合作”四项原则，实施产业合作、金融合作、减贫合作、生态环保合作、人文交流合作、和平安全合作六大工程。同年，在第 24 届世界经济论坛非洲峰会上致辞时，李克强表示，中方愿在“非洲需要、非洲同意、非洲参与”的原则下加强对非合作，并明确表示，中非将合作共建非洲高速铁路网络、非洲高速公路网络和非洲区域航空网络“三大网”。2015 年，中国新设常驻非盟外交使团，成为继美国之后第二个向非盟派驻外交使团的国家，标志着中国对非外交政策由重视双边转向多边与双边并重。2015 年底，习近平在中非合作论坛约翰内斯堡峰会上提出“政治上平等互信、经济上合作共赢、文明上交流互鉴、安全上守望相助、国际事务中团结协作”的“五大支柱”，成为中非关系的新定位。2016 年，中国和 51 个非洲国家及非盟委员会负责论坛峰会成果落实的协调人在北京举行会议，双方强调将在产业对接、技术转移、人力资源开发等方面加强合作，以中非产业对接和产能合作为重点，继续安全有序有效地推进落实中非“十大合作计划”。

2018 年 9 月 4 日，中非合作论坛北京峰会审议通过了《中非合作论坛——北京行动计划（2019—2021 年）》，对未来 3 年和今后一段时间中非各领域务实合作进行了规划，展现了中非携手实施“八大行动”（指实施产业促进、设施联通、贸易便利、绿色发展、能力建设、健康卫生、人文交流、和平安全行动），描绘了中非合作共赢、共同发展的新蓝图。

（二）越行越近的中拉关系

拉丁美洲和加勒比地区是发展中国家的重要组成部分，是当今国际舞台上的一支重要力量。中拉同属发展中地区，发展目标相近，共同利益广泛。中拉两大经济体加强交流合作，中拉人民之间加强联系沟通，不仅有利于双方福祉，而且有利于维护地区乃至世界的发展繁荣。20 世纪 90 年代以来，中拉各领域友好合作取得长足发展。进入 21 世纪，中拉高层交往更加频繁，政治互信日益加深，经贸、科技、文教等领域合作不断深入，在国际事务中相互支持、密切配合。双方关系呈现全方位、多层次、宽领域发展的新局面。

中拉携手同行、深化合作恰逢其时。中国同拉美和加勒比国家国土面积之和占世界陆地总面积的 1/5，人口之和占世界总人口的 1/3，经济总量占世界经济总量的 1/8。这是中拉关系全面深入发展的巨大优势和宝贵资源。2000 年至 2014 年，中拉贸易从 125.95 亿美元，迅速增长到 2634.61 亿美元，增长近 20 倍，年均增长 19.3%。拉美占中国对外贸易总额的比重，也从 2.66%上升到 6.12%。2008 年国际金融危机后，中国对拉美的贷款快速增长。当前，中国已是拉美第二大贸易伙伴国和主要投资来源国，未来中拉之间经贸合作规模还会不断扩大、合作关系也将持续深化。中拉计划在 10 年之内，实现双边贸易规模达到 5000 亿美元，中国在拉美地区直接投资存量达到 2500 亿美元的目标。

自 2014 年习近平主席出访并宣布建立平等互利、共同发展的中拉全面合作伙伴关系以来，中拉命运共同体稳步推进。2015 年，李克强总理的拉美之行更是进一步推动了“政治上真诚互信、经贸上合作共赢、人文上互学互鉴、国际事务中密切协作、整体合作和双边关系相互促进”的中拉“五位一体”新格局和“1＋3＋6”务实合作框架。在这一框架中，“1”指制定《中国与拉美和加勒比国家合作规划（2015—2019）》，促进各自发展对接；“3”指以贸易、投资、金融合作作为三大发展引擎；“6”是指以能源资源、基础设施建设、农业、制造业、科技创新、信息技术等领域为合作重点，推进中拉产业对接。在这次出访中，李克强总理提出了“3×3”新模式的重大倡议，即合作建设拉美物流、电力、信息三大通道，实现企业、社会、政府三者良性互动，拓展基金、信贷、保险三条融资渠道，为中拉进一步推动合作指明了方向。2016 年 11 月，第二份《中国对拉美和加勒比政策文件》的出台，全面阐述了中国对拉政策的新理念、新主张、新举措，在中拉关系发展史中具有里程碑意义。据人民网公布的数据：2014—2019 年的 5 年中，中拉整体合作在“共商、共建、共享一带一路”框架下创新前行，提质升级，稳中向好。拉美加勒比地区 33 个国家中已有 19 个国家与我国签署合作共建“一带一路”谅解备忘录。2000—2019 年的 20 年间，中国在拉美加勒比地区投资翻了 7 番，占我国对外投资总量的 22%，成为仅次于亚洲的中国海外投资第二大目的地。中拉共同制定了《优先领域合作共同行动计划（2019—2021）》，必将在推进中拉合作中发挥更大的作用。

（三）提质升级的中阿关系

阿拉伯国家地处亚非大陆交汇地带，宗教和文明多样性突出，历史文化悠久，资源禀赋独特，发展潜力巨大，在地区和国际事务中发挥着重要影响。中国与阿拉伯国家同属发展中国家，经济互补性强，发展前景巨大。阿拉伯国家拥有丰富的自然资源，是我国实施市场多元化和发展外向型经济的重要阵地。同时，阿拉伯国家经济结构比较单一，许多日用品依赖进口，而中国市场物美价廉的日用品正好适合阿拉伯国家的经济需求，中阿经贸发展呈现一片欣欣向荣景象。阿拉伯国家已成为中国第一大原油供应方和第七大贸易伙伴。

中国同阿拉伯国家合作交流源远流长。冷战终结后，中阿相互尊重，平等相待，不仅深化了传统友好关系，还积极发展双边关系，构建起面向新世纪的友好合作关系。2004 年，中国—阿拉伯国家合作论坛成立，并发展成为涵盖众多领域、建有 10 余项机制的集体合作平台。2010 年，中国和阿拉伯国家建立全面合作、共同发展的战略合作关系，中阿集体合作进入全面提质升级的新阶段。2013 年，中国提出建设“丝绸之路经济带”和“21 世纪海上丝绸之路”的重大战略构想。2014 年 6 月，习近平在中阿合作论坛部长级会议开幕式上发表了《弘扬丝路精神、深化中阿合作》的讲话，提出要以“共商、共享、共建”三原则来与阿拉伯世界共建“一带一路”，打造中阿利益共同体和命运共同体。为此，习近平提出构建“1＋2＋3”合作格局的目标，即以能源合作为主轴，以基础设施建设、贸易和投资便利化为两翼，以核能、航天卫星、新能源三大高新领域为新的突破口，争取用 10 年时间把中阿贸易额从当时的 2400 亿美元增加到 6000 亿美元。2016 年 1 月，中国政府首次发表了《中国对阿拉伯国家政策文件》，传递出中国全面加强同阿拉伯国家外交的强烈信号。该文件全面阐述了中国对阿政策的原则、主要领域、措施以及建设机制等，必将对提升中阿战略合作关系水平、促进中东地区和平与发展产生深远影响。

当前，和平合作、开放包容、互学互鉴、互利共赢已成为中阿关系发展的重要特征。双方将弘扬丝绸之路精神，在探索发展道路上交流借鉴，在追求共同发展上加强合作，在促进地区安全上携手努力，在构建新型国际关系上呼应配合，维护中阿主权、独立、领土完整，促进稳定，发展经济，改善民生，增进中阿人民福祉。

四、积极参与多边事务

进入 21 世纪以来，中国积极参与多边事务，承担相应国际义务，推动重大热点问题和全球性问题的妥善解决，推动国际秩序和国际体系朝着更加公正合理的方向发展，积极树立负责任的大国形象。

作为亚太经济合作组织重要成员，中国一直支持并积极参与各层次、各领域的合作，长期致力于推动亚太经济实现平衡、包容、可持续、创新、安全增长，推进贸易和投资自由化便利化，加强经济技术合作，加快区域经济一体化，并为合作不断取得进展做出了重要贡献。面向未来，中国力主亚太经济合作组织共同构建互信、包容、合作、共赢的亚太伙伴关系，共同规划发展愿景，共同应对全球性挑战，共同打造合作平台，共同谋求联动发展。中国愿与各方一道，以发展为主题，扩大开放，促进区域经济一体化、互联互通，共同绘制亚太合作的宏伟画卷。

作为二十国集团重要成员，中国致力于推动二十国集团建立更加紧密的伙伴关系，加强宏观经济政策协调，共同开创世界经济更加美好的未来。中国主张二十国集团共同采取负责任的宏观经济政策，共同应对当前世界经济金融领域重大风险和挑战；主张维护和发展更加开放的世界经济，推动各国经济加深融合，实现互利共赢发展；主张完善全球经济治理，致力于提高新兴市场国家和发展中国家代表性和发言权；主张二十国集团做发展中国家的发展伙伴，建设更加有效的全球发展伙伴关系，调动更多经济资源，破解更多发展难题。

作为金砖国家重要成员，中国力求与金砖国家“致力于发展一体化和工业化的伙伴关系”，下大气力推进经贸、金融、基础设施建设、人员往来等领域合作，朝着一体化大市场、多层次大流通、陆海空大联通、文化大交流的目标前进。中国力主不断增强 5 国政治互信和人民友谊，加强治国理政经验交流，共同推动工业化、信息化、城镇化、农业现代化进程，把握发展规律，创新发展理念，破解发展难题。

作为亚非国家重要成员，中国主张：继续深化亚非合作，提高亚非合作水平，继续做休戚与共、同甘共苦的好朋友、好伙伴、好兄弟；不断拓展南南合作，抱团取暖、扶携前行，积极开展各领域合作，实现各自的发展蓝图；积极推进以相互尊重、平等相待为政治基础的南北合作，要摒弃冷战思维、零和博弈的旧观念，倡导共同、综合、合作、可持续安全的新理念，坚持通过对话协商和平解决分歧争端，共同应对恐怖主义、公共卫生、网络安全、气候变化等非传统安全问题和全球性挑战，建设命运共同体，走出一条共建、共享、共赢的安全新路，共同维护地区和世界和平稳定。

第五节 推动构建人类命运共同体

“构建人类命运共同体”这一理念，是习近平基于世界百年未有之大变局的客观历史现实，面对错综复杂的全球化问题所做出的中国判断，是创造性转化中华优秀传统文化与继承马克思主义基本原理所提出的中国方案，必将对建立国际新秩序和全球治理做出中国贡献。

一、人类命运共同体思想的理论渊源

人类命运共同体思想拥有丰富的理论渊源和扎实的文化基础。它既继承

弘扬了中华优秀传统文化基因，又批判性吸收了西方政治和社会治理思想；既创新性发展了马克思主义的共同体思想，又创造性转化了中国化马克思主义的国际关系理论和思想，从而开辟了马克思主义发展的新境界。

首先，人类命运共同体思想深受中华优秀传统文化的滋养。中华优秀传统文化是中华民族在几千年历史长河中所产生的各种思想文化的总和，是多样性的思想文化在不断交流融合与碰撞互鉴中沉淀下来的优秀文化。讲仁爱、重民本、守诚信、崇正义、尚和合、求大同等构成了中华优秀传统文化的基本内核，沉淀着中华民族最深沉的精神追求，包含着中华民族最根本的精神基因，因此也就成了涵养人类命运共同体思想的最重要源泉。中华优秀传统文化之中，无论是“天人合一”的宇宙观、“天下一家”的世界观、“协和万邦”的国际观、“和而不同”的社会观、“民胞物与”的人类观、“人心和善”的道德观、“义以为上”的价值观，都与人类命运共同体思想中的“公平正义”“合作共赢”“和谐发展”“包容互鉴”“共赢共荣”等理念一脉相承，具有高度内在统一性。中华优秀传统文化中这种追求“人与人、人与自然、人与社会”和谐共生、协同进化的美好图景，正是人类命运共同体思想所孜孜以求的终极目标的生动写照。因此可以说，构建人类命运共同体思想是中华优秀传统文化“内和乃求外顺、内和必致外和”的逻辑延伸。

其次，构建人类命运共同体思想是对马克思主义共同体思想的创新性发展。马克思主义寻求人的解放，必然要对人类的共同体形式进行研究和解释。马克思认为，“人的本质不是单个人所固有的抽象物，在其现实性上，它是一切社会关系的总和。”[①] 因此，“人的本质是人的真正的共同体。”[②] 个人存在于共同体之中，共同体是人类存在的基本形态。最初，马克思恩格斯从氏族部落的角度，认为共同体的原始形式是部落体。而从原始社会到共产主义社会，共同体一直以不同的形式存在。在资本主义条件下，由于以物的依赖关系为基础，因而建构在资本主义之上的民族和国家是“虚幻的共同体”。马克思恩格斯对共产主义社会的初步构想是：“代替那存在着阶级和阶级对立的资产阶级旧社会的，将是这样一个联合体，在那里，每个人的自由发展是一切人的自由发展的条件”[③]，“无产者在这个革命中失去的只是锁链。他们获得的将是整个世界。”[④] 在马克思看来，在这种共同体中，每个人既能摆脱异化，

---

① 《马克思恩格斯选集》第一卷，北京：人民出版社，2012 年，第 139 页。
② 《马克思恩格斯全集》第三卷，北京：人民出版社，2002 年，第 394 页。
③ 《马克思恩格斯选集》第一卷，北京：人民出版社，2012 年，第 422 页。
④ 《马克思恩格斯选集》第一卷，北京：人民出版社，2012 年，第 435 页。

又能获得全面而自由的发展，从而使社会有机体达到一种和谐、健康、良性的状态。马克思认为，这样的共同体才是“真正的共同体”。而构建人类命运共同体正是马克思主义倡导的“真正共同体”思想在新时代的伟大实践，是对马克思主义共同体思想的重大贡献。

最后，构建人类命运共同体思想是对中国化马克思主义的国际关系理论和思想的提炼升华与创造性转化。新中国成立后，特别是改革开放以来，党和国家高度重视推动构建和平稳定、公正合理的国际政治经济新秩序，先后提出了和平共处五项原则、“三个世界”构想、坚持走和平发展道路、构建和谐社会等重要思想。党的十八大以来，以习近平同志为核心的党中央在继承和发展新中国不同时期重要外交思想的基础上，根据国内外形势的重大变化，统筹把握国际国内两个大局，积极进行外交理论和实践创新，提出了一系列新理念新主张，形成了习近平新时代中国特色社会主义外交思想。而以维护世界和平、促进共同发展为宗旨的人类命运共同体思想正是习近平新时代中国特色社会主义外交思想的重要组成内容之一。因此，这不仅继承和发展了新中国前几届领导人的外交思想和外交战略，更站在人类整体高度，为新时代国际合作共赢贡献了中国方案，发出了中国声音，提供了中国智慧。

二、人类命运共同体思想提出的现实背景

当前，人类历史走到了一个至关重要的十字路口，面临着百年未有之大变局，经济大动荡、体系大变革、格局大调整是其主要特征。

一方面，以金砖国家为代表的新兴经济体高速发展，使大国力量对比开始出现向新兴国家倾斜的趋势。特别是在 2008 年金融危机之后，新兴大国的群体性崛起成了不争的事实。国家实力的此消彼长、国际权力结构的变化引发了国际体系转型，而国际体系转型既要求全球治理体系的相应变革以反映国际权力分布的动态变化，也要求新的全球治理安排更加公平、合理。全球治理体系变革已是大势所趋、人心所向。

另一方面，现有全球治理体系还是二战结束之后建立起来的以美国霸权为基础，以西方价值观为主导，体现欧美发达国家利益和意志的全球治理体系。这种国际治理体系维护的是西方发达国家的利益，既不能充分反映新兴国家的诉求，也没有顾及弱势国家和群体的利益。冷战结束后特别是 2008 年国际金融危机爆发以来，国际社会对各类全球性问题的治理需求日益增多，而国际社会旺盛的治理需求与全球治理制度的低效供给之间出现了日益增大的张力，成为制约全球治理进度和效度的结构性矛盾。这一张力和矛盾使得当前的世界政治经济秩序呈现出前所未有的脱序状态，全球治理失灵日益凸

显，治理赤字与日俱增，担忧焦虑日渐弥漫，不确定性和国际分化日益加剧，世界动荡不安。具体来说，现行全球治理体系存在着以下问题：

第一，政治上不能实现平等。现行全球治理主导性规则体系，主要是以西方发达国家主导的、以联合国为中心的国际政治及安全治理体系和布雷顿森林体系组成的世界经济治理体系。这是一种西方大国主导、中小发展中国家被动参与的治理体系，其结构是大国权力主导下的“中心—边缘”圈层结构，特征是西方中心主义。西方发达国家以高高在上的“治理者”自居，广大发展中国家则被视为“被治理者”，处于国际治理体系的边缘或者“外围”。那些掌握着国际治理规则制定权和解释权的少数西方发达国家，常常根据自身需要对制度和规则进行选择性执行和利己性解释，在国际交往中以大欺小、恃强凌弱。

第二，经济上不能弥合南北差距。由于发达国家牢牢把握着国际治理规则的制定权和解释权，它们常常在核心利益和关键议题上，将广大发展中国家排挤在外，剥夺发展中国家的发言权和话语权。尽管许多国际规则貌似平等无欺，但这些以西方发达国家为中心的全球治理规则，一定程度上已成为它们谋取私利的工具，而广大发展中国家无法获得公平参与权和利益分配权。虽然西方国家倡导的自由主义强调“自由竞争”，但在不公正、不合理的国际政治经济秩序下，发展中国家在“自由竞争”中丝毫不占优势，无论从国际分工、发展机会，还是从利益分配、成果共享方面，都更多地承担了成本、风险和代价，却远远没有得到与之相匹配的机会和收益。广大发展中国家的发展权，甚至人民的基本生存权利都得不到保障，这对缩小世界各国的发展差距造成了严重的障碍。

第三，安全上无法有效保障世界和平。冷战结束、两极格局终结以来，世界并不太平。一些国家、地区内部长期存在的民族、宗教等深层次矛盾暴露出来，地区冲突不断，局部战争此起彼伏。恐怖主义、难民潮、严重自然灾害、气候变化等攸关人类生存与经济社会可持续发展的全球性问题和非传统安全问题日益增多。面对和平赤字、发展赤字等各种治理赤字，以美国为首的西方大国或者显示出“能力不足”，或者是“意愿缺失”，不仅拿不出有效的治理方案，反而有少数国家还利用自己政治和军事上的优势，对影响本国经济和政治利益的国家与地区任意干涉，肆意践踏他国主权，引发地区局势动荡，加剧国际紧张局势，危害世界安全。更有甚者，为了一己之私，逆势而动，大搞单边主义和霸权主义，任性“退群”，肆意挑起贸易摩擦，单独、带头退出或挑战现有国际规则和秩序，我行我素地破坏双边或多边传统政治经济军事贸易关系，使得本已岌岌可危的全球治理体系更加雪上加霜。

第四，文化上不能真正包容差异。世界因不同而精彩，交流因不同而必要。人类多元文明，只有交流才能互鉴，只有互鉴才能发展。然而少数以“治理者”自居的西方大国，常常根据自身标准人为地将世界划分为三六九等，再通过“西方中心论”和“普世价值观”巧妙地将自身的社会制度、发展道路、文化价值观建构为人类发展的“灯塔”，而将其他非西方的文化、模式、道路污名化，甚至通过武装干涉或者和平演变等多种手段进行颠覆、解构或者“民主化”，强行将之纳入西方所谓的文明进程，人为导致了各种隔阂、误解和冲突。阿富汗、乌克兰、伊拉克、利比亚、叙利亚等地的动荡，则是这一逻辑的最鲜活实例和最好注解。

第五，生态上不能实现人与自然的和谐。各国往往从自身利益出发，无节制地向自然索取，所引发的环境污染、温室效应、资源枯竭等问题层出不穷，人与自然矛盾突出。而西方发达国家则利用自己在全球分工体系中的优势地位大搞生态霸权主义，一方面，将自身工业运行过程中产生的废气、废料、废水想方设法转嫁给发展中国家，加剧了发展中国家的生态危机；另一方面，则对发展中国家的生态资源进行过度剥夺，让其在成为经济附属国的基础上日益成为生态附属国。不仅如此，在全球生态治理过程中，处于全球产业链顶端的西方发达国家，通过将污染严重、能源消耗量大的一些产业转移到发展中国家，从而摇身一变成为所谓“低碳国家”；而承接落后产能、处于全球产业链低端的广大发展中国家则被定性为“高碳国家”，不仅在国际竞争中不能扭转劣势，甚至在“道义”上也低人一等。因此，西方发达资本主义国家成功将“全球生态治理”作为推行其国家霸权的话语工具和政治工具。

全球治理体系出现失灵，表面原因是西方主导制定的治理规则和控制的国际组织没能有效发挥作用，本质上则是西方强调的争权夺利的国际政治思维与强调协商共赢的全球治理理念不相容。中国作为东方文明古国、最大的发展中国家、世界第二大经济体，有责任也有需要推动全球治理体系向更加公正合理的方向发展。

三、构建人类命运共同体思想的科学内涵

构建人类命运共同体思想是一个科学完整、内涵丰富、意义深远的思想体系。

第一，构建人类命运共同体，需要提倡创新、协调、绿色、开放、共享的发展观。当前出现的许多国际矛盾和国际问题，根子出在发展。究其根本，世界经济发展到今天，上一轮科技革命和产业革命所提供的动能已经接近尾声，传统经济体制和发展模式的潜能趋于消退，而现有经济治理机制和架构

缺陷凸显，使得世界经济整体动力不足，有效需求不振，表现出来就是经济增长乏力、失业率上升、债务高企、贸易和投资低迷、实体经济失速、金融杠杆率居高不下、国际金融和大宗商品市场波动等一系列问题。找准了病灶，就要对症下药，解决的最终出路，也只能依靠发展。这就要坚持“五大”发展理念。

第二，构建人类命运共同体，需要践行共同、综合、合作、可持续的安全观。在经济全球化时代，各国安全相互关联、彼此影响。没有一个国家能凭一己之力谋求自身绝对安全，也没有一个国家可以从别国的动荡中收获稳定。面对日益复杂化、综合化的安全威胁，单打独斗不行，迷信武力更不行。必须摒弃冷战思维、集团对抗，营造公平正义、共建共享的安全格局，实现普遍安全。世界各国，大小、贫富、强弱很不相同，历史文化传统和社会制度千差万别，安全利益和诉求也多种多样。这就要求坚持以对话解决争端、以协商化解分歧，要尊重彼此间自主选择发展道路的权利，尊重彼此间事实上的差异，不可把自己的意志强加于人，不可干涉别国内政，更不可倚强凌弱、以富欺贫，而要走一条国与国交往的新路。

第三，构建人类命运共同体，需要秉持开放、融通、互利、共赢的合作观。各国经济，相通则共进，相闭则各退。我们必须顺应时代潮流，反对各种形式的保护主义，统筹利用国内国际两个市场、两种资源。当今世界，每个国家都有发展权利，同时都应该在更加广阔的层面考虑自身利益，而不能以损害其他国家利益为代价。这就要求我们必须坚定不移地发展开放型世界经济，在开放中分享机会和利益、在开放中实现互利共赢，不能一遇到风浪就退回到港湾中去，那是永远不能到达彼岸的；我们要下大力气发展全球互联互通，让世界各国实现联动增长，走向共同繁荣；我们要坚定不移地发展全球自由贸易和投资，在开放中推动贸易和投资自由化便利化，旗帜鲜明地反对保护主义和单边主义，反对搞排他性、碎片化的小圈子。保护主义政策如饮鸩止渴，看似短期内能缓解一国内部压力，但长期看将给自身和世界经济造成难以弥补的伤害。只有大家一起发展才是真发展，可持续发展才是好发展。

第四，构建人类命运共同体，需要树立平等、互鉴、对话、包容的文明观。人类文明的多样性，既是世界的基本特征，也是人类进步的源泉。人类文明因交流而多彩、因互鉴而丰富。文明交流互鉴，是推动人类文明进步和世界和平发展的重要动力。历史告诉我们，只有交流互鉴，一种文明才能充满活力；只要秉持包容精神，就不存在什么“文明冲突”，就可以实现文明和谐。推动文明交流互鉴，需要我们秉持“平等、互鉴、对话、包容”的正确态度和原则。要求我们尊重文明多样性，以文明交流超越文明隔阂，以文明互鉴超越文明冲突，以文明共存超越文明优越。

第五，构建人类命运共同体，需要坚持共商共建共享的全球治理观。当前，国际社会普遍认识到，全球治理理念和治理体制变革正处在历史转折点上，数百年来列强通过战争、殖民、划分势力范围等方式争夺利益和霸权的方式，正逐步向各国以制度规则协调关系和利益的方式演进。现在，世界上的事情越来越需要各国共同商量着办，建立国际机制、遵守国际规则、主持国际正义成为多数国家的共识。习近平主席提出的“共商、共建、共享”全球治理理念，为破解当今人类社会面临的共同难题提供了新的原则思路，为构建人类命运共同体注入了新动力新活力，具有深远的历史意义与重大的现实意义。

四、“一带一路”是构建人类命运共同体的国际合作新平台

在高水平、高起点上打造国际合作新平台，是推动构建人类命运共同体的重要途径。为了更好推动人类命运共同体的构建，中国积极推动“一带一路”倡议、上海合作组织、金砖国家、G20长效治理机制、中非“十大合作计划”、中国东盟合作机制、澜沧江—湄公河合作机制、中拉关系“1＋3＋6”合作新框架、中阿合作论坛、中国中东欧“16＋1合作”、中国—太平洋岛国论坛对话等一系列国际合作平台建设。在所有这些平台中，“一带一路”占据着十分重要的特殊地位，成为构建人类命运共同体规模最大、最具中国特色的国际合作新平台。

“一带一路”与构建人类命运共同体之间的逻辑关系表现为：

第一，局部与整体的关系。“一带一路”旨在建设区域性共同体，是人类命运共同体构建的重要起点。“一带一路”是中国提出的区域经济合作新模式，对于区域性共同体建设具有积极的推动作用，成为中国构建人类命运共同体的重要战略举措。其核心目标是促进经济要素有序自由流动、资源高效配置和市场深度融合，推动开展更大范围、更高水平、更深层次的区域合作，共同打造开放、包容、均衡、普惠的区域经济合作框架。而人类命运共同体旨在建设整体性共同体，是“一带一路”建设的实施理念。人类命运共同体思想蕴含着十分丰富的内涵，涉及政治、安全、发展、文化、生态等方面，包含相互依存的国际权力观、共同利益观、可持续发展观和全球治理观。人类命运共同体建设是一项长期而且艰巨的任务，需要多管齐下、多措并举，需要从周边命运共同体、发展中国家命运共同体或其他区域共同体建设入手。

第二，具体路径与发展目标的关系。“一带一路”是通向人类命运共同体

的具体路径。“一带一路”建设提出务实合作、互利共赢，把中国的发展同相关国家的发展紧密结合起来，同沿线参与国家的发展战略和合作规划有机对接，扩大地区投资和需求，增加就业，打造沿线命运共同体，从而有利于增强“一带一路”建设的整体协同性，有利于形成公正合理透明的“一带一路”治理秩序，这些都为打造人类命运共同体奠定了基础。而构建人类命运共同体是“一带一路”建设的发展目标。人类命运共同体思想强调人类社会的共同发展、共同安全和共同富裕，这是“一带一路”建设的重要价值目标。构建面向未来的人类命运共同体，实现人类社会的和平发展，正是“一带一路”建设的重要目标。“一带一路”建设不是要挑战现有的国际秩序，也不是要打造自己的势力范围，而是与现有国际机制互为助力、相互补充。人类命运共同体思想正好展现出“一带一路”建设对国际秩序和国际和平的追求。

第三，实践体现与理论支撑的关系。“一带一路”建设是人类命运共同体建构的实践体现。中国提出“一带一路”正是基于构建人类命运共同体的需要。“一带一路”有助于实现陆海联通，为沿线国家打通经济走廊，把中国的发展同各国的发展结合起来，把中国梦同世界梦衔接起来，推动沿线各国联动发展并加深经济融合，走共同发展、共同繁荣的合作共赢之路，从而形成“一荣俱荣、一损俱损”的利益共同体、责任共同体和命运共同体。而人类命运共同体为“一带一路”提供理论支撑。人类命运共同体思想蕴含着和平、公平、包容等价值理念，不仅是中国传统价值理念的当代体现和当代实践，而且是当代中国外交理念的继承和升华，是新时代指导人类文明发展的新思想。

五、构建人类命运共同体思想的世界意义

构建人类命运共同体思想的世界意义，主要包括以下几个方面：

第一，为世界经济发展提供中国动力。这就是通过开放包容性的经济发展战略，将世界的机遇转变成中国的发展，将中国的发展转变为世界的机遇，从而引导世界经济真正走上“创新、协调、绿色、开放、共享”的发展道路。

第二，为世界和平提供了中国经验。这就是世界各国应在《联合国宪章》宗旨和原则及和平共处五项原则等国际公认的国际法基本准则基础上，共同对话、交流与合作，促进国际关系民主化，求同化异地构建“共同、综合、合作、可持续”的国际安全观。

第三，为世界政治民主化提供中国方案。中国所倡导的世界政治民主化，不同于西方“少数人的民主、低效的民主、内外矛盾的民主”，其核心要义和理论起点是各国平等相待、和平共处，不冲突不对抗，真正做到“开放、融通、互利、共赢”的合作。

第四，为世界文明提供中国色彩。特别是在文明问题上，中国一贯维护世界文明的多样性，尊重世界各国文明的独特性，强调文明交流上的互学互鉴，这无疑为发展世界文明增添了一抹中国亮色，展示了中华文明的绚丽色彩，真正贯彻了“平等、互鉴、对话、包容”的文明观。

第五，为全球治理提供中国智慧。特别是通过“一带一路”等新发展平台的建设，创新了各国发展的方式，打破了以往以政治、经济为主要标识的、以排他性为主要特征的区域一体化发展格局，为世界各国实现“共商共建共享的全球治理”创造了物质平台，集中展示了中国创新的智慧。

本章思考题

1. 如何认识当今世界格局的新变化？

2. 改革开放以来，中国与世界的关系发生了哪些历史性变化，如何认识和评价这种历史性变化？

3. 如何理解中国坚持走和平发展道路的意义？

4. 如何理解构建人类命运共同体思想的科学内涵和世界意义？

【习语摘编】

事在人为。我对中美建设新型大国关系抱有信心。第一，双方都有建设新型大国关系的政治意愿。第二，40 多年双方合作的积累，使两国合作具有很好的基础。第三，双方建立了战略与经济对话、人文交流高层磋商等 90 多个对话沟通机制，为建设新型大国关系提供了机制保障。第四，双方建立了 220 多对友好省州和友好城市。中国有近 19 万学生在美留学，美国有 2 万多学生在华留学。建设中美新型大国关系具有深厚民意基础。第五，未来两国有着广泛的合作空间。

——习近平同美国总统奥巴马共同会见记者时的讲话（2013 年 6 月 7 日）

【教学链接】

美国蛮横围剿华为，不断升级

2003 年 1 月 24 日，思科在美国得克萨斯州东区联邦法庭对华为的软件和专利侵权提起诉讼。华为最后在未认错的情况下和解了诉讼，并同意停止销售路由器。

2010 年 12 月 8 日，时任美国商务部长骆家辉（Gary Locke）在接受采访时承认，他曾向美国第三大移动运营商 Sprint Nextel 首席执行官致电，对华为参与 Sprint Nextel 总额 50 亿美元的网络设备升级采购“深表忧虑”。本来非常有希望赢下大单的华为，因此出局。

2012 年，美国国会在报告中称，华为对美国的国家安全构成威胁。从那以后，华为在美国市场基本就是处于被封杀的状态（中兴也是）。

2018 年 1 月，华为本来计划在 CES 2018 大展上宣布与美国运营商 AT&T 达成协议，正式在美国销售华为 Mate 10 Pro 手机。然而在发布会前一天，AT&T 临时取消了这个合作。随后另一美国运营商 Verizon 曝出也被迫放弃销售华为手机的计划。当时彭博社报道称，这些变数都是美国政府在背后施压。

2018 年 2 月，CIA、FBI、NSA 等美国六大情报机构负责人，在一场听证会中表示，不建议美国民众购买华为的产品或服务。3 月，美国零售商百思买（Best Buy）宣布停售华为手机。

3 月 23 日，美国发布针对中国的“301 调查报告”，单方面挑起对华贸易战。

4 月 16 日，美国《纽约时报》发表署名文章称，美国就华为是否违反了对古巴、伊朗、苏丹和叙利亚的贸易禁令展开了调查。

4 月 17 日，美国联邦通讯委员会（FCC）抛出一份禁购令，将禁止美国运营商使用联邦补贴，购买可能对国家安全造成威胁的公司设备。

4 月 19 日，“美国国会美中经济与安全审查委员会”发布报告称，中国政府“可能支持某些企业进行商业间谍活动”，以提高中企竞争力并促进政府利益，华为赫然在列。

同样是在 2018 年，美国政府宣布以“国家安全”为由，禁止华为参与美国的 5G 建设。11 月 22 日，《华尔街日报》报道称：美国政府正在联络主要盟友，要其说服各自国内电信公司避免使用华为设备。

2018 年 12 月 1 日，加拿大以应美方要求为由，将在温哥华转机的华为首席财务官孟晚舟女士非法拘押，性质极其恶劣。

2019 年 5 月 15 日，美国总统特朗普签署行政命令，要求美国进入紧急状态。路透社报道称，这是在为禁止美国企业与华为有生意往来铺平道路。同一天，美国商务部工业和安全局（BIS）宣布将华为公司及其附属公司列入管制“实体名单”。这意味着华为不能在未经美国政府的批准下从美国公司购买零件，同时也不能使用 Google Android（谷歌安卓）操作系统等。

——部分内容引自岳排槐《美国组团围剿华为》，新浪专栏·创事记，2019 年 5 月 20 日

第八章　坚持党对一切工作的领导与全面从严治党

【教学目标】

通过本章的学习，让学生熟悉马克思主义关于党的建设的相关理论与实践，理解为何要坚持党对一切工作的领导，明确新时代全面从严治党的基本要求，理解为什么党的领导制度是国家的根本领导制度，在国家治理体系中居统领地位。

【重难点】

重点：为什么要坚持党对一切工作的领导。

难点：党的领导制度在国家制度体系中居于统领地位。

中国共产党是社会主义事业的领导核心，是最高的政治领导力量。中国特色社会主义最本质的特征是中国共产党的领导，最大的优势也是坚持中国共产党的领导。新时代中国特色社会主义事业面临更多机遇和挑战，进一步推进全面从严治党，进一步提升党的领导能力和领导水平，加强党对一切工作的领导势在必行。只有坚持党对一切工作的领导，才能保持全党上下思想统一、政治团结、行动一致，才能进一步增强党的向心力、创造力、凝聚力、战斗力，为夺取社会主义现代化建设更大胜利提供政治保障。

第一节　坚持党对一切工作领导的理论与实践依据

坚持党对一切工作的领导，就是坚持党的全面领导，它有着特定的内涵。从横向看，是指对党和国家的各个方面、各个领域工作的全方位的领导；从纵向看，是指对党和国家各个方面、各个领域的全过程的领导。党的领导具有全面、系统、整体的特征。

一、坚持党对一切工作的领导是共产主义运动的本性要求

坚持马克思主义政党的领导权，是科学社会主义的一条基本原则，是马

克思主义建党学说和国家学说的基本点。无论是社会主义革命还是推进社会主义建设，都必须要有一支思想先进、意志坚定、行动刚毅的革命领导者队伍。列宁在领导俄国革命和苏联社会主义建设实践中，坚持把无产阶级政党的领导作为“社会主义胜利的唯一保证”，指出“国家政权的一切政治经济工作都由工人阶级觉悟的先锋队共产党领导”①。坚持党对一切工作的领导是共产主义运动的本性要求。

共产党的性质决定了其是社会主义革命和建设事业的领导者和组织者。在《共产党宣言》中，马克思恩格斯论述了共产党的性质、特点、基本纲领和策略原则：“共产党人同其他无产阶级政党不同的地方只是：一方面，在无产者不同的民族的斗争中，共产党人强调和坚持整个无产阶级共同的不分民族的利益；另一方面，在无产阶级和资产阶级的斗争所经历的各个发展阶段上，共产党人始终代表整个运动的利益。因此，在实践方面，共产党人是各国工人政党中最坚决的、始终起推动作用的部分；在理论方面，他们胜过其余无产阶级群众的地方在于他们了解无产阶级运动的条件、进程和一般结果。”②

共产党的宗旨和历史使命决定了党要肩负着领导革命和建设的任务。共产党是广大人民群众利益的代表者和捍卫者，始终以解放全人类为历史使命。“共产党人不是同其他工人政党相对立的特殊政党。他们没有任何同整个无产阶级的利益的不同的利益”③。共产党始终坚持以解放全人类为历史使命，“推翻资产阶级，建立无产阶级统治，消灭旧的以阶级对立为基础的资产阶级社会和建立没有阶级、没有私有制的新社会”④。要实现这一目标必须坚持党对一切工作的领导。只有共产党能够将代表广大人民群众利益与解放全人类的历史使命有机统一起来，不断与时俱进并保持党的先进性，保证社会主义事业永远沿着正确的方向前进。

二、坚持党对一切工作的领导是中国共产党的优良传统

中国共产党早期就有关于革命领导权的认识。中共四大明确提出了无产阶级在民主革命中的领导权问题：对于这场革命，无产阶级“不是附属资产阶级而参加，乃以自己阶级独立的地位与目的而参加”⑤，“并且取得领导的地

① 《列宁全集》第四十二卷，北京：人民出版社，2017 年，第 381 页。
② 《马克思恩格斯选集》第一卷，北京：人民出版社，2012 年，第 413 页。
③ 《马克思恩格斯选集》第四卷，北京：人民出版社，2012 年，第 277 页。
④ 《马克思恩格斯选集》第四卷，北京：人民出版社，2012 年，第 207 页。
⑤ 《建党以来重要文献选编（1921—1949）》第二册，北京：中央文献出版社，2011 年，第 216 页。

位，才能够得到胜利”[①]。在中共四大上，我们党已经明确提出了自己在民主主义革命时期要独立肩负起革命领导责任。

毛泽东首次提出“党领导一切”思想。在“三湾改编”时期，毛泽东就确立了将党的组织建在连上，以加强党对军队的绝对领导。1942 年，抗日战争正处于困难时期，中共中央在该年 9 月通过的《关于统一抗日根据地党的领导及调整各组织间关系的决定》中明确规定，党“应该领导一切其他组织，如军队、政府与民众团体”[②]。毛泽东已经认识到，要想取得革命的胜利就必须加强党在党、政、军这些领域的领导地位，党的文献中也第一次提出了“党领导一切”这一命题。

新中国成立以后，毛泽东依然坚持党的领导地位不能丢。第一届全国人民代表大会上，他再一次强调，领导我们事业的核心力量是中国共产党。1962 年，在扩大的中央工作会议上，毛泽东强调：“工、农、商、学、兵、政、党这七个方面，党是领导一切的。党要领导工业、农业、商业、文化教育、军队和政府。”[③] 毛泽东将抗战时期的“领导一切其他组织”扩充到“领导一切”，进一步强调党在社会主义事业中是要领导一切的。

改革开放的历史是不断坚持和巩固共产党领导地位的历史。1979 年 3 月，邓小平在党的理论务虚会上提出了现代化建设的“四项基本原则”，其中最重要的一条就是“坚持党的领导”。1980 年 1 月，邓小平在《目前的形势和任务》讲话中明确提出了“坚持党的领导，改善党的领导”的任务，即中国革命如果没有中国共产党，是不可能成功的；同样，中国建设如果没有中国共产党成为执政党，成为全国团结的核心力量，中国的局面只会是四分五裂、各霸一方，因此“中国由共产党领导，中国的社会主义现代化建设事业由共产党领导，这个原则是不能动摇的”[④]。在改革开放初期，邓小平强调党在现代化建设中负有领导责任，巩固了党在新时期的领导核心作用，保持了党领导一切的优良传统。

江泽民重申了“党是领导一切的”思想。在中纪委十五届四次全会上的讲话中，江泽民指出：“中国共产党是领导建设有中国特色社会主义伟大事业的核心力量。工农兵学商，党是领导一切的。”[⑤] 在新旧世纪交替之际，以江

① 《建党以来重要文献选编（1921—1949）》第二册，北京：中央文献出版社，2011 年，第 219 页。

② 《建党以来重要文献选编（1921—1949）》第十九册，北京：中央文献出版社，2011 年，第 423 页。

③ 《毛泽东文集》第八卷，北京：人民出版社，1999 年，第 305 页。

④ 《邓小平文选》第二卷，北京：人民出版社，1994 年，第 267 页。

⑤ 《江泽民文选》第二卷，北京：人民出版社，2006 年，第 496 页。

泽民同志为核心的党中央，提出党的建设新的伟大工程，为加强党的领导做出了新的贡献。这一贡献集中体现在“三个代表”重要思想上。它明确了“建设什么样的党、怎样建设党”这一根本问题。科学回答了中国共产党不仅代表先进生产力发展要求，而且代表先进文化前进方向，更代表最广大人民群众根本利益，从三个层次回答了党对一切工作的领导，确保了党的事业在21世纪顺利前进。

胡锦涛巩固了“党的领导核心地位”思想。胡锦涛指出：“中国共产党是中国特色社会主义事业的领导核心。要坚持立党为公、执政为民，加强和改善党的领导，坚持党总揽全局、协调各方的领导核心作用。”① 此外，胡锦涛还从党的“执政能力”角度提出党要具有统揽全局、总领一切的本领。他指出，党要“领导制定和实施宪法和法律，采取科学的领导制度和领导方式，动员和组织人民依法管理国家和社会事务、经济和文化事业，有效治党治国治军，建设社会主义现代化国家的本领”②。只有使全党在思想上统一、政治上团结、行动上一致，才能进一步增强党的创造力、凝聚力、战斗力，形成党统领一切的强大力量。

党的十八大以来，习近平多次强调“党对一切工作的领导”。“党政军民学，东西南北中，党是领导一切的，是最高的政治领导力量，各个领域、各个方面都必须坚定自觉坚持党的领导”③。习近平多次强调，中国共产党是最高的政治领导力量，是我国政治稳定、经济发展、民族团结、社会稳定的根本力量，是中国社会稳定的最大压舱石，绝不能有丝毫动摇。新时代中国特色社会主义事业已经形成“众星捧月”的态势，这个“月”就是中国共产党，必须要坚持党中央的坚强领导，讲求核心意识、看齐意识，自觉维护起党在社会主义事业中领导核心的地位。

三、坚持党对一切工作的领导是践行初心和使命的时代要求

为中国人民谋幸福，为中华民族谋复兴，是中国共产党人的初心和使命，是激励一代代中国共产党人前赴后继、英勇奋斗的根本动力。

坚持党对一切工作的领导是提升党员领导干部初心和使命意识的客观要求。一段时间以来，党员领导干部队伍中出现了思想松懈的状况，习近平总

---

① 《胡锦涛文选》第三卷，北京：人民出版社，2016年，第624页。

② 《十六大以来重要文献选编》中，北京：中央文献出版社，2006年，第272页。

③ 《习近平总书记系列重要讲话读本（2016年版）》，北京：学习出版社，人民出版社，2016年，第102页。

书记强调，“应该看到，在党长期执政条件下，各种弱化党的先进性、损害党的纯洁性的因素无时不有，各种违背初心和使命、动摇党的根基的危险无处不在”[①]，如果不严加防范、及时整治，久而久之，必将积重难返，小问题就会变成大问题，甚至可能酿成全局性、颠覆性的灾难。思想是行动的先导，只有提升全党的初心和使命意识，才能拓宽思路、抓住机遇。在党的集中统一领导下，适时开展“不忘初心，牢记使命”主题教育活动，通过加强理论学习补足精神之钙，加强党性修养，坚定永远跟党走的信心和决心，信守对党绝对忠诚的铮铮誓言。唯有如此，自我约束才能守得住初心、担得了使命，也才能保持党在社会主义事业中的领导核心地位。

坚持党对一切工作的领导，是将践行初心和使命的意识转化和落实为行动的客观要求。

“守初心”，把人民利益放在第一位。全党同志要有“对祖国、对人民的深情大爱，始终为人民利益而奋斗，任何时候任何条件下都忠于祖国、忠于人民，脚踏实地践行党的宗旨，把自己的一生交给党和人民，为党和人民事业鞠躬尽瘁、死而后已”[②]。

“担使命”，为中华民族谋复兴。近代以来，“救中国”是中国共产党人的使命；新时代，实现中华民族的伟大复兴是中国共产党人的使命。全体党员干部要以“功成不必在我”的精神境界和“功成必定有我”的历史担当，保持历史耐心，发扬钉钉子精神，一张蓝图绘到底，一任接着一任干，在实现“两个一百年”奋斗目标、实现中华民族伟大复兴中国梦的新征程上努力创造无愧于时代的新业绩。

“找差距”，争做优秀的共产党员。党员干部要对照党章，不仅要在工作中找差距，还要在思想上、党性上找差距。找到差距再不断地进行自我革命，才能够巩固党在群众中的地位。

“抓落实”，把理论联系实际落到实处。中国共产党人从来都是行动派，要深入学习，把思想武装最终变为实际行动，要切实转变作风，扑下身子抓落实，真正把责任落实，担负起领导责任。

“守初心、担使命、找差距、抓落实”四者相互联系，密切配合，巩固起党在社会主义事业中的领导核心作用。

---

① 习近平：《在“不忘初心、牢记使命”主题教育总结大会上的讲话》，北京：人民出版社，2020年，第11页。

② 《习近平谈治国理政》第二卷，北京：外文出版社，2017年，第6页。

第二节　坚持党对一切工作领导的制度安排

党对一切工作的领导，必须通过党的制度来保证实施。制度带有根本性、全局性、稳定性和长期性。健全党的领导制度和组织制度，对于坚持和完善党对一切工作的领导具有十分重要的现实意义。十九届四中全会审议通过的《中共中央关于坚持和完善中国特色社会主义制度、推进国家治理体系和治理能力现代化若干重大问题的决定》（以下简称《决定》），第一次完整深刻论述了坚持和完善中国特色社会主义制度在各方面必须坚持的根本制度、基本制度、重要制度，鲜明提出党的领导制度是国家的根本领导制度，在国家治理体系中居于统领地位；将“坚持和完善党的领导制度体系”放在国家制度建设的第一位；提出“健全党的全面领导制度”，对坚持党对一切工作的领导做了全面系统的制度安排。

一、党的领导制度是一个制度体系

党的领导制度是一个制度体系，是由相应的基本制度和重要制度构成的。党的十九届四中全会《决定》从六个方面阐述了党的领导制度体系的主要内容：

（一）建立不忘初心、牢记使命的制度。为中国人民谋幸福、为中华民族谋复兴的初心和使命，集中体现了党的性质宗旨、理性信念、奋斗目标。牢记党的初心使命，是巩固党的领导地位和执政基础的根本保证。《决定》指出：“建立不忘初心，牢记使命的制度”，就是要充分发挥制度的规范和引领作用，推动全党遵守党章，恪守党的性质和宗旨，是我们党永远得到人民的拥护和支持，不断巩固领导地位，实现长期执政，永葆执政资格。不忘初心、牢记使命是加强党的建设的永恒课题，要完成好这个永恒课题，要建立有效的制度，形成长效机制。这个长效机制包括加强和完善党员干部自学、党委（党组）理论中心组学习制度，干部教育培训、基层党组织集中学习、理论宣讲等各项制度。

（二）完善坚定维护党中央权威和集中统一领导的各项制度。十九届四中全会《决定》提出，要“完善坚定维护党中央权威和集中统一领导的各项制度”，这一要求对于推动党对一切工作的领导的有效落实，具有重要指导意义。党中央是党的大脑和中枢，是坐镇中军帐的“帅”。维护党中央的权威和集中统一领导，首要的一条是完善落实“两个维护”制度。要用制度推动全党坚决维护习近平总书记党中央的核心、全党的核心地位。必须把增强“四个意识”、坚定“四个自信”、做到“两个维护”，融入党内各项制度，确保全党在政治上维护核心，在思想上认同核心，在组织上服从核心，在情感上拥戴核心。第二，健全党中央对重大工作的领导体制。第三，完善和推动党中央重大决策落实机制。党内要形成决策议事协调机制、重大决策落实机制。第四，严格执行向党中央请示报告机制，确保全局工作由党来领导，党的意志能令行禁止。第五，健全和维护党的集中统一的组织制度。党的中央组织、地方组织、基层组织要上下贯通、齐心协力，确保党的组织和党的工作全覆盖。

（三）健全党的全面领导制度。具体包括：完善党领导人大、政府、政协、监察机关、审判机关、检察机关、武装力量、人民团体、企事业单位、基层群众自治组织、社会组织等制度，健全各级党委（党组）工作制度，确保党在各类组织中发挥领导作用。完善党领导各项事业的具体制度，“把党的领导落实到统筹推进‘五位一体’总体布局、协调推进‘四个全面’战略布局各方面”①。完善党和国家机构职能体系，把党的领导贯彻到党和国家所有机构履行职责全过程，推动各方面协调行动、增强合力。

（四）健全为人民执政、靠人民执政各项制度。坚持立党为公、执政为民，保持党同人民群众的血肉联系。把尊重民意、汇集民智、凝聚民力、改善民生贯穿党治国理政全部工作之中，巩固党执政的阶级基础，厚植党执政的群众基础，通过完善制度保障人民在国家治理中的主体地位，着力防范脱离群众的危险。贯彻党的群众路线，完善党员、干部联系群众制度，创新互联网时代群众工作机制，始终做到为了群众、相信群众、依靠群众、引领群众、深入群众、深入基层。健全干部联系群众的制度、搭建群团工作体系，更要创新互联网时代群众工作机制，始终做到与人民群众同呼吸共命运。

（五）健全提高党的执政能力和领导水平制度。坚持民主集中制，完善发展党内民主和实行正确集中的相关制度，提高党把方向、谋大局、定政策、促改革的能力。健全决策机制，加强重大决策的调查研究、科学论证、风险评估，强化决策执行、评估、监督，不断提升决策科学性、民主性。改进党的领导方式和执政方式，增强各级党组织政治功能和组织力。完善担当作为的激励机制，促进各级领导干部的学习本领、政治领导本领、改革创新本领、科学发展本领、依法执政本领、群众工作本领、狠抓落实本领、驾驭风险本领，发扬斗争精神，增强斗争本领。

① 《中共中央关于坚持和完善中国特色社会主义制度　推进国家治理体系和治理能力现代化若干重大问题的决定》，《人民日报》2019年11月1日。

（六）完善全面从严治党制度。坚持党要管党，全面从严治党，增强忧患意识，不断推进党的自我革命，永葆党的先进性和纯洁性。深化党的建设制度改革，坚持依规治党，建立健全以党的政治建设为统领，全面推进党的思想建设、组织建设、作风建设、纪律建设等各方面建设的体制机制。坚持新时代党的组织路线，健全党管干部、选贤任能制度。规范党内政治生活，严明政治纪律和政治规矩，发展积极健康的党内政治文化，全面净化党内政治生态。完善和落实全面从严治党责任制度，反腐败是一场持久战，坚决同一切影响党的先进性、弱化党的纯洁性的问题做斗争，大力纠正形式主义和官僚主义，不断增强党的创造力，凝聚力、战斗力，确保党始终成为中国特色社会主义事业的坚强领导核心①。

健全党的领导制度体系具有重要的意义。健全党的领导制度体系事关坚持和完善中国特色社会主义制度、推进国家治理体系和治理能力现代化的根本方向和根本保证。十九届四中全会《决定》强调："健全总揽全局、协调各方的党的领导制度体系，把党的领导落实到国家治理各领域各方面各环节。"②这是坚持和完善中国特色社会主义制度、推进国家治理体系和治理能力现代化的根本政治要求。中国特色社会主义制度是在党的领导下探索形成并不断完善的，在国家治理体系中，党总揽全局、协调各方的领导制度体系居于统领地位；在国家治理能力中，党的执政能力和领导水平发挥着决定性的作用。党的领导制度健全了，坚持和完善中国特色社会主义制度、推进国家治理体系和治理能力现代化就抓住了关键。

二、党的领导制度在国家制度体系中居于统领地位

习近平总书记在十九届中央纪委四次全会上的讲话中指出，中国特色社会主义制度是一个严密完整的科学体系，居于统领地位的是党的领导制度，其关键是维护党中央权威和集中统一领导。

党的领导是中国特色社会主义制度的核心。中国特色社会主义制度是由根本制度、基本制度、重要制度构成的制度体系，这个制度体系的核心是中国共产党的领导。党的领导是全面的、系统的、整体的，体现在经济建设、政治建设、文化建设、社会建设、生态文明建设和国防军队、祖国统一、外

① 《中共中央关于坚持和完善中国特色社会主义制度　推进国家治理体系和治理能力现代化若干重大问题的决定》，《人民日报》2019年11月1日。

② 《中共中央关于坚持和完善中国特色社会主义制度　推进国家治理体系和治理能力现代化若干重大问题的决定》，《人民日报》2019年11月1日。

交工作、党的建设等各方面。人民代表大会制度是我国的根本政治制度，坚持和完善这一制度，必须毫不动摇坚持中国共产党领导。保证党的路线方针政策和决策部署在国家工作中得到全面贯彻和有效执行，支持和保证国家政权机关依照宪法法律积极主动、独立负责、协调一致开展工作。

党的领导是现代化国家治理体系的核心。现代国家治理体系是一个有多个子系统构成的复杂系统，这个系统的核心是中国共产党的领导。现代化治理是法治化治理，建设中国特色社会主义法治体系、建设社会主义法治国家，就必须坚持党的领导。党的领导是中国特色社会主义法治的根本保障，是全面依法治国的题中应有之义。现代化治理是充分发挥群团组织作用的治理，让工会、共青团、妇联等各负其责。最根本的要求是群团组织要自觉坚持党的领导，承担引导群众听党话、跟党走的政治任务，为夯实党执政的阶级基础和群众基础做出贡献[①]。

党的领导制度居于统领地位是对中国革命、建设、改革实践经验的总结。从历史层面看，办好中国的事情，关键在党。近代以来，中华民族一直在探索民族复兴的道路，上下求索而不得，唯有中国共产党领导中国人民寻找到一条正确道路。实践证明，只有中国共产党能够领导中华民族实现民族复兴大业。历史和人民赋予了中国共产党领导核心的地位。坚持党的领导，是中国特色社会主义事业胜利的根本保证。中国共产党在革命、建设、改革各个历史时期一直发挥着民族先锋、中流砥柱、定海神针的关键作用。新中国成立70年来，我国取得令世界刮目相看的伟大成就，中华民族迎来从站起来、富起来到强起来的伟大飞跃，形成“中国之治”和“西方之乱”的鲜明对比，最根本的是因为党领导人民建立和完善了中国特色社会主义制度，不断加强和完善国家治理。

党的领导制度居于统领地位是中国特色社会主义本质特征决定的。中国特色社会主义制度大厦需要四梁八柱来支撑，党是贯穿其中的总的骨架，起着统领作用。列宁曾深刻指出：“在历史上，任何一个阶级，如果不推举出自己的善于组织运动和领导运动的政治领袖和先进代表，就不可能取得统治地位。”[②] 邓小平曾指出：“在中国这样一个大国，没有共产党的领导，必然四分五裂，一事无成。”[③] 党的十八大以来，党中央在总结历史经验教训中得出一个重要结论：中国共产党领导是中国特色社会主义的最本质的特征，是中国

① 辛向阳：《党的领导制度是居于统领地位的制度》，《中国纪检监察报》2020年2月20日。

② 《列宁选集》第一卷，北京：人民出版社，2012年，第286页。

③ 《邓小平文选》第二卷，北京：人民出版社，1994年，第358页。

特色社会主义的最大优势。十九大报告中第一次提出“党是最高的政治领导力量”。党的十九大把“坚持党对一切工作的领导”作为习近平新时代中国特色社会主义思想的重要内容，作为新时代坚持和发展中国特色社会主义“十四个坚持”基本方略的第一条。党的十九大、十三届全国人大一次会议相继把“中国共产党的领导是中国特色社会主义最本质的特征”载入党章和宪法修正案并审议通过，十九届四中全会《决定》明确提出“坚持和完善党的领导制度体系”，充分说明党的领导制度在国家制度体系中居于统领地位。

三、健全党的全面领导制度

党的十九届四中全会《决定》鲜明指出了我国国家制度和国家治理体系的显著优势，第一个就是“坚持党的集中统一领导，坚持党的科学理论，保持政治稳定，确保国家始终沿着社会主义方向前进的显著优势”；强调“健全总揽全局、协调各方的党的领导制度体系，把党的领导落实到国家治理各领域各方面各环节”。这是以习近平同志为核心的党中央对坚持和完善中国特色社会主义制度、推进国家治理体系和治理能力现代化的根本政治要求。

健全党的全面领导制度，是马克思主义建党学说和国家学说揭示的科学真理。坚持无产阶级政党的领导，是科学社会主义的一条基本原则，是马克思主义建党学说和国家学说的一个基本观点。马克思深刻指出：“为保证社会革命获得胜利和实现革命的最高目标——消灭阶级，无产阶级这样组织成为政党是必要的。”① 列宁在领导俄国革命和苏联社会主义实践中，坚持把无产阶级政党领导作为“社会主义胜利的唯一保证”②。

健全党的全面领导制度，是新时代统揽“四个伟大”、战胜各种风险挑战的必然要求。党的十九大擘画了分两步走、全面建成社会主义现代化强国的宏伟蓝图，这是中国共产党的庄严承诺。到 2020 年，“汔可小康”的千年梦想将变为现实；到 2035 年，人类历史上将迎来工业革命以来，一个 10 亿人口以上超大规模国家基本实现现代化的伟大奇迹；到 2050 年，一个富强民主文明和谐美丽的社会主义现代化强国将屹立在世界东方。

健全党的全面领导制度，必须贯彻党的领导是全面的、系统的、整体的这一本质要求。习近平总书记指出，“党的领导必须是全面的、系统的、整体的，必须体现到经济建设、政治建设、文化建设、社会建设、生态文明建设和国防军队、祖国统一、外交工作、党的建设等各方面。哪个领域、哪个方

---

① 《马克思恩格斯选集》第三卷，北京：人民出版社，2012 年，第 173—174 页。

② 《列宁全集》第九卷，北京：人民出版社，2017 年，第 257 页。

面、哪个环节缺失了弱化了，都会削弱党的力量，损害党和国家事业”。必须从制度机制上，把党的全面领导具体落实到治国理政的方方面面，落实到各级各类组织的活动之中。

（一）完善党领导人大、政府、政协、监察机关、审判机关、检察机关、武装力量、人民团体、企事业单位、基层群众自治组织、社会组织等制度。健全党的全面领导制度的一项重要任务，就是确保各级各方面，在党的统一领导下，各就其位、各司其职、各尽其责、有序协同，保证中央和地方各级政令统一、运行顺畅、执行高效、充满活力。认真落实《中国共产党地方委员会工作条例》，发挥好党的地方委员会在本地区总揽全局、协调各方的领导核心作用，把方向、管大局、作决策、保落实；认真落实《中国共产党党组工作条例》，严格贯彻党组开展工作的5项原则，讨论和决定12个方面重大问题，落实履行全面从严治党责任、提高党的建设质量的8项任务，遵循党组工作的组织原则、决策与执行的相关规定；完善和落实民主集中制各项制度，健全“三重一大”决策监督机制；完善党员、干部联系群众制度，健全联系广泛、服务群众的群团工作体系，健全基层党组织领导的充满活力的基层群众自治制度。

（二）完善党领导各项事业的具体制度。《决定》强调，要“完善党领导各项事业的具体制度，把党的领导落实到统筹推进‘五位一体’总体布局、协调推进‘四个全面’战略布局各方面”。要健全党领导经济社会各方面重要工作的制度规定，确保党管干部、党管人才、党管意识形态、党对经济工作的领导、党对政法工作的领导、党管农村工作、党管办学方向等落到实处。

（三）完善党和国家机构职能体系。习近平总书记指出，“党和国家机构职能体系是中国特色社会主义制度的重要组成部分，是我们党治国理政的重要保障”。以坚持和加强党的全面领导为统领，以推进党和国家机构职能优化协同高效为着力点，把机构职责调整优化同健全完善制度机制有机统一起来，把加强党的长期执政能力建设同提高国家治理水平有机统一起来，继续巩固机构改革成果，推进机构编制法定化，构建系统完备、科学规范、运行高效的党和国家机构职能体系；要更好发挥党的职能部门作用，优化党的组织、宣传、统战、政法、机关党建、教育培训等部门职责配置，优化设置各类党委办事机构，优化规范设置党的派出机关，加强对相关领域、行业、系统工作的领导；要加强党政机构职能统筹，进一步理顺党政机构职责关系，发挥好党的职能部门统一归口协调管理职能，统筹本领域重大工作，形成统一高效的领导体制，保证党实施集中统一领导，保证其他机构协同联动、高效运行①。

---

① 陈希：《健全党的全面领导制度》，《求是》2019年第22期。

第三节　新时代党的建设的总要求和历史使命

党的十九大提出了一个重要的新论断，中国特色社会主义进入新时代。新时代面临着新形势、新矛盾、新挑战、新使命。党中央科学把握新时代党的建设面临的新形势，提出了新时代党的建设的总要求，以及新时代中国共产党的历史使命，为推进党的建设伟大工程指明了方向，提供了重要遵循。

一、党的建设面临的新形势

新时代，党的建设面临国际环境、国内环境以及党内环境的深刻变化和多重挑战。

第一，党的建设面临着更加复杂多变的国际局势。从国际环境来看，我们党面临来自国际政治、经济、意识形态领域的斗争日益严峻复杂。首先，以美国为首的西方社会加紧了对中国的压制，不断地挑起贸易战、信息战、舆论战，意图遏制中国的发展。全球发展深层次矛盾突出，霸权主义、强权政治依然存在，保护主义、单边主义不断抬头，治理赤字、信任赤字、和平赤字、发展赤字等，都对中国共产党执政能力构成前所未有的挑战。其次，经济全球化不仅能带来经济的发展，也带来挑战和风险的全球化。跨国活动的增多，人员的大流动中，也将一些不良风气传染到了党内。一段时期内出现的“裸官”现象，就是经济全球化背景下跨国腐败的一个缩影。克服经济全球化对党员干部的负面影响是新时代的重要课题。再次，国际意识形态领域的斗争更加激烈。互联网成为影响党的建设的一个最大变量，新自由主义、个人主义、普世价值等思想在网络上的传播和蔓延，使得互联网上的意识形态斗争日趋激烈。如何在网络意识形态斗争中获得主导性话语权，是对中国共产党执政能力的考验。

第二，党的建设面临着更加复杂多变的国内环境。新时代是伴随着发展中的新成就、新问题、新挑战一起到来的。“中国特色社会主义进入新时代，我国社会主要矛盾已经转化为人民日益增长的美好生活需要和不平衡不充分的发展之间的矛盾。”① 社会主要矛盾的转化要求执政党处理社会矛盾的思路、方式、途径也要随之转变。新中国成立 70 多年来，我国政治、经济、文化、

---

① 习近平：《决胜全面建成小康社会　夺取新时代中国特色社会主义伟大胜利——在中国共产党第十九次全国代表大会上的报告》，北京：人民出版社，2017 年，第 11 页。

社会、生态等各个领域都取得了辉煌成就，但是我们在这些领域还面临着新的挑战。如何在更好地发挥社会主义公有制优势的同时发挥非公有制的积极性；如何推进国家治理体系和治理能力现代化；如何推进践行社会主义核心价值观，引领社会主义意识形态工作；如何打赢脱贫攻坚战；如何实现人与自然和谐共生；等等。国家建设的各个领域、各个方面都需要执政党来思考，加强顶层设计，勇于担当使命。

第三，党的建设面临着继续防范党内风险的重要任务。当前，党员结构中老龄党员人数比重较大，党员的流动性增加，管理难度加大。过去一段时间，在市场经济环境中，自由主义、个人主义、功利主义渗入党内政治生活，党的领导弱化，党的建设缺失，管党治党"宽松软"，党的观念淡薄、组织涣散、纪律松弛问题突出，不正之风和腐败现象严重侵蚀党的肌体，已经发展到如果不解决问题就有可能造成江山变色、人民群众根本利益丧失、党和国家前途命运重蹈苏联解体、东欧剧变覆辙的危险地步。党的十八大以来，党中央坚定不移推进全面从严治党，进行了刀刃向内的自我革命，开展了党的群众路线实践教育活动、"三严三实"专题教育、"两学一做"学习教育、"不忘初心　牢记使命"专题教育等，出台八项规定，严厉整治"四风"，党委巡视全覆盖，坚持反腐无禁区、全覆盖、零容忍，全面从严治党取得了显著成效。同时也要清醒看到，决胜全面建成小康社会的历史任务，实现中华民族伟大复兴的历史使命，对党提出了前所未有的新挑战和新要求。党执政面临的执政考验、改革开放的考验、市场经济的考验、外部环境的考验，仍然是长期和复杂的；党面临的精神懈怠、能力不足、脱离群众、消极腐败四种危险，仍然是尖锐和严峻的。

二、新时代中国共产党的历史使命

为中国人民谋幸福，为中华民族谋复兴，既是中国共产党的初心，也是新时代的历史使命。围绕实现新时代中国共产党的历史使命，党的十九大进行了战略安排，设计了宏伟蓝图，为实现中华民族的伟大复兴指明了方向。

（一）中国共产党的初心和使命

中国共产党一经成立就把实现共产主义作为自己的最高理想，把为中国人民谋幸福、为中华民族谋复兴确定为自己的初心，义无反顾地担负起实现中华民族伟大复兴的历史使命。在实现中华民族伟大复兴的征程中，中国共产党开辟了新民主主义革命道路，实现了中国从几千年封建专制向人民民主的伟大飞跃；建立了社会主义基本制度，实现了中华民族由近代不断衰落到根本扭转命运、持续走向繁荣富强的伟大飞跃；进行了改革开放新的伟大革命，开辟了中国特色社会主义道路，使中国大踏步赶上时代，实现了中华民族从站起来到富起来的伟大飞跃。今天，站在新的历史方位，中国共产党的初心和使命是领导人民在新时代继续推进中国特色社会主义伟大革命，使中华民族真正实现从站起来、富起来到强起来的伟大飞跃。

（二）新时代的战略安排

党的十九大综合分析国内外发展形势，在进一步阐明全面建成小康社会决胜期战略任务的同时，做出了从2020年到21世纪中叶分两个阶段，把我国建设成为富强民主文明和谐美丽的社会主义现代化强国的战略安排。这一战略安排，使实现“两个一百年”奋斗目标的时间表更加明确、路线图更加清晰，为社会主义现代化建设提供了战略指引。

2020年之前，是全面建成小康社会的决胜期。全面建成小康社会作为党提出的第一个百年目标，是党对历史和人民做出的庄严承诺。经过长期的积累和准备，目前，我国经济建设、政治建设、文化建设、社会建设、生态文明建设都更加完善，建成小康社会已经被提上日程。全面建成小康社会不仅强调“小康”更强调“全面”。当前，我国人均GDP已经达到中等偏上收入国家水平，但是距离高收入国家尚有不小差距。我国在政治、文化、社会建设等方面取得了巨大成就，为全面建成小康社会奠定了基础，但是也要看到全面建成小康社会在生态、脱贫等方面仍存在明显短板。我们仍需咬定青山不放松，为全面建成小康社会努力奋斗。

从2020年到21世纪中叶的战略安排分两个阶段。第一个阶段是从2020年到2035年，基本实现社会主义现代化。十九大报告指出：“到那时，我国经济实力、科技实力将大幅跃升，跻身创新型国家前列；人民平等参与、平等发展权利得到充分保障，法治国家、法治政府、法治社会基本建成，各方面制度更加完善，国家治理体系和治理能力现代化基本实现；社会文明程度达到新的高度，国家文化软实力显著增强，中华文化影响更加广泛深入；人民生活更为宽裕，中等收入群体比例明显提高，城乡区域发展差距和居民生活水平差距显著缩小，基本公共服务均等化基本实现，全体人民共同富裕迈出坚实步伐；现代社会治理格局基本形成，社会充满活力又和谐有序；生态环境根本好转，美丽中国目标基本实现。”①

第二个阶段是从2035年到21世纪中叶，建成社会主义现代化强国。即

① 习近平：《决胜全面建成小康社会　夺取新时代中国特色社会主义伟大胜利——在中国共产党第十九次全国代表大会上的报告》，北京：人民出版社，2017年，第28—29页。

在基本实现社会主义现代化的基础上，我们要再奋斗15年，把我国建设成为富强民主文明和谐美丽的社会主义现代化强国。“到那时，我国物质文明、政治文明、精神文明、社会文明、生态文明将全面提升，实现国家治理体系和治理能力现代化，成为综合国力和国际影响力领先的国家，全体人民共同富裕基本实现，我国人民将享有更加幸福安康的生活，中华民族将以更加昂扬的姿态屹立于世界民族之林。”①

新时代的战略安排是我们党未来30年的一张奋斗蓝图，它进一步丰富和发展了我国现代化建设的战略思想，为新时代现代化建设指明了方向。这一蓝图科学而缜密，必将激励中国人民焕发建设社会主义现代化强国的热情和力量。

（三）努力完成新时代的历史使命

团结带领中国人民继续推进中国特色社会主义建设，早日实现中华民族伟大复兴中国梦，是新时代中国共产党人的历史使命。要完成新时代的历史使命，我们必须紧紧围绕实现伟大梦想去进行伟大斗争、建设伟大工程、推进伟大事业。

中国梦的本质是国家富强、民族振兴、人民幸福。习近平指出：“中国梦是国家的、民族的，也是每一个中国人的。国家好、民族好，大家才会好。”②实现伟大梦想必须进行伟大斗争。人类社会是在矛盾斗争中前进的，有矛盾就会有斗争。中国特色社会主义进入新时代，社会主要矛盾发生了深刻变化，党要团结人民有效应对重大挑战、抵御重大风险、克服重大阻力、解决重大矛盾，进行具有许多新的历史特点的伟大斗争。

实现伟大梦想必须建设伟大工程。中国共产党是中国特色社会主义事业的领导核心，历史已经并将继续证明，只有中国共产党才能够领导中国人民完成民族振兴、国家富强和人民幸福的历史使命。打铁还需自身硬，中国共产党在领导实现伟大梦想的征程中，要始终保持自身马克思主义政党的鲜明旗帜不动摇。唯有勇于面对各种重大风险考验和党内存在的突出问题，牢牢扭住全面从严治党这个牛鼻子，坚持发扬自我革命精神，以顽强意志品质正风肃纪、反腐惩恶，方能保持党在社会主义事业中的领导核心地位不动摇。

实现伟大梦想必须推进伟大事业。总结近代以来中国社会发展规律以及世界社会主义运动正反两方面经验，我们可以自信地说，中国特色社会主义

---

① 习近平：《决胜全面建成小康社会　夺取新时代中国特色社会主义伟大胜利——在中国共产党第十九次全国代表大会上的报告》，北京：人民出版社，2017年，第29页。

② 《习近平谈治国理政》，北京：外文出版社，2014年，第49页。

道路是实现中华民族伟大复兴的必由之路，必须长期坚持、永不动摇。站在新的历史起点上，中国共产党人必须保持战略定力，坚持对中国特色社会主义道路、理论、制度、文化的自信，一以贯之坚持和发展中国特色社会主义。

“四个伟大”是一个有机整体，伟大梦想是目标，伟大斗争是动力，伟大工程是保证，伟大事业是路径。其中，起决定性作用的是党的建设新的伟大工程。办好中国的事情，关键在党。中国这艘巨轮能不能沿着正确的航向乘风破浪，取得伟大胜利，取决于中国共产党。如果离开了中国共产党的领导，如果党自身不过硬，要想赢得伟大斗争、推进伟大事业、实现伟大梦想，必然是空想。使命呼唤担当，使命引领未来。全体中华儿女要紧紧围绕“四个伟大”，开辟中华民族发展的新辉煌。

三、新时代党的建设的总要求

新时代党的建设总要求是：“坚持和加强党的全面领导，坚持党要管党、全面从严治党，以加强党的长期执政能力建设、先进性和纯洁性建设为主线，以党的政治建设为统领，以坚定理想信念宗旨为根基，以调动全党积极性、主动性、创造性为着力点，全面推进党的政治建设、思想建设、组织建设、作风建设、纪律建设，把制度建设贯穿其中，深入推进反腐败斗争，不断提高党的建设质量，把党建设成为始终走在时代前列、人民衷心拥护、勇于自我革命、经得起各种风浪考验、朝气蓬勃的马克思主义执政党。”①

第一，坚持和加强党的全面领导。这是新时代党的建设的根本原则。党的全面领导是党的建设的出发点和落脚点，也是全面从严治党的核心。保证全党服从中央，坚持党中央权威和集中统一领导，是党的政治建设的首要任务。全党要坚定执行党的政治路线，严格遵守政治纪律和政治规矩，在政治立场、政治方向、政治原则、政治道路上同党中央保持高度一致。

第二，坚持党要管党、全面从严治党。这是新时代党的建设根本方针。中国共产党具有从严治党的优良传统。党的十九大将“党要管党、从严治党”进一步上升为“党要管党、全面从严治党”，凸显了党把治党工作推进到党的工作中的各个方面，在党的事业中没有管党治党的空白。同时，管党治党要坚持“严”字当头，始终坚持从严从紧从实，把党的建设落实到各个方面和全部过程之中。

第三，加强党的长期执政能力建设，保持党的先进性和纯洁性。党的先

① 习近平：《决胜全面建成小康社会　夺取新时代中国特色社会主义伟大胜利——在中国共产党第十九次全国代表大会上的报告》，北京：人民出版社，2017年，第61—62页。

进性、纯洁性关系到党是否能保持长期执政稳定的重大问题，是新时代党的建设工作主线。党的十九大报告中特别强调“长期”执政能力建设，突出党长期执政、全面领导要经受的重大考验，进而警示全党必须不断提升进行伟大斗争和伟大事业的能力，时刻防止不正之风侵蚀党的肌体。

第四，以政治建设为统领，全面推进政治建设、思想建设、组织建设、作风建设、纪律建设，把制度建设贯穿其中，深入推进反腐败斗争。这是新时代党的建设总体布局。这一布局中把政治建设放在党的各项建设的统领地位，凸显了党的政治属性、政治原则，抓住了马克思主义执政党建设的关键点和根本点，充分表明了党坚定不移正风肃纪和反腐败的信心和决心，在引领党的其他建设方面起到了纲举目张的作用。

第五，不断提高党的建设质量，把党建设成为始终走在时代前列、人民衷心拥护、勇于自我革命、经得起各种风浪考验、朝气蓬勃的马克思主义执政党。新时代，党必须以自我革命来推动伟大社会革命，不断增强政治领导本领，坚持战略思维、创新思维、辩证思维、法治思维、底线思维。增强改革创新本领，保持锐意进取的精神风貌。增强驾驭风险本领，健全各方面风险防控机制，善于处理各种复杂矛盾，勇于战胜前进道路上的各种艰难险阻，不断提升党的建设的质量和标准。

第六，用习近平新时代中国特色社会主义思想武装全党。共产主义远大理想和中国特色社会主义共同理想，是中国共产党人的精神支柱和政治灵魂，也是保持党的团结统一的思想基础。要把坚定理想信念作为党的思想建设的首要任务，教育引导全党牢记党的宗旨，挺起共产党人的精神脊梁，解决好世界观、人生观、价值观这个“总开关”问题，自觉做共产主义远大理想和中国特色社会主义共同理想的坚定信仰者和忠实实践者。

新时代党的建设面临各种风险和挑战，同时也是深化改革的好机遇。我们要坚持以习近平新时代中国特色社会主义思想为指导，深入领会中央精神，持之以恒坚持干，一定可以取得党的建设新的伟大成就。

第四节 新时代全面从严治党的基本要求

新时代，必须进一步推进党的建设的伟大工程。继续推动全面从严治党向纵深发展，是新时代赋予执政党的新任务和新要求。新时代全面从严治党的基本要求是：以政治建设为统领，全面推进党的政治建设、思想建设、组织建设、作风建设、纪律建设，把制度建设贯穿始终，深入推进反腐败斗争。

一、把党的政治建设放在首位

党的政治建设是指执政党为加强自身建设而在政治方面所进行的工作，包括政治方向、政治原则、政治观点、政治立场等根本性的问题。党的政治建设是党的根本性建设。政治建设决定党的建设方向和效果，关系到举什么旗、走什么路、朝着什么方向前进，涉及中国共产党的性质以及党能否长久执政的根本性问题。政治建设抓住了，政治立场、政治方向、政治原则就把握住了。政治建设统摄思想建设、组织建设、作风建设、纪律建设，能起到纲举目张的作用。

把政治建设放在首位是马克思主义政党的根本要求。列宁深刻地指出，“一个阶级如果不从政治上正确地看问题，就不能维持它的统治，因而也就不能完成它的生产任务”[①]；毛泽东多次强调，“政治工作是一切经济工作的生命线”[②]；邓小平说，“到什么时候都得讲政治”[③]；习近平指出：“马克思主义政党具有崇高的政治理想、高尚的政治追求、纯洁的政治品质、严明的政治纪律。如果马克思主义政党政治上的先进性丧失了，党的先进性和纯洁性就无从谈起。这就是我们把党的政治建设作为党的根本性建设大道理所在”[④]。

把政治建设放在首位是党的十九大提出的新论断，是对十八大以来全面从严治党的成功经验的总结和理论概括，是对马克思主义党建理论的重要创新，是对党的建设思路和布局的丰富和发展。新时代，把政治建设放在首位，要求全体党员干部牢固“四个意识”，即政治意识、大局意识、核心意识、看齐意识；坚定“四个自信”，即道路自信、理论自信、制度自信、文化自信；做到“两个维护”，即坚决维护习近平总书记党中央的核心、全党的核心地位，坚决维护党中央权威和集中统一领导，确保在政治上、思想上、行动上与党中央始终保持一致。

把政治建设放在首位的具体内容有五个方面：

第一，确保全党服从中央，坚定维护党中央权威和集中统一领导，这是党的政治建设的首要任务。马克思提出：“一个单独的提琴手是自己指挥自

---

① 《列宁选集》第四卷，北京：人民出版社，2012 年，第 408 页。

② 《毛泽东文集》第六卷，北京：人民出版社，1999 年，第 449 页。

③ 《邓小平文选》第三卷，北京：人民出版社，1993 年，第 166 页。

④ 《把党的政治建设作为党的根本性建设　为党不断从胜利走向胜利提供重要保证》，《人民日报》2018 年 7 月 1 日。

己，一个乐队就需要一个乐队指挥。"[①] 全党同志既要坚决维护习近平总书记党中央的核心、全党的核心地位，又要坚决维护党中央权威和集中统一领导，在政治立场、政治原则、政治方向、政治道路上与党中央保持高度一致。

第二，尊崇党章，严格执行新形势下党内政治生活的若干准则，增强党内政治生活的政治性、时代性、原则性、战斗性。全体党员要时刻遵守党章党规党纪，做到讲规矩、守纪律，知敬畏、存戒惧，自觉在廉洁自律上追求高标准，在严守党纪上远离违纪红线，在全党逐渐形成尊崇制度、遵守制度、捍卫制度的良好风尚。

第三，完善和落实民主集中制的各项制度，坚持民主基础上的集中和集中指导下的民主相结合，既有集中又有民主，既有纪律又有自由，既有统一意志又有个人心情舒畅。通过民主集中制提高我们党决策的科学性、民主性，避免重大失误，为党的政治建设注入强大推力。

第四，建设积极健康的党内政治文化，弘扬忠诚老实、公道正派、实事求是、清正廉洁等价值观，坚决同个人主义、分散主义、自由主义、本位主义、好人主义做斗争，坚决反对宗派主义、圈子文化、码头文化，绝不做两面派，当双面人。

第五，加强党性锻炼，不断提高政治觉悟和政治能力。把对党忠诚、为党奉献、为党尽职、为民造福作为根本政治担当，永葆共产党人的政治本色。党员领导干部在坚守党性原则不变质的前提下，不断提高学习本领、政治本领、改革创新本领、科学发展本领、依法执政本领、群众工作本领、狠抓落实本领、驾驭风险本领，着力把党的政治建设落在实处。

二、思想建党和制度治党同向发力

思想建设是党的基础性建设，制度治党是从严治党的根本，必须将思想建设和制度建设紧密结合，同向发力，形成合力，统筹推进党的各项工作。全面从严治党既要激发全体党员强大的思想内驱力，又要形成高压的外力。前者侧重培养党员的自觉动力，后者趋向于从外部进行刚性制约。两者一柔一刚、紧密配合，相互促进、相得益彰。

思想建党、理论强党是中国共产党的优良传统和政治优势。党的奋斗历程证明，我们党之所以从 50 多人发展到今天拥有 9000 万党员的大党，不断夺取革命和社会主义建设的胜利，其重要的原因就是始终坚持思想建党、理论强党。坚定理想信念是思想建设的首要任务。革命理想高于天，中国共产

① 《马克思恩格斯选集》第二卷，北京：人民出版社，2012 年，第 208 页。

党的理想信念就是对马克思主义真理的信仰，对共产主义远大理想、中国特色社会主义共同理想的信仰。历史反复向我们证明，一个政党如果没有坚定的理想信念，失去对远大理想的追求，亡党就是一瞬间的事；一个没有理想信念的人，迷失自我、堕落腐化也是一瞬间的事。唯有补齐了思想上的精神之“钙”，才能做到“风雨不动安如山”。

坚定理想信念必须要长期坚持用马克思主义武装全体党员干部。只有理论上清醒，才能政治上坚定。要用辩证唯物主义和历史唯物主义武装全党，让全党同志深刻理解和把握历史的发展规律、社会主义建设规律、执政党的执政规律，奠定共产党人坚定理想信念的理论基础，不断坚定马克思主义信仰、共产主义的远大理想和中国特色社会主义的共同理想。新时代党的思想理论建设的主要任务，是用习近平新时代中国特色社会主义思想武装全党，弘扬马克思主义学风，理论联系实际，学以致用，推动全党自觉为实现新时代党的历史使命不懈奋斗。

制度治党，实质就是用法治思维和法治方式管党治党。要抓制度的贯彻执行，注重运用制度法规的执行力和约束力来调解党内矛盾、解决党内问题、规范党员行为。制度治党在目标指向上，重在规范外在言行举止；在方式方法上，采取刚性约束手段；在功能作用上，发挥着规范引导功效。制度治党的目的是构建风清气正的党内政治生态。

制度治党是全面从严治党的重要保障。首先，制度建设具有关键性的地位。目前我们党面临着四种考验，又要应对和解决四种危险。全面从严治党就要解决如何实现“真管真严”“敢管敢严”“长管长严”的内在命题，而解决上述命题的关键在于健全制度及高效的制度执行力。其次，铲除“四风”的客观要求。健全体制机制，是为了更加有效地整治“四风”。制度不健全、不具体，以及监督难、执行难是导致“四风”问题出现反复的重要因素。必须进一步完善党内民主制度、监督制度、干部人事制度、检查考核制度等，发挥制度的刚性作用，织密制度笼子，形成长效机制，从根本上铲除“四风”问题存在的土壤和条件。习近平总书记说，制度建设是全面从严治党的重要保障，“要健全完善制度，以党章为根本遵循，本着于法周延、于事有效的原则，制定新的法规制度，完善已有的法规制度，废止不适应的法规制度，健全党内规则体系，扎紧党纪党规的笼子”①。

制度治党的前提是健全党内法规制度体系。党内法规制度体系是以党章为根本，以民主集中制为核心，以准则、条例等中央法规为主干，由各领域

① 《习近平关于全面从严治党论述摘编》，北京：中央文献出版社，2016年，第115页。

各层级党内法规制度组成的具有内在逻辑的有机统一整体。党内法规制度体系在党章之下，一般可以划分为党的组织法规制度、党的领导法规制度、党的自身建设法规制度、党的监督保障法规制度四大板块。民主集中制作为党内政治生活的重要法宝，为推进全面从严治党提供了重要制度保障；推进全面从严治党，必然以民主集中制为制度遵循。新时代全面推进从严治党，加强和规范党内政治生活，必须严格执行民主集中制，充分发挥民主集中制的制度规制作用，推动全面从严治党向纵深发展。党的十八大以来，我们党先后制定修订了 190 多部中央党内法规，出台了一批标志性、关键性、基础性法规制度，有规可依的问题基本得到解决；2019 年上半年，顺利完成中央党内法规和规范性文件第二次集中清理工作，对纳入清理范围的中央党内法规和规范性文件废止 54 件、宣布失效 56 件、修改 8 件，对 14 件涉及党和国家机构改革的中央党内法规做出一揽子修改，进一步实现了法规制度的“瘦身健身”，有力维护了党内法规和党的政策的统一性、权威性①。

制度治党关键在执行。制定一百条好的制度，不如将一条好的制度执行到位。“治”是制度治党的关键，制度治党的正式提出，将党的制度建设的重心从建章立制转向依靠制度进行治理，这是我们党制度建设理论的重大发展。治理，将成为党的制度建设的目标和核心，将制度治党贯穿党建工作的全过程，党的制度建设才能真正融入全面从严治党的伟大工程。例如，2019 年，共查处违反中央八项规定精神问题 136307 起，处理 194124 人，党纪政纪处分 124723 人；坚决整治党政领导干部、国企管理人员利用名贵特产、特殊资源谋取私利问题，查处相关问题 2248 个，处理 4217 人；全面清理中央企业驻京（外）办，撤销 631 个②。

三、加强干部队伍建设和基层组织建设

党的干部是党和国家事业的中坚力量，党的基层组织是确保党的路线方针政策部署贯彻落实的基础。不断加强干部队伍建设，提升基层党组织的组织力、执行力和战斗力，是新时代实现党的历史使命的要求。

（一）党的干部队伍建设

建设高素质的专业化干部队伍，是推进新时代中国特色社会主义事业的

① 姜洁、江琳：《浓墨重彩书写依规治党新篇章——以习近平同志为核心的党中央二〇一九年推进党内法规制度建设综述》，《人民日报》2020 年 3 月 18 日。

② 姜洁、江琳：《浓墨重彩书写依规治党新篇章——以习近平同志为核心的党中央二〇一九年推进党内法规制度建设综述》，《人民日报》2020 年 3 月 18 日。

关键。新时代对干部队伍建设提出了新要求，最重要的是突出政治标准，坚持党管干部原则，坚持德才兼备，以德为先，提拔中要牢固树立“四个意识”，坚定“四个自信”，做到“两个维护”，选拔忠诚干净担当的干部。建设高素质干部队伍要注意把握两点：第一，坚持党管干部、组织选人，保证各级领导权牢牢掌握在党和人民手中。党的干部是为人民服务的干部，在组织干部选拔过程中，要把为人民服务作为选拔的重要指标，确保选举出来的干部是人民的干部，而不是某些利益集团的干部；第二，积极推进干部素质培养体系建设，用组织的力量培养优秀干部。好干部都是培养出来的，习近平总书记专门对培养和选拔党和人民需要的好干部做出过重要论述，明确提出“三严三实”“忠诚干净担当”“四有”“四个铁一般”“五个过硬”等具体要求，我们的各级党组织要具体运用这些标准来培养急需的人才。

（二）党的基层组织建设

党的基层组织建设要以提升组织力为重点，着重提升基层组织的政治领导力、组织覆盖力、群众凝聚力、社会号召力、发展推动力、自我革新力等。

第一，在基层党组织战斗力方面，党的基层组织要发挥战斗堡垒的作用，勇于向困难发起挑战、攻坚克难，要紧密团结人民群众，敢于直面人民群众、解决群众实际问题。

第二，在履行职责方面，党的基层组织负有管理党员、发展党员、监督党员和联系群众、教育群众、服务群众等方面的责任。党的基层组织在基层要发挥先锋模范的作用。

第三，在组织活动方面，党的基层组织是贯彻党的大政方针政策的基础，是落实党中央决定的具体层级。基层党组织要深刻领会中央各项精神，以饱满的热情投入到组织基层工作之中。

第四，在党内民主方面，要扩大基层民主，实行党务公开制度，畅通党内监督制度、上下级监督制度、党员监督组织和干部等制度。

第五，在发展党员方面，党的基层组织要在日常工作中注重培养思想进步、表现良好的同志，把他们吸收进党，尤其要注重发展产业工人、青年农民、高级知识分子和非公有制经济组织、社会组织中的先进分子入党。

第六，在关心党员生活方面，党的基层组织建设中不仅要把组织体系建设好，更要做到对普通党员，尤其是困难党员的关心和爱护。

第七，在党员教育方面，基层党组织在加大日常管理的同时，要及时对不合格党员进行批评教育，妥善处理不合格党员。

四、正风肃纪与反腐败斗争

党风关系到党的形象和威望，关系到执政党执政的合法性。党的作风建设是全面从严治党的重要内容，是摆在执政党面前的重大而紧迫的任务。新时代加强党的作风建设，必须紧紧围绕党同人民群众的血肉联系，不断厚植党执政的群众基础；坚持以上率下，巩固拓展落实中央八项规定成果，坚决反对特权思想和特权现象。

正风，主要是指纠"四风"，刹住党内的歪风邪气。曾经一段时间内，形式主义、官僚主义、享乐主义和奢靡之风泛滥，严重侵蚀了党的先进性和纯洁性，引起了人民群众的强烈不满，严重动摇了党的执政基础。党的十八大以来，以习近平同志为核心的党中央，雷厉风行地实行中央八项规定，锲而不舍地抓作风，及时纠正"四风"问题，取得了明显成效。随着改革向纵深不断推进，"四风"又呈现出新的表现形式，形式主义和官僚主义仍然有一定市场，对党的作风建设形成新的挑战。2019 年初召开的十九届中央纪委三次全会上，习近平总书记强调，"要把刹住'四风'作为巩固党心民心的重要途径，对享乐主义、奢靡之风等歪风陋习要露头就打，对'四风'隐形变异新动向要时刻防范"①。

正风必先肃纪。作风需要纪律来约束。党的纪律是党的各级组织和全体党员必须遵守的行为规则，是维护党的团结统一、完成党的任务的保证。党组织必须严格执行和维护党的纪律，共产党员必须自觉接受党的纪律的约束。透过纷纭繁杂的"四风"乱象看本质，其核心问题是党性不纯、党纪不彰。管党治党必须把党纪党规挺在法律前面。党纪严于国法，就是要把加强党的纪律建设作为全面从严治党的治本之策。党纪国法是高压线，"纪律不严，从严治党就无从谈起"②。

党的纪律主要包括政治纪律、组织纪律、廉洁纪律、群众纪律、工作纪律、生活纪律。第一位的是政治纪律和政治规矩。政治纪律是各级党组织和全体党员在政治立场、政治方向、政治言论、政治行为方面必须遵守的规矩，是牵头的管总的纪律，遵守党的政治纪律是遵守党的全部纪律的重要基础。要遵守和维护党章，落实新形势下党内政治生活若干准则，把政治纪律和政治规矩摆在首位，强化党内监督，引导党员领导干部增强政治敏锐性和政治

① 《取得全面从严治党更大战略性成果　巩固发展反腐败斗争压倒性胜利》，《人民日报》2019 年 1 月 12 日。

② 《习近平关于严明党的纪律和规矩论述摘编》，北京：中央文献出版社，2016 年，第 5 页。

鉴别力，自觉维护党中央权威和集中统一领导，维护全党团结统一。

反腐败斗争关系党、国家和民族的前途命运。党的十八大以来，以习近平同志为核心的党中央坚持反腐败无禁区、全覆盖、零容忍，坚定不移“打虎”“拍蝇”“猎狐”，反腐败斗争取得压倒性胜利。反腐败斗争是一场输不起的斗争，决不能半途而废、功亏一篑。为了继续深入推进反腐败斗争，习近平同志强调，要“巩固发展反腐败斗争压倒性胜利，一体推进不敢腐、不能腐、不想腐”。这为进一步推进反腐败斗争指明了前进方向、提供了根本遵循。

建立不敢腐、不能腐、不想腐的体制机制。不敢腐、不能腐、不想腐是综合治理腐败的三根支柱，三者各担其责、缺一不可，构成一个有机整体。不敢腐重在无禁区、全覆盖、零容忍的惩治和威慑，不能腐重在全域化、立体化、常态化的制约和监督，不想腐重在立德铸魂、补钙壮骨、化风成俗的教育和引导。实践证明，只有坚持依法严厉惩治、形成不敢腐的惩戒机制和威慑力，坚持完善法规制度、形成不能腐的防范机制和预防作用，坚持加强思想教育、形成不想腐的自律意识和思想道德防线，才能有效铲除腐败现象的生存空间和滋生土壤。三者不能相互替代。我们既不能以严厉惩治代替思想教育，也不能以思想教育代替严厉惩治。党的十八大以来，反腐败斗争之所以能取得显著成绩，关键是将三者作为一个有机整体。新形势下，巩固发展反腐败斗争压倒性胜利，必须一体推进不敢腐、不能腐、不想腐，使三者协同发力、相辅相成。

中国特色社会主义已经进入新时代，按照新时代党的建设总要求，坚持和加强党的全面领导，坚持党要管党、全面从严治党，要拿出恒心和韧劲，继续在常和长、严和实、深和细上下功夫，管出习惯、抓出成效。只要我们保持滚石上山的韧劲，一件接着一件干，一项接着一项落实，一代跟着一代走，党的建设伟大工程就一定可以实现。

本章思考题

1. 如何理解党是一切工作的领导核心？
2. 如何理解党的领导制度是国家的根本制度？
3. 新时代全面从严治党的基本要求是什么？

【习语摘编】

坚持党对一切工作的领导。党政军民学，东西南北中，党是领导一切的。必须增强政治意识、大局意识、核心意识、看齐意识，自觉维护党中央权威和集中统一领导，自觉在思想上政治上行动上同党中央保持高度一致，完善坚持党的领导的体制机制，坚持稳中求进工作总基调，统筹推进“五位一体”总体布局，协调推进“四个全面”战略布局，提高党把方向、谋大局、定政策、促改革的能力和定力，确保党始终总揽全局、协调各方。

——习近平在中国共产党第十九次全国代表大会上的报告（2017 年 10 月 18 日）

要坚持党管干部原则，保证党对干部人事工作的领导权和对重要干部的管理权，保证人选政治合格、作风过硬、廉洁不出问题。

——习近平在全国国有企业党的建设工作会议上的讲话（2016 年 10 月 10 日）

【教学链接】

（十八大以来）中央巡视工作领导小组召开 115 次会议，组织开展 12 轮巡视，共巡视 277 个党组织，完成对省区市、中央和国家机关、中管企事业单位和金融机构、中管高校等的巡视，在党的历史上首次实现一届任期内巡视全覆盖。

十八大以来，经党中央批准立案审查的省军级以上党员干部及其他中管干部 440 人。其中，十八届中央委员、候补委员 43 人，中央纪委委员 9 人。全国纪检监察机关共接受信访举报 1218.6 万件（次），处置问题线索 267.4 万件，立案 154.5 万件，处分 153.7 万人，其中厅局级干部 8900 余人，县处级干部 6.3 万人，涉嫌犯罪被移送司法机关处理 5.8 万人。

经过全党全社会共同努力，全面从严治党取得重大成效，党内政治生活气象更新，党内政治生态明显好转，树立起忠诚干净担当的价值导向；纪律建设全面加强，人民群众对作风建设成效交口称赞；腐败蔓延势头得到有力遏制，反腐败斗争压倒性态势已经形成并巩固发展，我们党在革命性锻造中浴火重生，焕发出新的强大生机活力。全面从严治党，维护了党中央集中统一领导，使党的面貌焕然一新，党心民心更加凝聚，党执政的政治基础更加牢固，中国特色社会主义道路自信、理论自信、制度自信、文化自信更加坚定。

——摘自《十八届中央纪律检查委员会向中国共产党第十九次全国代表大会的工作报告》

扬汤止沸，不如釜底抽薪。5年来，我们党更加注重从源头上有效防治腐败，加强对典型案例的剖析，从中找出规律性的东西，深化腐败问题多发领域和环节的改革，最大限度减少体制障碍和制度漏洞，总结全面从严治党的理论和实践，把那些经过实践检验、必须长期坚持的上升为制度规定，以党内法规的形式固化下来，制定和修订了80余部党内法规，基本形成以党章为根本，以民主集中制为核心，以《关于新形势下党内政治生活的若干准则》《中国共产党廉洁自律准则》《中国共产党党内监督条例》《中国共产党纪律处分条例》等法规为主干的党内法规制度体系。

——《坚决打赢反腐败这场正义之战——党的十八大以来反腐败斗争成就述评》，《人民日报》2017年9月18日

主要参考文献

一

《马克思恩格斯全集》第一卷，北京：人民出版社，1995 年。

《马克思恩格斯全集》第三卷，北京：人民出版社，2002 年。

《马克思恩格斯全集》第二十八卷，北京：人民出版社，2018 年。

《马克思恩格斯文集》第一卷至第十卷，北京：人民出版社，2009 年。

《马克思恩格斯选集》第一卷至第四卷，北京：人民出版社，2012 年。

《列宁选集》第一卷至第四卷，北京：人民出版社，2012 年。

《列宁全集》第七卷，北京：人民出版社，2013 年。

《列宁全集》第四十一卷，北京：人民出版社，2017 年。

《列宁全集》第三十三卷，北京：人民出版社，2017 年。

《列宁全集》第三十八卷，北京：人民出版社，2017 年。

《毛泽东选集》第一卷至第四卷，北京：人民出版社，1991 年。

《毛泽东文集》第一卷至第八卷，北京：人民出版社，1993、1996、1999 年。

《邓小平文选》第二卷，北京：人民出版社，1994 年。

《邓小平文选》第三卷，北京：人民出版社，1993 年。

《江泽民文选》第一卷至第三卷，北京：人民出版社，2006 年。

《江泽民论有中国特色社会主义（专题摘编）》，北京：中央文献出版社，2002 年。

江泽民：《论党的建设》，北京：中央文献出版社，2001 年。

《胡锦涛文选》第一卷至第三卷，北京：人民出版社，2016 年。

《习近平谈治国理政》，北京：外文出版社，2014 年。

《习近平关于全面深化改革论述摘编》，北京：中央文献出版社，2014 年。

习近平：《在庆祝全国人民代表大会成立 60 周年大会上的讲话》，北京：

人民出版社，2014年。

《习近平关于党风廉政建设和反腐败斗争论述摘编》，北京：中国方正出版社，2015年。

《习近平关于协调推进“四个全面”战略布局论述摘编》，北京：中央文献出版社，2015年。

《习近平关于全面依法治国论述摘编》，北京：中央文献出版社，2015年。

《习近平关于全面建成小康社会论述摘编》，北京：中央文献出版社，2016年。

《习近平关于严明党的纪律和规矩论述摘编》，北京：中央文献出版社，2016年。

习近平：《在第十八届中央纪律检查委员会第六次全体会议上的讲话》，北京：人民出版社，2016年。

习近平：《决胜全面建成小康社会　夺取新时代中国特色社会主义伟大胜利——在中国共产党第十九次全国代表大会上的报告》，北京：人民出版社，2017年。

《习近平谈治国理政》第二卷，北京：外文出版社，2017年。

习近平：《在全国组织工作会议上的讲话》，北京：人民出版社，2018年。

《习近平扶贫论述摘编》，北京：中央文献出版社，2018年。

习近平：《为实现民族伟大复兴　推进祖国和平统一而共同奋斗——在〈告台湾同胞书〉发表40周年纪念会上的讲话》，北京：人民出版社，2019年。

习近平：《在“不忘初心、牢记使命”主题教育工作会议上的讲话》，北京：人民出版社，2019年。

习近平：《牢记初心使命，推进自我革命》，《求是》2019年第15期。

习近平：《在决战决胜脱贫攻坚座谈会上的讲话》，北京：人民出版社，2020年。

二

《建国以来重要文献选编》第一册，北京：中央文献出版社，1992年。

《建国以来重要文献选编》第九册，北京：中央文献出版社，1994年。

《十六大以来重要文献选编》上，北京：中央文献出版社，2005年。

《改革开放三十年重要文献选编》上，北京：人民出版社，2008年。

《建党以来重要文献选编（1921—1949）》，北京：中央文献出版社，2011年。

《十七大以来重要文献选编》下，北京：中央文献出版社，2013年。

本书编写组：《马克思主义发展史》，北京：高等教育出版社，2013年。

《十八大以来重要文献选编》上，北京：中央文献出版社，2014年。

《中共中央国务院关于加快推进生态文明建设的意见》，北京：人民出版社，2015年。

《十八大以来重要文献选编》中，北京：中央文献出版社，2016年。

《习近平总书记系列重要讲话读本》，北京：学习出版社、人民出版社，2016年。

顾海良：《中国特色社会主义理论与实践研究》，北京：高等教育出版社，2016年。

《习近平新时代中国特色社会主义思想三十讲》，北京：学习出版社，2018年。

《中国特色社会主义理论与实践研究》编写组：《中国特色社会主义理论与实践研究》，北京：高等教育出版社，2018年。

《习近平新时代中国特色社会主义思想学习纲要》，北京：人民出版社，2019年。

《党的十九届四中全会〈决定〉学习辅导百问》，北京：党建读物出版社、学习出版社，2019年。

三

董建萍：《关于社会主义历史方位的思考》，《科学社会主义》1997年第4期。

楚庄：《中国的政党制度是更高、更切实、更广泛的民主政治制度》，《中央社会主义学院学报》2001年第4期。

梁柱：《毛泽东对社会主义发展阶段的探索》，《思想理论教育导刊》2003年第12期。

唐莉：《马克思主义社会发展阶段理论的中国化进程探析》，《天津社会科学》2004第4期。

乔耀章：《用发展着的马克思主义政治学理论指导我国新的政治建设实践》，《探索》2004年第6期。

陈仁涛：《邓小平关于中国社会主义历史方位问题的准确把握》，《西华师范大学学报》（哲学社会科学版）2005 年第 4 期

陈奎元：《认真学习江泽民民主政治建设思想，巩固和发展我国的社会主义事业》，《中国社会科学》2006 年第 6 期。

房宁：《中国的民主政治建设要以马克思主义为指导》，《马克思主义研究》2007 年第 7 期。

吴波：《邓小平社会主义初级阶段论的再认识》，《重庆邮电大学学报》（社会科学版）2009 年第 4 期。

杨伟才：《马克思主义社会建设思想的当代价值》，《福建工程学院学报》2009 年第 5 期。

梅定国：《马克思主义经典作家的社会发展阶段理论》，《中共山西省直机关党校学报》2010 年第 5 期。

蔡亚志：《列宁社会主义民主思想与中国特色社会主义民主政治建设》，《科学社会主义》2011 年第 1 期。

卫小将、孙平：《中国特色社会主义社会建设理论的形成与发展——论党的社会建设思想的发展演变》，《探索》2011 年第 3 期。

周小毛、胡守勇：《马克思主义社会建设思想探析》，《湘潭大学学报》（哲学社会科学版）2011 年第 6 期。

张五钢：《列宁民主政治建设思想的历史意蕴及当代价值》，《甘肃社会科学》2012 年第 5 期。

陈树林：《列宁的文化观及其当代价值》，《马克思主义与现实》2012 年第 6 期。

尹德树：《中国特色社会主义文化观是对马克思主义文化观的历史传承与创新》，《探索》2013 年第 2 期。

张志芳：《邓小平文化建设思想的现实启迪》，《前进》2013 年第 10 期。

魏礼群：《牢牢把握社会主义初级阶段这个最大国情》，《求是》2013 年第 19 期。

尹汉宁：《论人民民主的中国道路》，《红旗文稿》2013 年第 20 期。

袁琳：《论马克思主义社会建设理论中国化与当代中国社会建设》，华中师范大学博士学位论文，2013 年。

曹晓飞、张忠江：《走和平发展之路是中国特色社会主义的必然选择》，《重庆交通大学学报》（社会科学版）2014 年第 1 期。

陈玉荣：《国际安全形势特点与亚信会议的新挑战》，《当代世界》2014 年

第 5 期。

方涛：《民主政治建设的中国主张——深入学习习近平总书记在庆祝全国人民代表大会成立 60 周年大会上的讲话》，《人大研究》2014 年第 12 期。

孙一平：《习近平对中国民主政治建设的丰富和发展：以现代化为视角》，《理论界》2015 年第 3 期。

肖晞：《中国和平发展道路：文化基础、战略取向与实践意义》，《国际观察》2015 年第 4 期。

杨俊：《论毛泽东时代的政治建设：开创、奠基和探索》，《马克思主义研究》2015 年第 6 期。

高健、秦龙：《论马克思社会治理思想的核心内容》，《中共福建省委党校学报》2015 年第 10 期。

周弘：《全面升级的中欧关系已现雏形》，《当代世界》2016 年第 1 期。

陈建奇：《世界经济的新形势、新挑战及新战略》，《理论视野》2016 年第 1 期。

李军：《中国对非洲投资合作情况统计分析及建议》，《中外企业家》2016 年第 3 期。

［阿根廷］埃杜阿多·丹尼尔·奥维多：《中国与拉美国家关系的现实与发展》，《江苏师范大学学报》（哲学社会科学版）2016 年第 3 期。

李忠人、高天宜：《合作共赢：中非国际关系史上的新战略》，《史志学刊》2016 年第 4 期。

王海运：《“结伴而不结盟”：中俄关系的现实选择》，《俄罗斯东欧中亚研究》2016 年第 5 期。

范明英、李广跃：《超越冷和平：新世纪中美关系的现状与超越》，《深圳大学学报》（人文社会科学版）2016 年第 5 期。

陶蕾、李因才：《2013—2015 年中国对拉美经济外交与中拉经贸合作进展》，《太平洋学报》2016 年第 10 期。

张茉楠：《中欧合作应向“贸易投资双向驱动”转型》，《金融与经济》2016 年第 10 期。

张艺：《浅谈中国与世界的关系》，《经营管理者》2016 年第 21 期。

张胜军、闫鸣、瞿芃：《中国特色社会主义是改革开放以来党的全部理论和实践的主题》，《中国纪检监察报》2017 年 8 月 1 日。

冯俊：《坚持和发展中国特色社会主义的新篇章》，《光明日报》2017 年 10 月 27 日。

《中共中央印发〈深化党和国家机构改革方案〉》，《人民日报》2018 年 3 月 22 日。

江于夫、钱振霄：《坚持走中国特色社会主义文化发展道路》，《浙江日报》2018 年 4 月 24 日。

李华锋、董金柱：《中国特色社会主义进入新时代的重大意义》，《光明日报》2018 年 8 月 13 日。

李庚香：《中国特色社会主义进入新时代的重大意义和基本内涵》，《领导科学》2018 年第 6 期。

李丹：《“一带一路”：构建人类命运共同体的实践探索》，《南开学报》（哲学社会科学版）2019 年第 1 期。

熊杰、石云霞：《论人类命运共同体理念的思想来源、发展逻辑和理论贡献》，《国际观察》2019 年第 2 期。

张思京：《深刻理解始终坚持党对一切工作的领导》，《湖湘论坛》2019 年第 2 期。

《中共中央关于坚持和完善中国特色社会主义制度　推进国家治理体系和治理能力现代化若干重大问题的决定》，《人民日报》2019 年 11 月 1 日。

陈希：《健全党的全面领导制度》，《求是》2019 年第 22 期。

辛向阳：《党的领导制度是居于统领地位的制度》，《中国纪检监察报》2020 年 2 月 20 日。

于海洋、马跃：《新铁幕抑或新冷战：美中关系现状及中国应对之道》，《社会科学》2020 年第 4 期。

图书在版编目（CIP）数据

中国特色社会主义理论与实践研究/唐莉主编．—合肥：合肥工业大学出版社，2020.9

ISBN 978-7-5650-4968-2

Ⅰ.①中…　Ⅱ.①唐…　Ⅲ.①中国特色社会主义—研究　Ⅳ.①D610

中国版本图书馆 CIP 数据核字（2020）第 184104 号

中国特色社会主义理论与实践研究

唐　莉　主编

责任编辑	章　建
出版发行	合肥工业大学出版社
地　　址	（230009）合肥市屯溪路 193 号
网　　址	www.hfutpress.com.cn
电　　话	总　编　室：0551-62903038
	市场营销部：0551-62903198
开　　本	710 毫米×1000 毫米　1/16
印　　张	17
字　　数	303 千字
版　　次	2020 年 9 月第 1 版
印　　次	2020 年 10 月第 1 次印刷
印　　刷	安徽昶颉包装印务有限责任公司
书　　号	ISBN 978-7-5650-4968-2
定　　价	52.00 元